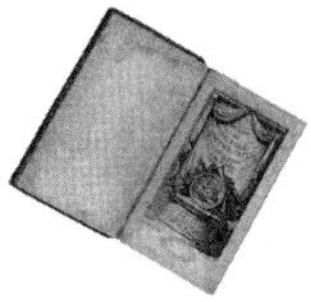

공존의 정치

— 마키아벨리 『군주론』의 새로운 이해

김경희

서울에서 태어나 서울대학교 정치학과와 같은 대학 대학원을 나왔다. 독일 베를린 훔볼트 대학에서 마키아벨리의 "역량" 개념 연구로 박사학위를 받았으며, 현재 성신여자대학교 교양교육원 교수로 재직하고 있다. 저서로 『공화주의』, 역서로 『군주론』(공역), 논문으로는 「국가와 공공선: 마키아벨리의 stato론」, 「'독존'에서 공존으로: 마키아벨리의 『군주론』 해석에 대한 일고찰」, 「국가와 공공선/공동선: 절대선과 개별선 사이의 마키아벨리」 등이 있다.

서강학술총서
051

공존의 정치

마키아벨리 『군주론』의 새로운 이해

김경희 지음

서강대학교 출판부

서강학술총서 051

공존의 정치

—마키아벨리 『군주론』의 새로운 이해

초판발행 | 2013년 2월 21일
지 은 이 | 김경희
발 행 인 | 이종욱
편 집 인 | 우찬제
발 행 처 | 서강대학교 출판부
등록번호 | 1978년 9월 28일 제313-2002-170호

주 소 | 서울특별시 마포구 백범로 35번지
전 화 | (02) 705-8212
팩 스 | (02) 705-8612

ISBN 978-89-7273-225-9 94340
ISBN 978-89-7273-139-9(세트)

값 17,000원

* '서강학술총서'는 SK SUPEX 기금의 후원으로 제작됩니다.

머리말

최근 우리나라에서 마키아벨리의 『군주론』이 다시 읽히고 있다. 그 이유는 두 가지이다. 하나는 신자유주의의 영향이고, 다른 하나는 리더십 때문이다. 신자유주의는 이제 더 이상 우리에게 낯선 단어가 아니다. 신자유주의의 만개 속에서 시장 속의 무한 경쟁으로 끝없이 내몰리고 있다. 그 속에서 살아남은 소수는 상층으로, 뒤처진 다수는 하층으로 내몰리게 된다. 빈부 격차의 심화와 중산층의 약화 등은 이제 우리에게도 익숙한 단어가 되었다. 연일 신문을 뒤덮는 각종 흉악 범죄와 민생 범죄에 대한 기사는 대한민국이 처한 심각한 계층 간의 격차 문제와 그 속에서 나타나는 소외와 불만, 그리고 좌절의 모습을 보여주고 있다. 계층 간 격차가 커지면 커질수록 시민들 간의 신뢰와 연대는 사라지게 된다. 최근 일고 있는 복지에 대한 강조는 덜 가진 자들을 지원하고 사회 안전망을 갖춤으로써 시민들 간의 연대를 복원하려는 시도라고 볼 수 있다. 하지만 여전히 경쟁의 논리는 사회 전반적으로 광범위하게 퍼져 있다. 약육강식의 시장논리뿐만 아니라, 비좁은 대학입시 관문을 뚫어야 하는 경쟁의 논리는 싸움에서 이겨야만 함을 이야기하고 있다. 여기서 핵심은 이기는 자가 옳다는 것이다. 옳은 자가 이기는 것이 아니고, 이긴 자가 옳은 것이다. 승리를 위한 냉혹한 처세술을 가르쳐주는 책이 바로 『군주론』이다.

바야흐로 정치의 계절이다. 대통령 선거의 열기가 벌써 뜨겁다. 지도자를 뽑기에 앞서 지도자의 자격과 능력에 대한 논의가 활발하다. 경제위기, 사회의 수많은 갈등, 동북아시아의 험난한 정세 등을 풀어나가야 할 지도자를 뽑아야 할 이번 18대 대통령 선거에서 무엇보다도 지도자의 리더십에 대한 논의가 뜨겁다. 이러한 상황에서 난국을 타개해야 할 지도자의 리더십에 대해 『군주론』만큼 다룬 저서도 드물 것이다.

『군주론』은 이기기 위한 처세술과 혼란을 극복하고 강한 나라를 만드는 리더십을 제시하는 저서로 인식되어왔다. 전혀 틀린 말은 아니다. 고전(古典)은 하나의 답만을 제시하지 않고, 읽고자 하는 사람이 보고자 하는 것을 제시하기도 하기 때문이다. 이제까지 『군주론』은 군주 개인의 승리와 권력 강화를 위한 이기적인 저술로 읽혀왔다. 하지만 필자는 지금까지 읽혀온 것과는 다르게 『군주론』을 독해하고자 하였다. 그것은 혼자 이기는 것이 아니라 같이 이길 수 있는, 그리고 그것이 진정 강한 나라를 만드는 리더십이라는 것을 『군주론』이 담고 있다는 것이다. 『군주론』의 키워드는 독존(獨存)이 아니라 공존(共存)이라는 것이다.

이 책은 두 부분으로 구성된다. 1장과 2장으로 구성된 첫 번째 부분은 마키아벨리의 『군주론』을 공존이라는 키워드로 분석한 논문들로 이루어져 있다. 기존에 발표한 논문들로 구성되어 있으며, 필요한 부분들은 일부 새로 집필되었다. 두 번째 부분은 3장과 4장이다. 3장은 앞의 분석에 근거해 『군주론』 전체를 한 장 한 장 설명해나가고 있다. 이 부분은 이 책을 위해 새로 집필되었다. 좀 더 쉽게 『군주론』을 접하고 싶은 독자들은 제3장 「공존의 정치서로서 『군주론』 읽기」를 먼저 읽고 나서 역으로 첫 번째 부분을 읽는 것도 괜찮을 것이다. 결론인 4장은 현재 우리의 상황에 『군주론』의 이해를 적용해본 것이다. 시론적 성격의 글이기에 많이 부족하고, 또 계속 보완되어야 할 것이다.

'공존'이라는 말은 『군주론』에 대한 전통적인 이해와는 상반되는 말이다. 군주의 권력 획득과 유지를 위해 필요할 때에는 권모술수도 사용해야 한다는 『군주론』의 일반적인 해석들은 주로 군주 '개인의 승리'에 초점을 맞추어왔다. 하지만 필자는 군주국에 초점을 맞출 때 『군주론』을 더 잘 이해할 수 있다고 본다. 군주국이 강해야 군주도 그 권력을 유지할 수 있다. 군주의 권력이 강하다고 반드시 군주국이 강한 것은 아니다. 군주는 강하지만, 군주국은 약할 때도 있다. 하지만 군주국이 강할 때, 군주가 약할 수는 없다. 왜냐하면 군주국을 강하게 하는 것은 군주의 능력 여하에 달려 있기 때문이다. 이러한 논의를 전개하기 위해 군주 개인의 역량과 군주 권력의 토대를 구분하여 살펴보았다. 이제까지 『군주론』의 핵심 주제 중 하나인 역량(virtù)에 대한 이해는 주로 군주의 개인적 역량과 그의 권력을 동일시하는 오류를 범해왔다. 하지만 이 책에서는 군주의 역량과 군주의 권력은 다른 것임을 주장한다. 우리는 주변에서 개인은 잘났지만 그가 가진 권력은 보잘것없는 경우를 흔히 볼 수 있다. 개인의 뛰어남과 그의 권력은 다른 것이다. 전자는 개인의 몸에 소유하고 있는 것이지만, 후자는 그를 둘러싼 사람들과 자원들 속에서 나오는 것이다. 그런데 권력은 가문이나 운을 통해 우연히, 그리고 쉽게 주어질 수 있다. 하지만 그것을 지키는 것은 개인의 능력 여하에 따른다. 행운보다는 역량에 의존해서 권력을 배양해야 하는 것이다.

개인의 역량은 기본적으로 독존적인 반면, 권력은 관계적이다. 권력은 타인들의 지지와 호의 없이는 불가능하기 때문이다. 군주의 뛰어난 역량은 이러한 관계적인 권력을 구성해낼 수 있는 능력을 일컫는다. 이렇게 볼 때 군주의 권력은 본인 스스로에게서가 아니라 타인들, 혹은 『군주론』의 표현을 빌리면 인민들에게서 오는 것이다. 공동체 구성원들 간의 관계를 어떻게 잘 구성해내는가에 따라 군주의 권력이 강화될 수 있다. 그리고 그것은 곧 국가의 힘을 배가시킬 수 있는 것이다. 군주가 자신의 권력을 강화하고 유지하기 위해서는 그 기반인 인민에 의지해야 한다. 홀로 서고 홀로 사는 것이 아니라, 타인에게 의지해 그들과 같이 살아나가야 하는 것이다. 군주가 자신의 재주만 믿고 관계를 소홀히 할 때, 그는 자신의 권력을 잃게 된다. 자신의 재주가 타인을 통해 더 드러나고 그 속에서 자신의 권력이 배가된다는 것을 알 때, 그 자신과 더불어 국가공동체의 힘은 상승하게 되는 것이다. 예나 지금이나 군주나 리더는 잘난 사람이다. 그래서 그들은 자신의 능력을 과신하였고, 오만하였으며, 혼자서 무슨 일이든 다 해결할 수 있다고 생각하는 경향이 있다. 하지만 그것이 함정이다. 혼자만의 잘남은 자신을 멸망시키는 첩경인 것이다. 이것이 바로 마키아벨리가 『군주론』을 통해 군주 혹은 한 나라의 리더에게 주고 싶었던 지혜였던 것이다. 나만이 잘나도록 하는 것이 아니라, 우리 모두가 잘나도록 북돋는 능력이 바로 마키아벨리가 바라는 참다운 군주 혹은 리더의 능력인 것이다.

『군주론』에 대한 책을 쓰려고 마음을 먹는 것 자체가 무척 힘이 들었다. 독일 유학시절부터 지금까지 16년이 넘는 기간 동안 마키아벨리의 『군주론』을 접하고 있다. 하지만 솔직히 말해서 아직도 잘 모르겠다. 마키아벨리는 헌정사에서 자신의 현실 경험과 고대사의 공부가 결합되어 『군주론』이 탄생되었다고 적고 있다. 살아가면서 나의 경험과 공부의 양이 조금씩 늘면서 『군주론』에 대한 이해도 계속 달라지고 있는 것 같은 느낌이다. 그래서 『군주론』에 대한 책을 써보겠다는 생각은 엄두도 내지 못하고 있었다. 하지만 서강학술총서의 지원을 받으면서 부득불 쓸 수밖에 없는 상황에 내몰리면서 이렇게 용기를 내게 되었다. 필연(necessity)에 몰려 조금의 역량을 발휘할 수밖에 없었다면 그나마 다행이다. 이 자리를 빌려 부족한 필자를 도와준 서강학술총서 관계자 분들과 서강대학교 실무진 선생님들께 감사의 말씀을 드리고 싶다. 아울러 좋은 평가와 새겨들어야 할 심사를 해주신 심사위원 선생님들께 감사드린다.

하지만 이 책은 아직 미완성이다. 그것은 지금까지 공부했던 연구과정의 중간보고일 뿐이기 때문이다. 아직 많이 부족하다. 예전에 선생님들께서 공부는 중간의 매듭을 하나씩 잘 짓고 그것을 잘 이어나가는 것이 중요하다고 말씀해주신 것이 기억난다. 그런 의미에서 이 작업은 이제껏 조금 공부해온 것을 매듭짓는 역할로 만족하고자 한다. 앞으로 계속 좋은 매듭을 짓기 위해서는 첫 번째 매듭을 짓는 것이 필요하기에 부족하지만 그것을 수행하고자 하였다. 따라서 이 책은 나의 연구가 지속되는 한 증보판이 계속해서 나올 것이다.

많이 부족한 필자이기에 많은 분들의 도움이 없었으면 오늘의 이 책도 없었을 것이다. 필자에게 정치학을 가르쳐주신 서울대학교 정치학과의 선생님들께 감사의 말씀을 드리고 싶다. 아울러 깊은 토론들을 통해 가르침과 자극을 주신 선배님들과 후배님들께도 감사드린다. 수업시간에 총명한 눈으로 필자를 자극했던 학생들에게 고마움을 전하고 싶다. 항상 완벽한 매니저의 역할을 해주고 있는 아내와 사랑의 샘물인 딸에게도 고마울 뿐이다. 끝없는 관심과 애정을 베풀어주시는 부모님께는 죄송함과 감사함이 이루 말할 수 없다. 이 부족한 책이 조그마한 기쁨을 드린다면 더할 나위가 없을 것이다.

만추의 연구실에서

김경희

차례

머리말 5

제1장 독존의 정치학: 『군주론』에 대한 기존 해석들 17

1. 종교전쟁시대에서 민족국가 건설기까지의 『군주론』 이해 20
2. 현대의 『군주론』 해석 28
3. 대한민국에서의 『군주론』 해석 33

제2장 독존의 정치학에서 공존의 정치학으로: 『군주론』 재해석 43

1. 『군주론』의 정치론: 구성원들의 관계로 이루어진 정치 43
   1) 정치체론으로 바라본 『군주론』: 파렐(Parel)의 해석 47
   2) 마키아벨리의 정치체론(body politic) 52
   3) 마키아벨리의 정치론: 관계와 공존의 정치 56
2. 『군주론』의 권력론: 군주의 역량과 군주국의 활력 63
   1) 군주의 비르투에서 군주국의 비르투로 65
   2) 『군주론』의 권력론 83
3. 『군주론』의 통치론: '건국'(建國)과 '치국'(治國)으로 이루어진 선정(善政) 93
   1) 『군주론』 이전의 선정론 96

2) 『군주론』의 선정론 101
3) 『군주론』의 통치론 116

제3장 공존의 정치서로서 『군주론』 읽기 125
1. 『군주론』 헌정사에서 11장까지 125
헌정사; 니콜로 마키아벨리가 위대한 로렌초 데 메디치 전하께 올리는 글 125
제1장 군주국의 종류와 그 획득 방법들 132
제2장 세습 군주국 137
제3장 복합 군주국 138
제4장 알렉산드로스 대왕이 정복했던 다리우스 왕국은 왜 대왕이 죽은 후 그의 후계자들에게 반란을 일으키지 않았는가 145
제5장 점령되기 이전에 자신들의 법에 따라서 살아온 도시나 군주국을 다스리는 방법 149
제6장 자신의 무력과 역량에 의해서 얻게 된 신생 군주국 151
제7장 타인의 무력과 호의로 얻게 된 신생군주국 159
제8장 사악한 방법을 사용하여 군주가 된 인물들 168
제9장 시민형 군주국 174
제10장 군주국의 국력은 어떻게 측정되어야 하는가 178
제11장 교회형 군주국 180
2. 『군주론』 12장에서 14장까지 184
제12장 군대의 다양한 종류와 용병 184
제13장 원군, 혼성군, 자국군 188
제14장 군주는 군무에 관해서 어떻게 처신해야 하는가 190
3. 『군주론』 15장에서 23장까지 194

제15장 사람들이, 특히 군주가 칭송받거나 비난받는 일들 194
제16장 관후함과 인색함 197
제17장 잔인함과 인자함, 그리고 사랑을 느끼게 하는 것과 두려움을 느끼게 하는 것 중 어느 편이 더 나은가 201
제18장 군주는 어디까지 약속을 지켜야 하는가 207
제19장 경멸과 미움은 어떻게 피해야 하는가 210
제20장 요새 구축 등 군주들이 일상적으로 하는 많은 일들은 과연 유용한가 아니면 유해한가 218
제21장 군주는 명성을 얻기 위해서 어떻게 처신해야 하는가 220
제22장 군주의 측근 신하들 223
제23장 아첨꾼을 어떻게 피할 것인가 225
4. 『군주론』 24장에서 26장까지 229
제24장 어떻게 해서 이탈리아의 군주들은 나라를 잃게 되었는가 232
제25장 운명은 인간사에 얼마나 많은 힘을 행사하는가, 그리고 인간은 어떻게 운명에 대처해야 하는가 235
제26장 야만족의 지배로부터 이탈리아의 해방을 위한 호소 240

제4장 민주화 이후의 대한민국과 『군주론』 247
1. 민주화 이후의 대한민국과 재봉건화 현상 249
2. 민주화 이후의 대한민국과 『군주론』의 리더십 256

참고문헌 269
출전 277
찾아보기 278

제1장

독존의 정치학:
『군주론』에 대한 기존 해석들

서양 정치사상사에서 마키아벨리의 『군주론』(*Il Principe*)만큼 논란을 불러일으킨 저서도 없을 것이다. 권모술수의 대가로 마키아벨리를 낙인찍게 한 것도 『군주론』이었고, 목적을 위해서는 수단과 방법을 가리지 않는 비열한 행태를 일컫는 '마키아벨리즘'의 이름을 낳게 한 것도 바로 『군주론』이었다. 한편, 이렇게 악명 높은 『군주론』이 공화주의자들에 의해서는 인민들을 계몽하기 위한 저서로 그려진다. 폭군의 폐해를 인민들에게 알려주기 위해 씌어졌다는 것이다. 그런데 『군주론』에 대한 해석의 역사는 그 시대의 정치적 상황과 밀접한 연관을 맺고 있었다. 종교전쟁시기에 기존 신앙과 도덕의 입장을 대변했던 사람들은 마키아벨리를 폭군의 조언자이자 악마적 교의의 교사라고 불렀으며, 군주정과 폭군정에 반대했던 이들은 그를 폭군정의 해악을 인민들에게 일깨워준 계몽주의자로 판단한다. 민족국가의 형성이 늦었던 독일에서 마키아벨리는 혼란을 극복하고 외세로부터 독립된 국가를 건설하기 위한 조언자로 간주되었다.

폭군의 조언서로서 부정적으로 비쳐진 『군주론』이건 혹은 폭군의 악행을 고발하기 위해 저술된 긍정적인 의미의 『군주론』이건 『군주론』은 군주 중심으로 읽혀져왔다.[1] 이것은 현대에 들어서도 크게 달라지지 않았다. 근대를 개인성의 탄생에서 본 부르크하르트(Burckhardt)의 르네상스 연구는 자신의 능력만으로 낮은 계층에서 일약 군주의 지위에 오른 용병대장들을 르네상스적 인간의 전형으로 그리고 있다(Burckhardt, 1988). 또한 이탈리아의 무솔리니(Moussolini)와 독일의 히틀러(Hitler)에서 나타난 '지도자'(Duce/Führer)들의 탄생은 마키아벨리적 권력국가의 실현으로 이해되었고 그 배후에는 『군주론』이 있다고 해석되었다.[2]

군주 일인(一人) 중심의 해석 경향은 전세계적으로 민주화가 진행되고 나서 더 이상 현실 정치적 상황과 『군주론』을 연결시켜 해석할 필요가 없게 된 시대에도 여전히 남아 있다. 정치적 상황에서 자유롭게 된 연구자들은 마키아벨리의 사상을 전후 역사적·사상적 연관관계 속에서 이해하거나, 그가 위치했던 개인적·사회적 그리고 정치적 맥락 속에서 '발생적'(genetic)으로 이해해야 한다는 주장을 펼 수 있게 되었다.[3] 이러한 종합적인 평가들을 통해 마키아벨리는 군주주의자·공화주의자 혹은 군주주의자에서 공화주의자로 전향한 이 등으로 평가된다. 이러한 다양

---

1 『군주론』에 나타난 논의를 기반으로 해서 정치를 도덕의 영역에서 분리시켜 정치의 독자성을 정초(定草)한 자로 마키아벨리를 바라보거나(Croce, 1945; Chabod, 1958), 비슷한 맥락에서 마키아벨리를 근대 정치과학의 창조자(Cassirer, 1988; Olschki, 1945)로 파악하는 입장도 있다. 하지만 이러한 입장들에 대한 설명은 『군주론』의 주요 행위자를 누구로 그리고 어떻게 볼 것인가라는 이 저술의 문제의식에 정확히 부합하지 않기 때문에 이 책에서는 다루지 않을 것이다. 제2차 세계대전 이후 마키아벨리의 해석 경향에 대해서는 Cochrane(1961)과 Geerken(1976) 논문 참조.

2 『군주론』을 자신의 침대 옆의 소형 서랍장 위에 놓고 지낼 정도로 히틀러가 『군주론』을 탐독했다고 주장하는 라우쉬닝(Rauschning)에 대해서는 Buck(1985, 154~155)과 Faul(1961, 302~337) 참조.

3 이에 대해서는 Cochrane(1961) 논문의 130~131쪽 참조.

한 평가에도 불구하고 『군주론』의 해석에 있어서 군주만이 분석의 중심이 되는 것은 동일하게 남아 있다.

이제까지 『군주론』의 해석사는 공히 초점을 군주 개인에게 맞추어왔다. 군주에게 적극적이면서도 긍정적인 역할을 부여하는 경우는 말할 것도 없거니와 부정적인 군주의 상에서도 역시 조명은 군주 개인에게 비추어졌던 것이다. 이에 따라 『군주론』은 군주 혹은 정치지도자 혼자만을 위한 '독존(獨存)의 정치학'을 대표하게 되었다. 사익 추구만을 위한 처세술, 권력 장악을 위한 냉혹한 권모술수 등등은 바로 독존의 정치학을 집약하는 용어로 쓰이게 된 것이다. 이것은 또한 독존의 권력을 지향하는 사람들에게 그것을 위한 지침서로 작용하게 되었다.

그러나 본 저술은 이러한 '독존의 정치학'의 바이블로 여겨온 『군주론』에 대해 새로운 해석을 수행하려고 한다. 『군주론』을 '공존(共存)의 정치학'을 위한 저술로 이해하려고 하는 것이다. 마키아벨리는 그의 악명 높은 저서에서 사실 군주가 권력을 장악하고 유지하기 위해서는 자신의 힘이 아니라 인민과 귀족의 힘, 그중에서도 인민의 힘에 의존해야 함을 역설하고 있다. 이것은 그의 정치론을 반영하는 것이다. 그에게 정치는 공동체 구성원들의 관계 속에서 이루어지는 것이다. 군주의 권력은 자신에게 있는 것이 아니라 실은 인민들 속에 있었던 것이다. 이렇게 볼 때 군주의 권력은 개인의 권력이 아니라 공동체 전체의 권력으로 확장되게 된다. 권력은 손에 장악하는 강권의 의미뿐만 아니라 공동체 속에서 생성되는 활력의 의미를 지니게 되는 것이다. 그리고 이것을 위한 통치는 상명하복(上命下服)의 유아독존(唯我獨尊)의 통치가 아니라 '공치'(共治)여야 한다는 것이다.

이렇게 볼 때 『군주론』은 이제까지 알려져 왔던 것과는 전혀 다른 정치관·권력관 그리고 통치관을 우리에게 가르쳐준다. 그것을 정리하면 다음과 같다. 정치는 권력자 개인이나 소수 집단의 전유물이 아닌 공동체 구성원 전체의 일이며 그들의 관계라는 것이다. 이에 따라 권력관도 확장되게 된다. 기존의 권력관이 타인을 자신의 의지에 따라 지배할 수 있는 힘을 의미했다면, 이제 새로 대두되는 권력관은 공동체 구성원들의 관계 속에서 생성되고 소멸되는 역동적인 힘이자 활력의 의미를 지니게 되는 것이다. 이런 의미에서 정치나 통치의 의미도 달라지게 된다. 기존의 『군주론』 해석이 보여주는 통치의 의미는 상명하복의 일방적인 정치였다. 군주나 권력자 중심의 일면적인(unilateral) 정치였던 것이다. 하지만 새로운 해석을 통해서 보여지는 통치는 일방적인 것이 아니라 쌍방적이고 다면적인(multilateral) 정치가 되는 것이다.

1. 종교전쟁시대에서 민족국가 건설기까지의 『군주론』 이해

우선 마키아벨리에게 '악의 화신'이나 '폭군의 조언자'라는 이름을 붙이게 만든 것은 종교전쟁 시기의 종교 갈등 속에서 드러난 정치적 사건들을 통해서였다. 마키아벨리가 죽고 나서 5년 만인 1532년에 출판된 『군주론』은 반종교개혁의 파고 속에서 1559년에 로마교황청에 의해 금서로 지정된다. 종교와 도덕을 부정하고 악을 전파한다는 것이 그 이유였다. 이렇게 선보다는 악을 옹호하는 저서로 낙인찍힌 『군주론』의 악명을 가중시킨 것은 종교 갈등 속에서 일어난 정치권력의 비종교적 · 비도덕적 행동을 마키아벨리의 가르침에 의한 것이라고 비난함을 통해서였다. 이러한 사건은 영국에서 먼저 일어났다. 헨리 8세의 이혼을 반대하여 축출당한 추기경 폴(Reginald Pole)은 1539년에 쓴 『칼 5세에 올리는 변론』

(*Apologia ad Carolum Quintum*)에서 헨리 8세의 정책을 뒷받침하였던 것은 마키아벨리의 『군주론』이었음을 밝히고 있다. 헨리 8세의 조언자였던 토마스 크롬웰(Thomas Cromwell)과의 대화를 회상하며 폴 추기경이 지적하였던 것은 군주 자신의 사적인 이익을 위해 신앙을 버리고 교회와 대립할 수 있었던 것은 마키아벨리의 악마적 가르침을 전수받았기 때문이라는 것이다.[4] 종교 갈등은 프랑스에서도 있었다. 프랑스의 신교도들인 위그노파(Huguenot)와 가톨릭파 간의 화해를 위해 마련된 정략결혼식 전날 가톨릭파는 화해와 결혼식의 축하 분위기로 인해 긴장을 풀고 있던 위그노파 지도자들을 죽이게 된다. 이것이 바로 1572년에 일어난 '성 바르톨로메오 축일의 학살'(Massacre de la Saint-Bartholomew)이다. 이 일로 인해 역사상 최초로 마키아벨리의 이름이 제목에 포함된 책이 나오는데 그것이 바로 위그노파였던 이노상 장티에(Innocent Gentillet)가 쓴 『반마키아벨리론』(*Contre Machiavel*)이다. 여기서 장티에는 가톨릭파의 수장으로서 '성 바르톨로메오 축일의 학살'을 저지른 왕후 카트린 드 메디치(Catherine de Medici)를 비난한다. 그녀가 권모술수를 이용한 폭군의 정치를 저지른 것은 마키아벨리의 『군주론』에서 배웠다는 것이다.[5] 이 시기 이래로 자신의 이익을 위해서는 도덕을 무시하여도 좋다는, 폭군을 위한 악마적 가르침의 대표적 저서로서 『군주론』의 이미지는 현대까지도 여전히 맹위를 떨치고 있다.[6]

---

4 이에 대해서는 Donaldson(1988) 1장 및 곽차섭(1994), Buck(1985), Gilbert(1973) 참조.

5 카트린 드 메디치는 마키아벨리가 『군주론』을 헌정한 로렌초 데 메디치의 자녀였다.

6 16세기 당시 무자비하고 악마적 사술을 대변하는 인물로서 마키아벨리는 이미 영국 극작가들의 작품들 속에 흔히 등장하는 주제였다. 크리스토퍼 말로우의 『몰타의 유대인』뿐만 아니라 셰익스피어의 『헨리 6세』에서 마키아벨리는 비도덕적이자 사악한 인물의 대명사로 쓰이고 있다(Gilbert, 118). 현대에서는 스트라우스가 마키아벨리를 '악의 교사'로 명명하고 있다(Strauss, 2006).

이렇게 사악한 이미지를 가지고 있던 마키아벨리의 『군주론』은 이제 시민계급의 성장과 함께 공화주의를 주창하는 이들에 의해 다르게 해석된다. 그들은 『군주론』을 폭군을 위한 저서가 아니라, 폭군의 행태와 그 해악을 인민들에게 알리기 위한 저서로 파악한다. 스피노자(Spinoza)는 자신의 『신학–정치론』(*Tractatus Theologico–Politicus*)에서 『군주론』에 대해 평하기를 "자유로운 대중이 그 복리를 한 사람에게 완전히 맡기는 데 있어서 얼마나 조심해야 하는가를 밝히고 싶었던 것 같다"라고 적고 있다.7 루소 또한 이러한 사고를 그의 『사회계약론』(*Du contrat social*)에서 명백히 보여주고 있다: "군주들은 항상 자기들에게 직접 이익이 되는 원칙으로 기울어지게 되는 것은 당연한 일이다. [……] 마키아벨리가 명백하게 보여준 것도 이것이다. 그는 국왕들을 가르치는 척 가장하면서 실은 국민들에게 커다란 교훈을 주었던 것이다. 마키아벨리의 『군주론』은 공화주의자의 책이다"(Rousseau, 1999, 95). 그런데 이러한 공화주의적 해석은 『군주론』의 내용에 대한 새로운 해석이라기보다는 그것이 지향하는 대상을 바꿈으로써 행해진 것이다. 다시 말해 저자인 마키아벨리의 의도를 달리 해석하는 데서 나온 것이다. 『군주론』의 내용은 역시 폭군적인 것이지만 그것은 폭군을 돕기 위한 것이 아니라 폭군의 해악을 알리기 위한 계몽서 같은 것이라는 것이다. 하지만 이러한 해석은 『군주론』의 저자로서 이제까지 비난의 대상이었던 마키아벨리에 대해 긍정적인 평가를 내리게 된다.

마키아벨리의 『군주론』에 대한 더 적극적인 평가는 근대국가의 출발이 늦었던 독일의 시대적 상황을 반영한 헤르더(Johann Gottfried von Herder), 헤겔(G. W. F. Hegel) 그리고 피히테(Johann Gottlieb Fichte)에 의해서 수행된다.

---

7 Cassirer(1988), 155~156쪽 참조.

헤르더는 『인간성의 증진을 위한 서한집』(*Briefe zur Beförderung der Humanität*)에서 마키아벨리의 저서를 시대적 상황 속에서 이해해야 함을 주장한다. 그런데 그것이 잘못 이해되어온 이유는 마키아벨리의 시대가 국가이성의 법칙에 순종한, 도덕과 정치가 분리된 시대라는 것을 망각했기 때문이라는 것이다.[8] 그런 의미에서 『군주론』은 "풍자적 저술이나 도덕 교과서가 아니라, 마키아벨리의 동시대인을 위해 씌어진 정치학의 걸작"이라는 것이다(Cassirer, 1988, 158). 이렇게 역사성 속에서 마키아벨리를 바라보는 관점은 헤겔로 이어지게 된다. 나폴레옹이 이끄는 프랑스와의 전쟁에서 독일제국이 패배한 직후 저술한 『독일헌정』(*Die Verfassung Deutschlands*)이라는 소책자를 헤겔은 다음과 같은 말로 시작한다: "독일은 한 국가이기를 그쳤다"(Cassirer, 1988, 158). 외세와의 전쟁에서 패하고 국가 존망의 기로라는 위기에 처했었던 젊은 헤겔은 마키아벨리의 이탈리아와 자신의 독일이 유사한 상황이라는 것을 느꼈던 것이다. 이에 헤겔은 독일의 마키아벨리가 되고자 하였던 것이다.[9] 암흑의 시기에 국가건설의 염원을 표현했던 마키아벨리의 『군주론』을 당시 독일 상황과 비교하며 헤겔은 다음과 같이 말한다.

> 마키아벨리가 선구적으로 보았던, 이탈리아를 하나의 국가로 고양시키려던 목적은 그의 저서에서 폭군정의 옹호나 야욕에 찬 지배자를 위한 좋은 지침 이외에는 다른 것을 보지 못한 무지로 인해 묻혀버렸다. [……] 다른 선택의 방법이 없었던 것이다; 불에 탄 사지를 라벤더물을 가지고 치료할 수는 없다; 독살과 암살이 만연한 상태에서 약한 처방은 듣지를 않는다. 고사 직전의

8 Buck(1985), 150쪽과 곽차섭(1993), 234쪽 참조.

9 Bcuk(1985), 150쪽 참조.

생명은 오로지 강력하고 폭력적인 방법으로 재생될 수 있다. (Hegel, 1986, 555)

피히테는 1807년에 쾨니히스베르크(Königsberg)에서 출간된 『베스타』(*Vesta*)라는 잡지에 「마키아벨리에 대해서」(Ueber Machiavelli)라는 글을 게재한다. 여기서 피히테는 모든 군주에게 훌륭한 조언서가 될 수 있는 『군주론』에서 마키아벨리가 궁극적으로 바란 것은 풍전등화(風前燈火)와 같은 이탈리아의 상황에 안정을 가져오는 것이었다라고 말한다. 군주가 최고로 여겨야 하는 의무는 국가의 자기보존으로서 그것을 위해 자기의 온 역량을 발휘해야 한다는 것이다(Fichte, 1962, 226). 어떠한 판관도 존재하지 않는 국가 간의 관계는 힘의 논리만이 지배하고, 그러한 상황에서 국민의 안전과 국가의 보존을 최고의 목적으로 가지는 군주를 위해 마키아벨리는 최고의 국가이론을 제공한다는 것이다(곽차섭, 1994, 235).

이러한 독일의 국가건설과 그것을 가능케 하는 강한 권력에의 향수는 결국 히틀러의 등장으로 그 비극적 결말을 보게 된다. 하지만 그전에 권력국가에 대한 사상은 국가이성론으로 세련화되어진다. 국가이성론을 언급하기 전에 르네상스의 핵심을 개인성의 탄생에서 찾은 부르크하르트를 살펴보자. 『이탈리아의 르네상스 문화』(*Die Kultur der Renaissance in Italien*)라는 책을 통해 이탈리아 르네상스 연구의 한 획을 그은 부르크하르트는 "예술품으로서의 국가"와 "개성의 탄생"이라는 말을 통해 마키아벨리의 시대를 규정하고 있다. 부르크하르트가 보기에 르네상스에서 인간의 개인성이 만개하게 되고 그 개인성의 권력작용을 통해 국가라는 예술품이 만들어지게 되었다는 것이다. 르네상스기 이탈리아에서는 "개인의 가치와 재능이 다른 서구 제국의 법률이나 습관보다도 더욱 유력하게 생각되었"던 것이다(Burckhardt, 1988, 50). 이러한 개인성을 구현한 이탈리아 군주들은 자신들의 재능과 냉정한 이해타산의 정신을 지니고 있었으며, 그것을 통해 "재능과 의식의 창조물로서 국가, 예술품으로서의 국가"를 창조해나갔다는 것이다(Burckhardt, 1988, 33). 이런 의미에서 르네상스 개인성을 가장 잘 구현한 인물은 바로 프란체스코 스포르차(Francesco Sforza)였던 것이다. 부르크하르트는 스포르차야말로 미천한 신분을 자신의 능력으로 극복하고 한 나라의 군주가 되었던 인물로 "모든 이탈리아인 중에서 아마도 15세기의 심정에 가장 알맞은 인물이었"으며, "천재적이며 개성적 역량의 승리가 그처럼 화려하게 전해지고 있었던 것은 다른 사람에게서 그 예를 찾아볼 수 없었다"고 말하고 있다(Burckhardt, 1988, 67).[10] 윤리나 도덕 혹은 법보다는 그러한 것의 기반으로서 국가를 창조하는 개인의 능력에 더 초점을 맞추게 된다. 법이나 윤리들을 무시하고 순전히 자신의 능력으로 국가를 장악한 용병대장의 칭송에서도 볼 수 있는 것이다.

부르크하르트가 근대국가의 탄생을 개인성을 담지한 위대한 인물들이 창조한 결과로 보았다면, 마이네케는 근대국가의 형성 과정에서 권력을 독점하며, 자신의 보전을 위해서는 법이나 윤리 등을 무시하는 국가이성의 탄생을 발견하였다.[11] 마이네케는 『근대의 국가이성의 이념』에서

10 마키아벨리는 『군주론』 6장에서 스스로의 힘으로 군주가 된 인물의 대표적인 예로 프란체스코 스포르차를 들고 있다. 또한 부르크하르트는 마키아벨리가 한 사람의 입법자를 통해 피렌체를 구원할 수 있다고 언급한 것을 각주에서 지적하면서 그를 "한 나라를 구성할 수 있다고 생각한 사람들 가운데서도 [……] 가장 위대한 사람이었다"라고 적고 있다(Burckhardt, 1988, 113~114).

11 "쉴로서나 부르크하르트가 생각한 바와 같이 권력은 <그 자체 악>(an sich böse)이 아니라 자연적인 것이며 선악에 대해서도 중립적인 것이다. 그런데 권력을 장악하고 있는 자는 그것을 남용하고 법이나 도덕이 내세우는 한계를 넘어서 팽창하고자 하는 끊임없는 도덕적 유혹에 빠진다"(Meinecke, 1990, 44~45).

마키아벨리를 국가이성의 시초자로 인정한다.[12] "국가이성이란 국가 행동의 기본원칙, 국가의 운동원리이다. 그것은 건전하고 강력한 국가를 유지하는 데 있어서 정치가가 해야 할 일을 말하는 것이다"(Meinecke, 1990, 31). 이러한 국가이성의 목표는 "국가 및 국가 속에 포함된 국민공동체의 복지"이며, "권력 · 권력주장 · 권력확대는 그것을 위해 절대로 요구되어야 할 불가결의 수단이다"(Meinecke, 1990, 33). 국가이성은 이러한 목표들을 위해 그 "정치행동에서 고도의 합리성과 합목적성을 요구"한다(같은 책, 37). 이러한 국가이성론에 비추어볼 때 『군주론』은 마키아벨리에게 국가이성의 정초자라는 이름을 부여하기에 충분하다고 마이네케는 보고 있다.

우선 마키아벨리는 "합리적 · 경험적 및 계산하는 요소"라는 이탈리아 르네상스의 문화가 최고의 완성을 본 인물이기에 "국가의 형태 · 기능 및 생활 조건을 규명하고 계산"하는 데 그의 열정을 쏟았다고 마이네케는 말한다(Meinecke, 1990, 63). 이러한 국가이성의 명령에 충실했던 마키아벨리는 『군주론』에서 하나의 일관된 대주제를 가지고 있었다고 말한다. 그것은 "<운명>에 대한 <역량>의 투쟁"이라는 것이다(Meinecke, 1990, 76).[13] 외세의 침략과 그것에 대응할 수 있는 힘을 구비하고 있지 못했던

12 마이네케의 책은 우리말로 『국가권력의 이념사』로 번역되어 있다. 하지만 원제목(*Die Idee der Staatsräson in der neueren Geschichte*)을 직역하면 『근대의 국가이성의 이념』이 더 정확할 것이다. 한글 번역본의 의역도 충분히 일리가 있는 번역이지만 이 책에서는 '국가이성론'에서 나타난 마키아벨리의 『군주론』 상에 더 초점을 맞출 것이기 때문에 의역보다는 직역의 제목을 사용하고자 한다. 한편 국가이성이라는 개념을 처음 사용한 사람은 마키아벨리가 아니라, 그의 동시대인이었던 귀차르디니(Guicciardini)였다. 국가이성론에 대해서는 곽차섭(1996) 참조.

13 우리말 번역본에는 virtù를 '덕성'으로 번역하고 있다. 하지만 마키아벨리의 virtù는 마이네케도 설명하고 있듯이 운명을 극복하기 위한 인간의 능력이기에 윤리적인 의미를 함축하고 있는 '덕성'보다는 '역량'이 더 적절한 번역어로 보인다. virtù에 대한 자세한 설명은 이

피렌체와 이탈리아는 풍전등화와 같은 위기 상황에 놓였던 것이다. 운명의 힘에 굴복해야만 하는 절체절명(絶體絶命)의 시기에 놓여 있었던 것이다. 국가이성의 담지자로서 군주가 행해야할 가장 중요한 일은 '운명'의 제어였고, 그것을 위해 그의 '역량'이 강조되었던 것이다. 따라서 마이네케가 보기에 『군주론』은 마키아벨리의 가장 내면적인 사상이 표현된 저서로 그것은 바로 "몰락에 처한 한 민족을 전제군주의 <역량>과 <필요>에 의해 강요된 모든 수단의 지레의 힘에 의해 국가의 새로운 덕과 힘을 향해 재생시키기는 것"이었다(Meinecke, 1990, 76).

> <역량>은 <운명>을 격퇴할 사명을 지니고 있다. <운명>은 농간을 부린다. 그러므로 <역량>도 부득이한 경우 농간을 부려도 좋다. 매우 솔직히 표현하면 이것이 바로 마키아벨리즘, 즉 국가행동에 있어서는 국가에 필요한 권력을 획득하고, 혹은 견지할 필요가 있을 경우에는 부당한 수단도 정당화된다고 하는, 저 악평 높은 교설의 내면적 · 정신적 기원이다. 이제 스스로를 데몬적인 자연의 힘으로서 자각하여, 이에는 이로써 복수함은, 초월적인 하늘의 빛 모두를 빼앗기고, 데몬적인 자연의 폭력과 더불어 홀로 전쟁터에 남겨진 인간인 것이다. 마키아벨리의 생각으로서는 운명을 제어하기 위해 <역량>은 모든 무기를 쥘 충분한 내면적 권리를 지니고 있었다. (Meinecke, 1990, 70)

『군주론』의 군주는 도덕도 뛰어넘는 역량을 지닌 채 국가의 모든 것을 어깨에 홀로 짊어진 영웅이 되어야 하는 것이다.

책 2장 2절 참조.

2. 현대의 『군주론』 해석

현대의 『군주론』 해석은 당시의 정치적 현실과의 직접적 연관관계 속에서 바라보는 이전의 '정치적인' 해석 경향과는 달리 객관적으로 보려는 '학문적인' 해석 경향을 보이고 있다. 특히 역사적 맥락이나 사상사적 맥락에서 마키아벨리의 사상을 살펴보고 그 속에서 『군주론』을 파악하려는 것이다. 특히 마키아벨리의 또 다른 주저인 『로마사 논고』(*Discorsi sopra la prima deca di Tito Livio*)에 대한 공화주의적 이해가 확장되면서 군주를 위한 저서인 『군주론』을 어떻게 이해할 것인가의 문제가 불거지게 되었다. 이렇게 볼 때 『군주론』을 파악하는 입장은 크게 둘로 나누어지는데, 하나는 『군주론』이 군주를 위한 저서라는 것이고, 다른 하나는 『군주론』이 군주를 위한 저서가 아니라 공화정을 위한 저서라는 것이다. 후자의 주장은 다시 둘로 나눌 수 있는데, 그 하나는 『군주론』은 군주를 속이고 몰락시키기 위한 저서라는 것이고, 다른 하나는 『군주론』의 신군주는 위기해결자나 혁신자의 역할에 국한된다는 것이다. 다시 말해 공화정을 건설하기 위해 우선 혼란과 위기에 놓인 국가의 문제를 해결하는 역할에 국한해야 한다는 것이다. 그러나 이 해석들도 모두 군주를 중심에 놓고 『군주론』을 보는 데서는 동일한 입장을 취하고 있다. 군주는 『군주론』의 유일한 행위자인 것이다.

우선, 『군주론』을 군주를 위한 저서로 보는 학자로는 스키너(Skinner)를 들 수 있다.[14] 스키너는 사상사적 전통 속에서 『군주론』을 파악한다.

---

14 이 말은 스키너가 마키아벨리를 군주주의자로 보고 있다는 말은 아니다. 최근의 연구 경향은 마키아벨리를 공화주의자로 보는 입장이 지배적이다. 하지만 『군주론』을 놓고 보았을 때, 그것의 고유 가치에 대한 인정이라는 측면에서 『군주론』을 보는 입장의 대표적인

르네상스기 군주 귀감용 저술의 수용과 극복의 맥락 속에서 『군주론』을 보는 것이다. 군주의 덕행을 강조하고 그것이 좋은 정치의 핵심임을 주장하는 중세 후기와 르네상스기의 군주 귀감용 저술은 군주의 덕망(virtus)을 강조한다. 이런 점에서 "마키아벨리는 비르투, 운명 및 군주다운 목표의 성취 사이의 관계에 대해서 동일한 믿음을 정확하게 반복하고 있다"라고 쓰고 있다(Skinner, 1993, 78). 하지만 스키너가 보기에 인문주의자들과 동일한 용어와 문제의식을 보여준 마키아벨리가 "군주를 위한 조언서에서 추진했던 혁명은 사실상 핵심 개념인 비르투를 재정의하는" 데 있었다(Skinner, 1993, 83). 마키아벨리는 그 단어가 지녔던 "군주다운 덕목과의 필연적인 관계"를 비르투로부터 분리시키고, "자신의 목표를 달성하기 위해 필연이 지시하는 것을 기꺼이 무엇이나 수행하려는 의사"야말로 비르투를 가진 군주의 모습이라고 이야기한다. 이렇게 볼 때 "비르투는 정확하게 군주에게 있어서 도덕적 유연성이라는 필수적인 자질을 의미하게 된다"라고 말한다(Skinner, 1993, 84). 스키너는 "마키아벨리가 『군주론』에서 위대한 업적들을 행함으로써 영광을 얻을 수 있는 방법을 군주에게 충고하려고 했던 열망을" 드러냈다고 말하고 있는 것이다(Skinner, 1993, 98).

역사적·사상사적 맥락에서 파악한 스키너와는 달리 월린(Wolin)은 "정치사상가를 몰두케 하는 일련의 항구적인 질문"에 대한 관심을 가지고 『군주론』을 분석한다. 그 질문들이란 바로 "정치와 윤리의 문제, 폭력의 문제, 정치 이론의 자율성의 문제" 등에 관한 것이다(강정인, 1993, 14).

예로 스키너와 다른 이들을 다루고자 한다. 스키너는 『군주론』의 군주에 대한 모든 조언은 '안전'이라는 것을 향하는 반면, 『로마사 논고』에서는 '자유'가 가장 기본적 가치라고 언급한다(Skinner, 2004, 348).

이러한 문제들을 중심으로 보았을 때, "정치적 야심가인 새로운 인간에 관해 마키아벨리는 근대 정치를 사로잡게 되는 인상적인 인물을 그려내" 는데, 그것은 바로 『군주론』의 신군주였던 것이다(Wolin, 1993, 162). 『군주론』의 정치는 비르투라는 특출한 능력을 지닌 영웅이 그리는 개인 중심의 정치였던 것이다.

> 정치 행위자에 대한 관념은 주로 『군주론』에서 전개되고 있었는데, 왜냐하면 이 저작에서 마키아벨리는 어떻게 국민적인 쇄신이 출중한 재능을 가진 한 개인에 의해서 성취될 수 있는가를 기술하는 데 몰두하고 있었기 때문이다. 이 책 전반이 개인적인 정치(*personal politics*)에 대한 관념에 의해 지배되고 있었으며, 군주의 영웅적인 모습으로 인해 비인격적인 제도를 통해 정치가 수행될 수 있다는 어떠한 제안도 그 빛을 잃게 되는 결과를 초래하였다. (Wolin, 1993, 209)

그런데 이러한 영웅적인 군주의 역량을 설명하고 나서 월린은 『로마사 논고』의 공화제와 관련하여 군주의 역량을 재정의해야 함을 말하고 있다. 그것은 "진정한 군주는 자신의 덕을 실현하는 행위를 통해 그 자신을 없어도 무방한 존재로 만드는 자"이어야 한다는 것이다(Wolin, 1993, 213). 디츠는 이러한 입장을 『군주론』을 파악하는 '강한' 공화주의적 입장이라고 말하고 있다(Dietz, 1986, 780). 『군주론』은 근본적으로 공화주의자의 저서라는 것이다. 하지만 위기에 임박하여 급한 불을 끄기 위해 강한 힘과 뛰어난 능력을 가진 한 사람의 신군주에 의지하여 질서를 세워야 한다는 것이다. 그리고 이러한 '질서의 회복자'로서 군주는 자신의 권력을 강화하는 것이 아니라 공화국의 기초를 놓아야 한다는 것이다. 한편 디츠는 '약한' 공화주의적 입장도 소개하고 있다.

이 입장에서 볼 때 『군주론』은 일종의 '일탈'(aberration)이었다. 피렌체의 절망적인 미래 앞에서 메디치 가문이 정권을 잡았고, 임박한 위기를 극복하기 위해서는 어쩔 수 없이 메디치가에 유일한 희망을 걸었다는 것이다. 그래서 공화주의자 마키아벨리는 잠시 자신의 본심을 접고 『군주론』을 저술했다는 것이다(Dietz, 1986, 778~779).[15] 하지만 결국

15 디츠는 그녀의 글에서 마키아벨리를 공화주의자라고 파악하는 연구자들의 『군주론』 해석을 크게 두 가지로 나누고 있다. 그것들은 본문에 나오듯이 '강한' 공화주의적 입장과 '약한' 공화주의적 입장이다. 강한 공화주의적 입장은 다시 세 가지로 나눌 수 있는데, 그 첫째는 루소 식으로 군주제의 해악을 인민에게 계몽시키기 위해 『군주론』을 저술했다는 것이다. 두 번째는 『군주론』을 심각하게 생각하는 것이 아니라 당시 유행했던 군주 귀감서풍의 글을 패러디한 작품 정도로 취급하는 것이다. 세 번째는 본문에 언급되듯이 공화국을 건설하기 위한 전단계의 질서 잡힌 국가를 세우기 위해 씌어졌다는 것이다. 디츠는 이 세 가지 입장을 모두 비판한다. 첫 번째 논의에 대해서는 마키아벨리가 공화주의자들이 그것을 읽도록 의도하지 않았기 때문에 공화주의자를 위한 책일 리 없다는 것이다(Dietz, 1986, 779). 두 번째 입장은 "마키아벨리가 『군주론』에서 보여준, 정치세계를 재구성하려는 바람을 제대로 보는데 실패"했다는 것이다(Dietz, 1986, 780). 세 번째 주장에 대해서 디츠는 월린이 "건국자가 어떻게 스스로 부차적이 되거나 혹은 그가 어떻게 공화국에 길을 내줄 것인지에 대해 침묵하고 있다"고 비판한다(Dietz, 1986, 780). 반면 디츠는 메디치가의 군주를 속여 몰락으로 이끌게 하기 위해 『군주론』을 저술했다는 주장을 펼친다. 군주는 '도시에 정주해야 한다는 것'이나 '시민군을 건설해야 한다는 것' 그리고 '도시를 방어하기 위해서는 성곽을 만들 필요가 없다'는 조언들이 바로 군주를 몰락시키기 위한 마키아벨리의 계략이라는 것이다. 이러한 주장들을 통해 마키아벨리가 진정으로 노린 것은 군주를 위험에 빠트리고, 궁극적으로는 시민들의 반란에 희생자로 만들려고 한다는 것이다. 하지만 필자가 보기에 이 논의는 문제점을 지니고 있다. 이렇게 되면 군주는 단지 잘 속는 순진한 인물에 지나지 않게 되거나, 전혀 고려의 대상이 되지 않게 된다. 특히 디츠가 위의 강한 공화주의 해석의 두 번째 입장을 비판하면서 언급하고 있듯이 『군주론』의 적극적인 주장 중의 하나인 군주의 역량(virtù)에 대해서는 침묵하고 있기 때문이다. 브라이너(Breiner)도 디츠의 주장을 비슷하게 반박하고 있다(Breiner, 2008, 83). 한편 랭턴은 디츠의 논의가 국내 정치만을 강조함으로써 『군주론』과 『로마사 논고』 사이의 관계에 대한 국제 정치적 관점을 보지 못했다고 비판한다. 이에 대한 반비판에서 디츠는 랭턴의 논의가 19세기의 문제의식을 가져온 것이라고 언급하면서 마키아벨리 당시의 정치적 맥락에 주목해야 함을 강조한다(Langton and Dietz, 1987).

그는 다시 예전의 공화주의자로 돌아와 『로마사 논고』를 저술했다는 것이다. 따라서 이런 '약한' 공화주의적 입장에서 볼 때 『군주론』의 군주는 위기와 그것을 도래시킨 제도의 타락을 극복해야 하는 "위기해결자"(redeemer)나 "혁신자"(innovator)로 나타나게 된다.16 포콕은 『군주론』을 당시 피렌체의 어떤 정치그룹의 이념도 대변하지 않는 저서로 바라본다. 하지만 『군주론』은 당시 피렌체 정치의 핵심 이슈를 다루었는데 그것은 '혁신'과 시민들의 타락에서 온 '운명'의 문제였다(Pocock, 1975, 156~160). 타락으로 인해 시민들의 역량이 쇠퇴해지자 예측불가능성을 특징으로 하는 운명은 기승을 부리기 시작했고, 그것에 맞서야 하는 것은, 당시 메디치가의 복귀를 가져올 수밖에 없는 피렌체의 정치적 상황에서는 신군주이자 혁신자의 뛰어난 역량뿐이라는 것이다(Pocock, 1975, 160). 혁신자의 뛰어난 역량을 통해 운명의 불확실성을 통제하려고 하는 것이 『군주론』에 나타난 핵심 메시지라는 것이다.

이탈리아어권과 독일어권에서 마키아벨리 연구의 선구에 서 있는 잣소(Sasso)와 뮌클러(Münkler)도 비슷한 시각에서 『군주론』을 바라본다. 마키아벨리를 공화주의자라고 할 수 있으나, 『군주론』은 그 나름 고유의 지위와 과제를 지니고 있다는 것이다. 국가 존망의 위기상태를 극복하는 것이 최상의 문제였던 것이다. 국가를 절망에서 구출해내기 위해서는 특출한 역량을 지닌 신군주가 필요하였다. 따라서 이들에게 『군주론』의 핵심 주제는 신군주의 뛰어난 역량과 그것이 제어해야 하는 운명과의 대결이다(Sasso, 1965, 160~162; Münkler, 1994, 106).

16 전자는 비롤리(Viroli, 1998, 147), 후자는 포콕(Pocock, 1975, 167) 참조. 한편 타르코프는 『군주론』에 나타난 로마공화정과 타 공화정의 예들을 근거로 마키아벨리가 군주에게 공화국이나 공화국의 건설자를 모방할 것을 역설했다고 주장한다(Tarcov, 2007, 133~135).

이렇게 영웅적 군주 중심으로 『군주론』을 해석하는 것은 소위 공화주의적 『군주론』 해석들에도 적용된다. 『군주론』을 관통하는 문제를 역량 대 운명으로 보는 이들에게 역량은 운명을 통제할 수 있는 뛰어난 능력이 된다. 신군주는 영웅적 개인이 되며 역사의 현장을 홀로 누비는 독존의 행위자가 되는 것이다. 마키아벨리의 『군주론』을 군주주의자 입장에서 파악하건 공화주의자의 입장에서 파악하건, 차이는 '악한' 영웅이냐, '선한' 영웅이냐에 있을 뿐이다.

3. 대한민국에서의 『군주론』 해석

대한민국에서도 마키아벨리는 『로마사 논고』보다는 『군주론』의 저자로 더 잘 알려져 있다. 『군주론』은 서양 정치사의 여러 사건들 속에 등장하였고 그로 인해 여러 문학작품의 소재로도 사용되었다.[17] 권력을 둘러싼 정치현실의 냉혹함이 『군주론』에 생명력을 부여하였던 것이다. 반면 공화주의자로서 마키아벨리가 덜 알려진 이유는 공화주의라는 개념의 난해함뿐만 아니라 로마사를 소재로 선택한 『로마사 논고』의 학문적 성격 때문일 것이다. 하지만 우리나라의 경우 다른 나라에 비해 유독 마키아벨리는 『군주론』, 특히 앞에서 언급했던 부정적인 의미의 『군주론』의 저자로 알려져 있다.[18] 그렇다면 왜 우리나라에서는 『군주론』

17 이에 대해서는 앞서 이 책의 1장에서 밝힌 바 있다.

18 우리나라에서 『로마사 논고』가 본격적으로 알려진 것은 2003년 국역본이 출간되고 나서부터이다. 그리고 민주화의 진행과 더불어 공화주의에 대한 관심이 고조되면서 마키아벨리의 공화주의 저서인 『로마사 논고』에 대한 관심과 논문 또한 늘어나게 되었다.

중심의 마키아벨리 이해가 주를 이루었을까? 이는 우리나라 근대 학문의 발달사와 함께한다. 우리나라는 구한말 개화기 이래로 외국의 학문을 본격적으로 수입하였다. 서양 정치학 또한 풍전등화의 위기에 놓인 국가를 재정립하기 위해 몇몇 선각자들에 의해 수입되기 시작하였다.[19] 그런데 당시 서양 정치학은 주로 일본 유학생들을 통해 유입되었다. 그리고 당시 일본은 독일 정치학의 영향을 깊게 받고 있었다. 일례로 유길준의 저술로 알려진 『정치학』은 실은 독일의 라트겐(Karl Rathgen)이 동경제국대학에서 강연한 것의 일본어 번역본을 유길준이 번역한 것이라는 것이다.[20] 그런데 19세기와 20세기 초의 독일 정치학은 국가학(*Staatslehre/Staatswissenschaft*)이었다. 그것은 서유럽의 다른 국가들과 달리 통일된 민족국가의 건설이 늦었던 독일의 상황을 반영하는 것이었다. 다른 서유럽 국가와의 경쟁 및 전쟁의 결과 독일은 통일국가의 성립과 강화를 꾀하기 위해 국가를 건설하고 통치하기 위한 총체적인 국가에 대한 학문이 필요하게 되었고 그것이 국가학으로 나타난 것이다. 이러한 국가 중심의 국가학은 국가유기체설과 사회진화론과 연계되어 근대 독일의 국가이성론으로 나타나게 된다.[21] 이때 마키아벨리의 『군주론』은 그 중요한 역할을 수행하게 된다. 헤겔이 그의 「독일헌법론」에서 "독일은

19 이에 대해서는 여러 가지 논문과 저술이 있지만 그중에서도 김학준(2003) 참조.

20 김학준(2003)의 책 62~63쪽 참조.

21 유기체설은 국가는 기계와도 같은 하나의 메커니즘(mechanism)이 아니라, 인간의 몸체와도 같이 서로 긴밀하게 연결되어 있는 유기체(Organism)와도 같다는 것이다. 흔히 유기체론은 전체주의와 기능주의라는 논리적 귀결을 가져온다. 국가를 유기체로 비유할 때, 각 지절들은 전체의 유기적인 작동을 위해 희생해야 한다는 논리를 가져오기에 개인과 부분은 전체를 위해 일해야 한다는 것이다. 아울러 그 각 부분들은 각자에 맞는 기능을 수행해야 전체의 원활한 작동에 기여할 수 있다는 것이다. 또한 사회진화론은 약육강식과 적자생존에 의한 자연도태론을 주장하였기에 힘 중심의 국가관을 내세우게 되었다.

더 이상 국가가 아니다"라고 선포하고 마키아벨리의 『군주론』에 기대어 강력한 리더십 하에 통일국가의 이상을 표현한 이래로 독일의 학자들은 통일 민족국가 건설의 염원을 국가이성론에 기대어 전개하게 된다. 이때 그 논지 전개의 주요한 전거(典據)로 사용되는 것이 바로 마키아벨리의 『군주론』이다.[22] 이렇듯 독일의 마키아벨리 수용은 『군주론』을 중심으로 이루어졌고, 그것은 강한 통일국가의 건설을 위한 힘과 권력의 정치를 옹호하였다. 여기서 사자와 여우의 용맹과 지략을 지닌 카리스마 있는 정치인의 유용성을 옹호하였으며, 냉철한 현실주의적 정치관이 피력되었던 것이다. 이렇게 해석된 마키아벨리는 독일 국가학의 수용에서 볼 수 있듯이, 메이지유신 이후 일본의 상황에도 적합하였으리라고 사료된다. 일본을 통해 독일식 국가학을 수입한 우리나라의 경우도, 마키아벨리는 최근까지 『군주론』의 저자로만 알려져 왔다. 냉엄한 정치 현실 하에서 여우와 사자의 지략과 카리스마를 통해 국가를 부강하게 만드는 정치지도자의 리더십을 위한 저서로 읽혀왔던 것이다.

우선 우리나라 학계의 마키아벨리 연구에 대해 살펴보자. 학계의 연구는 주로 마키아벨리 정치사상에 대한 연구이다. 학계의 마키아벨리 연구의 선구자는 김영국 교수라고 할 수 있다. 그는 서울대학교에서 「레오 스트라우스의 정치학 논고」라는 박사학위 논문을 작성하였으며, 미국 시카고대학에서 레오 스트라우스와 교류하기도 하였다. 스트라우스의 정치철학에 관심을 가지고 있던 그는 이후 마키아벨리에 대한 여러 논문들을 발표한다. 스트라우스는 주지하듯이 마키아벨리를 '악의 교사'로 평한다. 근대 정치학, 특히 근대 정치철학의 문제를 고대 정치철학을 통해 극복하려고 한 스트라우스에게 마키아벨리는 근대 정치철학을

22 이에 대해서는 마이네케(Meinecke)의 『국가권력의 이념사』 제3부 참조.

정초한 자였다. 근대 정치철학이 나타나게 된 것은 가치와 사실을 구별짓고, 보편적 선(善)을 부정하면서 역사주의와 실증주의가 전면에 나서게 되면서부터이다. 그런데 마키아벨리는 종교와 도덕을 정치로부터 분리하고, 영원성과 보편성을 부정하고 실재성을 추구하였기에 근대성을 정초한 자로 규정되는 것이다. 이러한 스트라우스의 마키아벨리 비판을 생각해보면 김영국 교수는 마키아벨리를 매우 부정적으로 평가했을 것으로 생각하기 쉽다. 하지만 그는 한국적 맥락에서 마키아벨리를 비판적으로 해석한다. 우선 그는 스트라우스의 마키아벨리 비판이 고대 정치철학의 부활이라는 관점에서 이루어졌음을 언급한다. 마키아벨리 자신의 문제의식을 바라본 것이 아니라, 고대 정치철학의 관점에서 보았다는 것이다. 아울러 김영국 교수는 정치학이 실천과 현실의 학문임을 주장한다. 따라서 '정치'보다는 '철학'에 초점을 맞춘 스트라우스는 '정치'에 초점을 맞춘 마키아벨리를 오해할 수 있는 것이다. 이런 점에서 김영국 교수는 마키아벨리 자신의 문제의식을 더 중요시 여긴다. 그는 『군주론』을 번역하였으며 그 시대적 배경에 관심을 가지게 된다. 이런 과정에서 나타난 마키아벨리는 더 이상 '악의 교사'가 아니었다. 그는 "근대국가 이론의 시조"였으며, "정치에 있어서 힘의 원리"를 설득력 있게 제시해주는 정치사상가였던 것이다.[23] 김영국 교수는 비록 스트라우스의 정치철학을 공부하였지만 그와는 다른 한국적 맥락에서 마키아벨리를 수용한다. 한국의 혼란스러우면서도 역동적이었던 근현대사 속에서 정치학을 공부하였던 김영국 교수에게 마키아벨리는 『군주론』의 저자였으며, 이 저서는 '철학'보다는 '정치'에 초점을 맞추어 근대국가 정초의 이론을 설파하고 나아가 그 권력론을 제시하였던 것이다.

23 김영국(1995), 9쪽 참조.

사실 마키아벨리는 대학의 정치사상 강의뿐만 아니라 고전을 강의하는 교양 수업에서도 흔히 다루어지는 인물이다. 따라서 정치학을 공부한 사람이면 누구나 한번은 『군주론』을 읽어보았고, 그에 관심을 가지고 있을 것이다. 하지만 의외로 마키아벨리를 전공으로 택한 학자는 그리 많지 않다. 김영국 교수의 다음 세대라고 할 수 있는 학자들은 외국, 특히 미국에서 마키아벨리가 아닌 다른 분야의 정치사상을 공부하고 귀국하여 마키아벨리에 대한 저술을 수행하고 있다. 박상섭 교수와 강정인 교수가 대표적인 사례이다. 박상섭 교수는 "서양식 근대국가"에 대한 일관된 관심을 가지고 마키아벨리의 사상을 연구한 역작을 저술하였다.[24] 마키아벨리의 사상 전반에 대한 서구 문헌의 광범위한 독해가 돋보이는 이 저작에서 박상섭 교수는 옛 제도가 파괴되고 새로운 질서가 태동하는 시기에 정치권력을 지니고 질서를 유지하는 새로운 제도로서 근대국가 개념의 시초를 보았던 것이다. 이런 관점에서 박상섭 교수는 『군주론』을 "통치권을 어떻게 유지할 것인가"에 관한 저서로 바라보고 있다. 질서가 무너진 위기의 시기에 "권력조직체로서 국가조직에 대한 현실적 논의"를 담고 있는 저서인 것이다.

강정인 교수는 마키아벨리의 두 주저인 『군주론』과 『로마사 논고』뿐만 아니라, 스키너(Skinner)나 월린(Wolin) 같은 영미 학자들의 마키아벨리 해석을 번역 · 소개함으로써 우리나라에서 마키아벨리의 이해를 심화시키는데 기여하였다. 강정인 교수는 『군주론』을 "강한 국가를 위한 냉혹한 통치론"으로 평가한다.[25] 권력의 획득, 유지 그리고 팽창을 중심으로

24 박상섭(2002) 참조. 이외에도 박상섭 교수는 마키아벨리의 비르투를 연구한 논문(박상섭, 1998)을 저술하였고, 2011년에는 『군주론』을 새롭게 번역해내었다.

25 강정인 · 엄관용(2005) 참조.

정치를 파악하였기에 현실과 이상의 차이를 분명히 하고 정치 현실의 논리에 충실하고자 했던 마키아벨리의 모습을 『군주론』에서 본 것이다.

학계의 역량이 쌓여져가면서 마키아벨리에 대한 이해가 깊어져가고 있는 것이 사실이다. 더 이상 마키아벨리즘과 마키아벨리를 동일시하지 않으며, 『로마사 논고』에 담긴 그의 공화주의 사상에도 관심이 확대되어 가고 있다.[26] 하지만 여전히 마키아벨리는 『군주론』의 저자로 그려지고 있다.

마키아벨리 연구는 그 정치사상에 대한 전문적인 연구를 넘어서 『군주론』의 논의를 정치지도자의 리더십 논의에 적용하는 단계에까지 이르렀다. 더구나 최근 일어났던 박정희 대통령의 재평가와 관련하여 『군주론』의 논의를 적용시킨 예도 있다. 박정희 신드롬은 5·16 군사쿠데타와 유신 독재체제의 주역이었던 박정희 대통령이 대한민국 근대화 및 경제발전의 주역으로 재조명받게 된 일을 일컫는 것이다. 그런데 박정희 신드롬은 대한민국의 민주화가 진행되면서 나타난 현상이다. 권력자의 한 의견과 목소리만이 지배했던 독재로부터 다수의 의견이 표출되기 시작하고 그것을 조율할 수 있는 제도와 절차의 문화가 아직 정착하지 못한 상황에서 여러 가지 갈등 상황을 혼란의 상황으로 파악하는 이들이 생겨났다. 이들은 다양한 의견의 표출과 갈등을 혼돈으로 파악하고 예전의 강력한 카리스마 있는 리더십을 바라기 시작하였고 그것을 박정희라는 인물 속에서 찾아내고자 했던 것이다. 이러한 과정에서 박정희는 전근대의 혼란스런 상황을 극복하고 근대화를 이끌어낸 리더십을 가진 지도자 혹은 근대국가 건설의 위업을 달성하기 위해 쿠데타라는 필요악을 행한 지도자, 즉 혼란과 위기를 극복하고 국가를 재정립한 위대한 정치인,

26 이에 대해서는 곽준혁(2003; 2004)과 김경희(2005) 글들 참조.

즉 마키아벨리적 신군주로 읽혀지고 있다.

이런 맥락에서 마키아벨리를 정치가 연구에 적용시킨 임혁백 교수의 글을 살펴보도록 하자. 임혁백 교수는 유신체제의 형성을 설명하는 데 있어서 마키아벨리의 포르투나와 비르투 관계를 사용한다.[27] 박정희는 위기를 기회로 삼아 자신이 생각한 것을 이룩한 마키아벨리적 신군주라는 것이다. 유신체제는 당시의 위기로 인해 선택할 수밖에 없었던 필연적인 과정이 아니라, 박정희가 자신의 장기 집권 전략을 실행하기 위해 의도적으로 선택한 것이라는 것이다. 박정희는 근대국가 건설과 대한민국의 근대화라는 과제는 자신이 아니면 아무도 할 수 없다고 생각하였다. 정권의 이양은 물론 권력을 나눌 생각조차도 없었다는 것이다. 그에게 남은 것은 일인 독재뿐이었다. 유신체제라는 일인 집권체제를 만들기 위해 박정희는 사자의 용맹과 여우의 간계도 사용했으며, 신의를 저버리며 정치적 동료들을 제거하는 것도 서슴지 않았다는 것이다. 아울러 경제 발전을 통해 국민들에게 만족을 심어주면서 대신 정치적 독재라는 반대급부를 얻어내었던 것이다. 기회를 자신의 행운으로 바꾸는 비르투를 소유하고 있던 박정희는 마키아벨리적 신군주의 전형이었던 것이다. 하지만 박정희는 자신의 심복의 총에 죽음을 맞이한다. 박정희 일인 지배는 내부로부터 붕괴된 것이다. 이에 대해 임혁백은 다음과 같이 적고 있다.

> 유신체제는 지나치게 박정희 1인에 의존하는 인치적 권위주의체제였고, 박정희의 비르투가 사라지고 나면 여러 군데서 권력의 공백이 생기고 권력추구자들은 그 공백을 메우기 위해서 뛰어들었다.

---

27 임혁백(2004; 2005)의 글들 참조.

해결책은 있었다. 하나는 카리스마의 일상화(routinization of charisma)를 추구하는 것이다. 중국공산당이 하고 있는 것처럼 권위주의 체제 내에서 계승의 제도화를 하고 후계자에게 점진적으로 권력을 이양하는 것이다. 둘째, 북한의 김일성, 김정일이 한 것처럼 가산주의적(patrimonialism) 계승 방법을 채택하여 자식에게 권력을 세습해 주는 길도 있었다. 그러나 박지만은 너무 어렸고, 그는 많은 개인적, 도덕적 문제를 안고 있었다. 그리고 박근혜는 육영수 여사 사후 사실상의 퍼스트레이디의 역할을 담당하였으나 1970년대 말이라는 시대적 상황에서 여성 대통령은 가능성이 희박한 것이었다. 셋째, 민주화의 요구를 받아들여 선거경쟁을 복원하여 민주적 계승의 제도화를 시도하는 것이었다.

그러나 계승의 문제를 해결하기 위해 제시된 세 가지 대안 모두 박정희가 받아들이기 어려운 것이었다. 이유는 간단하였다. 박정희는 끊임없이 권력을 추구하는, 권력 욕심이 강한 홉스형 인간이었기 때문이다.[28]

박정희는 결국 자신의 비르투가 약화되고 주변의 상황이 변하여 자신에게 불리하게 되었을 때, 몰락하게 된 것이다. 임혁백 교수의 분석에 의하면 그는 권력욕의 화신으로서 '홉스적 인간'이었기 때문에 스스로 자멸할 수밖에 없었다. 권력욕의 화신으로서 '홉스적인 인간'이었던 박정희는 '마키아벨리적인 비르투'를 소유하였기에 일인 지배체제를 수립할 수 있었지만 결국은 몰락하게 된다. 박정희의 정치 행태를 설명하는 데 사용된 마키아벨리는 여전히 『군주론』의 저자로만 받아들여지고 있으며, 그의 저서는 목표 달성을 위해서는 수단과 방법을 가리지 않는 냉혹한 권력 추구의 지침서인 것이다. 『군주론』은 여전히 독단적이며, 독존적인 군주를 위한 저서로 해석되고 있는 것이다.

28 임혁백, 「박정희에 대한 정치학적 평가: 인간, 근대화, 유신, 그리고 몰락」, 국제한국학연구소 연례학술회의, 2009년 12월 18일 명지대학교.

제2장

독존의 정치학에서 공존의 정치학으로: 『군주론』 재해석

1. 『군주론』의 정치론: 구성원들의 관계로 이루어진 정치

이 장에서는 마키아벨리의 정치론을 그의 정치체론에 기대어 살펴보고자 한다. 서양 정치사상사에서는 인간의 몸과 정치공동체를 비유하여 설명하는 오래된 전통이 있어왔다. 그것이 바로 정치체론(body politic theory)이다. 정치체론의 핵심 관심은 인간의 신체와 정치체제를 비교하는 가운데 인간 몸의 건강 및 병리현상을 정치공동체의 융성 및 몰락현상과 비교하여 설명하는 것이다. 정치체론을 주장하는 사람들은 대개 신체를 여러 가지 지절로 구성된 유기체로 파악한다. 각 지절들은 전체와의 관련 속에서 그 의미를 지니고 있으며 각 지절들의 균형과 조화 속에서 몸의 건강은 유지된다고 파악하였다. 따라서 그들에게는 정치공동체 구성원들 간의 조화와 균형이 핵심이었던 것이다. 정치인을 의사에 비유하는 것은 바로 이렇게 정치공동체를 유기체로서 인간의 몸과 비교하는 데에서 나올 수 있었던 것이다. 의사가 몸의 건강을 챙기듯이 정치인은 국가 혹은 공동체 속에서 서로 연결되어 있는 시민들의 행복한 삶, 즉 좋은 삶을 염려해야 했던 것이다. 다양한 지절들로 구성된 유기체는 그 구성 부분들이 조화를 이루고 제 기능들을 다할 때 제대로 유지될 수 있는 것이다. 국가공동체 또한 다양한 부분들로 구성되고 그들의 조화와 균형 속에 평화와 안정이 유지되는 것이다.

반면 마키아벨리는 고대의 정치체론자들과 다른 모습을 보여준다. 물론 그도 국가공동체를 다양한 구성 부분들로 이루어진 유기체로 바라본다. 하지만 그 구성 부분들 간의 기능적인 조화와 균형보다는 그들 간의 긴장과 대립에 주목한다. 그리고 그 긴장관계의 유지와 구성을 통한 공동체의 힘과 활력을 생산하는 데 초점을 맞춘다. 나아가 좋은 사람이 정치 영역에서 좋은 시민이자 좋은 정치가가 될 수 없음을 지적한다. 정치 영역에서 좋은 사람이 좋은 정치인이 될 수 없다면 좋은 삶이란 도덕적인 삶과는 다른 의미를 지니게 된다. 그 좋은 삶이란 바로 국가의 활기찬 삶이며 그 속에서 개개인들의 능력을 마음껏 발휘할 수 있고 나아가 그것이 인정받는 삶인 것이다. 이렇게 개인의 능력이 만개하고 국가 공동체의 활력이 충만해지기 위해서는 정치는 혼자 하는 것이 아닌 같이 하는 것이라는 것이 전제되어야 한다. 독존이 아닌 공존과 관계의 정치가 보장되어야 하는 것이다. 그런데 독존의 정치는 사사화의 정치이다. 자기 이익만을 추구하고 자기만을 강조하는 사사화(私事化)는 타인은 배제되는 독존의 정치와 함께 한다. 공동체 구성원들이 서로의 사적인 이해관계만을 추구하여 정치가 사사화될 때 한 국가공동체는 활력을 잃고 안으로부터 무너지며, 외적의 침입에 쉽게 몰락하고 마는 것이다.

고대로부터 정치공동체의 이해에 신체의 은유를 사용한 정치체론은 크게 보아 두 가지로 나눌 수 있다. 정치공동체를 자연적인 신체(natural body)로 이해하여 그 지절들의 조화와 균형 속에서 공동체의 번영을 사고하였던 것이 하나이다. 생물학과 의학에 조예가 깊었던 아리스토텔레스에 의해 대표된다. 다른 하나는 신비적 몸체(mystical body)론을 주장하는 이들로 사도 바울(St. Paul)이 이들을 대표한다. 교회를 신자들의 한 몸으로 파악하는 것이다. 아리스토텔레스는 그의 『정치학』에서 국가는 자연의 산물이며, 여러 부분들의 구성체임을 언급하고 있다.[1] 특히 그는 국가를 구성하는 여러 계층을 다음과 같이 나누고 있다: 농민 계급, 직공 계급, 상인 계급, 품팔이꾼 계급, 전사 계급, 공직자, 심의 기능을 맡은 부분 그리고 재판 기능을 맡은 부분 등이다. 그리고 몸과 영혼의 관계 속에서 후자가 전자보다 더 본질적임을 언급하면서 국가에서도 육체적 필요를 담당하는 부분보다 혼에 해당하는 전사 계급 그리고 재판 업무와 심의기구를 담당하는 부분을 더 우위에 놓는다.[2] 유기체를 구성하는 각 지절들은—몸과 영혼 같은 위계적 구분 하에— 전체와의 관련 속에서 그 의미를 가지기에 각자의 기능을 잘 수행할 때 전체의 복리에 봉사하게 되는 것이다. 조화 속에 균형을 이루는 것이 바로 이러한 자연주의적 유기체론에 기반한 정치체론의 핵심인 것이다.

한편 사도 바울은 코린트인들에게 보내는 서한에서 몸과 지체의 비유를 사용한다: "몸은 하나인데 많은 지체가 있고 몸의 지체가 많으나 한 몸임과 같이 그리스도도 그러하니라. [……] 몸은 한 지체뿐 아니요 여럿이니 만일 발이 이르되 나는 손이 아니니 몸에 붙지 아니하였다고 할지라도 이로 인하여 몸에 붙지 아니한 것이 아니요. [……] 이제 지체는 많으나 몸은 하나라. [……] 너희는 그리스도의 몸이요 지체의 각 부분이라"(고린도전서 12장 12~27절).

1 아리스토텔레스(2009), 1253a1, 1289b27, 1290b24 등 참조.

2 이하의 내용은 아리스토텔레스(2009), 1290b37~1291a33 참조.

그리스도의 몸에서 하나가 되는 신자들의 초자연적 공동체로서 교회라는 개념은 중세 시기에 널리 쓰이기 시작한다. 그리고 그것은 교회법학자들에 의해 전용된다. 교회는 신비적 몸체(corpus mysticum)이자 정치체(corpus politicum)라는 것이다. 다시 말해 교황은 성(聖)과 속(俗)을 책임지는 교회의 우두머리이고, 왕과 황제는 그 부분들이라는 것이다. 중세 후기까지 교황의 세속군주에 대한 우위는 끊임없이 주장되어왔는데 그 이론적 기반을 제공한 것이 바로 정치체론이다. 몸체에서 영혼이나 머리의 역할이 여타 다른 기관의 역할을 압도하고 그들을 지도하듯이 교황이나 사제의 역할이 세속의 지배자나 다른 계층을 지도해야 한다는 것이다.[3] 이것은 중세 후기에 교회와 국가의 분리 속에 국가에서 군주의 역할을 강조하는 논리로 사용되기도 한다. 하지만 고대 이래로 정치체론에 나타나는 전체를 구성하는 지절들의 조화와 균형에 대한 사고는 유지되었고, 위계적 우주론 속에서 머리의 역할을 강조하여 교황이나 군주의 지배적인 위치는 강화되었다. 요약하자면 고대 이래로 정치체론은 각 지절들로 구성된 유기체로서 정치공동체에 대한 사고를 유지하였다. 각 지절들은 전체 안에서 서로의 역할에 충실하며, 조화와 균형을 유지해야 했다. 나아가 지배하는 부분과 지배받는 부분간의 구분 속에 위계적 질서관을 수용하였다.[4] 이에 따라 머리, 즉 우두머리의 지배하는 위치가 강조되었고, 전체 공동체를 위한 지절들의 기능과 그 역할도 중요하였지만, 우두머리의 전체의 이익을 위한 역할이 강조되었다.

이러한 관점에서 볼 때 어느 한 부분의 비대한 성장, 즉 불균형은

3 이에 대한 짧은 언급은 Hale(1973) 참조. 좀 더 자세한 설명은 Struve(1978) 참조.

4 한편 Nederman(2004)은 그의 글에서 기존에 주로 주장되어왔던 중세시대 위계적 질서관에 기반한 정치체론 대신에 반(反)위계적인 정치체론이 있음을 소개하고 있다.

혼란을 가져오게 된다. 아리스토텔레스는 이러한 불균형한 성장을 통해 정체에 변혁이 일어날 수 있음을 언급하고 있다.[5] 불균형을 비정상적 상태로 보는 것이다. 신체에 생로병사가 있듯이 정치공동체도 부침(浮沈)이 있는 것이다. 이렇게 국가가 생명체처럼 병에 걸릴 수 있다는 사고는 정치인과 의사를 비유하여 설명하는 것으로 나타난다.[6] 중세에서는 국왕을 국가의 의사(medicus rei publicae)로 파악하였던 것이다. 위계적 질서관 속에서 우두머리로서 국왕에 주어진 막중한 임무는 국가의 병을 치료해야 하는 의사와도 같은 역할을 부여하였던 것이다. 그런데 정치체론에서 국가가 건강한 상태란 전체 속에서 각자에게 주어진 임무에 충실하고, 전체를 이루는 부분들과의 조화 속에서 전체의 균형을 맞추는 일이다. 그렇다면 병든 상태란 그 반대일 것이다. 즉 자신의 권한과 역할을 뛰어넘어 더 많은 것을 원하고 지배하려고 할 때 나타나는 것이다. 불균형의 상태가 그것이다. 정치의 사사화 속에서 진행되는 독존의 정치는 배제를 낳고 그것은 미움과 불만을 낳는다. 서로의 반목과 분열 속에 국가는 활력을 잃게 되는 것이다.

이하에서는 마키아벨리의 『군주론』을 정치체론을 통해 바라본 선행 연구로서 파렐의 해석을 먼저 살펴볼 것이다.

1) 정치체론으로 바라본 『군주론』: 파렐(Parel)의 해석

군주와 그의 역량만을 중심으로 파악했던 『군주론』의 기존 해석과는

5 "국가의 한 부분의 불균형한 성장도 정체 변혁의 원인이 될 수 있다. 몸은 여러 부분으로 구성되어 있는데, 전체가 균형을 유지하기 위해서는 이들 부분들이 균형 있게 성장하지 않으면 안 된다. [……] 마찬가지로 국가도 여러 부분으로 구성되어 있기 때문에, 그중 한 부분이 모르는 사이에 불균형하게 성장할 수 있다"(아리스토텔레스, 2009, 1302b33).

6 키케로(2007), 5.5와 5.8 참조.

달리 군주국을 구성하는 구성 계층에 눈을 돌리는 이해 방식이 있다. 파렐은 마키아벨리를 이해하는 데 르네상스 당시 점성술 개념과 의학 개념이 핵심적이라고 말한다. 거시적인 차원에 적용되는 점성술의 개념을 통해서는 운명에 대한 마키아벨리의 이념을 이해하려고 하였고, 미시적 차원의 의학 개념을 가지고 그의 국가이론을 몸체의 은유로 살펴보려고 한다.[7] 이때 사용되는 의학 개념이 바로 우모리(umori/humours)이다. 우모리는 라틴어 humores에서 유래한 것으로, '체액' 혹은 '습기'의 뜻을 가지고 있는 라틴어 umor에서 나온 말이다. 이것은 고대 그리스의 4체액설에서 유래한 것이다. 체액설에 의하면 인간의 몸은 4개의 체액으로 구성된다는 것이다. 마키아벨리의 국가관도 이에 근거해 정치체(body politic)로서 국가는 인체처럼 다양한 정치 계층들에 의해 구성된다는 것이다. 파렐은 이러한 사고는 르네상스 의학관에서 나온 것으로 그 기원은 히포크라테스로까지 거슬러 올라간다고 한다. 체액설을 가장 압축적으로 보여주는 그의 말을 인용하면 다음과 같다.

> 인간 몸은 혈액(blood), 점액(phlegm), 황담즙(yellow bile), 그리고 흑담즙(black bile)을 가지고 있다. 이것들은 인간 몸의 체질을 규정하는 것들이며 병과 건강을 유발한다. 건강상태는 무엇보다도 이 구성요소들이 그 강도나 질에 있어서 각각 정확한 균형을 이루고 있는, 그리고 잘 혼합되어 있는 상태이다. 고통/병은 그 요소들 중 하나가 부족하거나 과도해질 때 나타난다. 이들 중 하나가 다른 것들로부터 분리되어 홀로 있을 때, 그것이 떨어져 나온 부분들뿐만 아니라 그것이 모여서 과도해진 곳에서 병이 나는 것은 필연적이다. (Parel, 1992, 101)

7 파렐과 비슷한 관점으로 마키아벨리를 분석한 글로는 Basu(1990) 참조.

이렇게 볼 때 체액설의 핵심 관심은 인체의 구성과 그 구성체의 건강을 유지하는 구성요소들 간의 균형에 관한 것이다. 인체가 건강해지기 위해서는 그 구성 체액들의 균형이 중요하다는 것이다. 어느 한 체액이 그 알맞은 장소에서 이탈하여 홀로서기를 시도할 경우에 균형은 깨지고 병을 얻게 되는 것이다. 따라서 인체가 건강을 유지하기 위해서는 각 체액이 그들 고유의 충족상태를 얻는 것이 중요하다. 여기서 정치이론에 중요한 개념이 도출되는 데 그것은 '만족'(satisfaction)이라는 개념이다 (Parel, 1992, 102). 정치체의 체액인 국가 구성의 핵심 계층들이 만족을 얻지 못하면 그것은 혼란과 몰락을 가져온다는 것이다.

파렐은 마키아벨리가 우모리라는 개념을 통해 한 정치공동체의 정치사회 집단 혹은 계층들을 지칭하는 것에 주목한다.[8] 이 집단들의 구성에 따라 정치체가 구성되기 때문이다. 파렐은 이러한 '구성'(constitution)의 관점에서 『군주론』을 분석한다. 우모리의 구성의 관점에서 보았을 때 각각의 군주국은 그것을 구성하는 다양한 구성계층을 가지고 있고, 군주

8 파렐에 의하면 마키아벨리에게 있어서 우모리는 주로 다음의 네 가지 의미를 지닌다. 우선 한 사회집단의 자연적인 욕구와 성정을 지시한다. 예컨대 『군주론』 9장에 나오듯 인민은 지배받지 않고 자유롭게 살고자 하는 욕구를 지니고 있는 반면, 귀족은 지배하고자 하는 욕구를 지니고 있다. 두 번째는 한 정치체의 사회집단들을 지시한다. 『군주론』의 19장에서 서술되는 로마 황제정이라는 정치체의 우모리들은 귀족·인민 그리고 군대였다. 세 번째로 우모리는 정치집단들의 상호작용을 통해 산출된 행위들을 의미한다. 『로마사 논고』 1권 37장에서 농지법에 의해 야기된 소요를 마키아벨리는 인민들과 귀족들 간의 싸움에서 일어난 우모리라고 부르고 있다. 마지막으로 정치체제를 구분하는 용어로 사용된다고 말한다. 파렐은 이를 위해 『군주론』 9장에서 귀족과 인민이라는 상이한 두 우모리의 관계 속에서 군주제나 공화제 혹은 무정부상태가 나타난다고 하는 점을 지적하고 있다(Parel, 1992, 105~107). 필자의 의견으로는 파렐이 지적한 네 번째 의미는 과장되었다고 생각한다. 우모리의 관계 속에서 산출되는 정체와 그것을 구성하는 계층이나 집단으로서 우모리는 다르기 때문이다.

는 강력한 계층과 협동하고 그들을 만족시켜야 자신의 권력을 유지할 수 있게 된다. 『군주론』 9장에서는 정치체의 핵심 구성세력으로서 귀족과 인민만을 언급하지만, 로마 황제정을 언급하는 19장에서는 그것을 구성하는 또 다른 핵심 세력으로서 군대를 설명한다. 세베루스(Severus) 황제가 자신의 권력을 유지할 수 있었던 것은 군대를 만족시켰기 때문이다. 각 정치체의 핵심 구성 계층을 만족시키고 그들의 힘에 의지해야만 군주는 자신의 힘을 유지할 수 있었다. 다시 말해 "한 정치체의 체액 구조는 군주의 역량(virtù)이 그 정치체에서 성취할 수 있는 것의 한계를 설정하는 것이다"(Parel, 1992, 113~121).

파렐의 관점에서 보았을 때, 『군주론』의 군주는 자신의 역량을 통해 힘 있는 집단에 물질적 만족과 정치적 안정 등을 제공해야만 한다. 그것을 통해 자신의 군주국을 유지할 수 있기 때문이다. 정치체와 그것을 구성하는 핵심세력 간의 관계 속에서 바라본 군주는 앞서 언급된 기존의 군주 해석과는 상이한 입장차를 드러낸다. 기존의 해석이 신세계를 창조할 수 있는 특출한 능력을 가진 영웅으로서 군주를 바라본다면, 정치체의 관점에서 본 군주는 제한적인 능력을 가진 군주로 보아진다. 자신의 권력을 유지하기 위해 다른 세력의 도움을 받아야만 하기 때문이다. 정치체의 핵심 구성원들의 관계에 따라 제한되는 능력을 가진 군주는 그것들을 뛰어넘어 소위 '판'을 재구성해낼 수 있는 군주와는 다른 것이다. 기존의 해석이 정치체 바깥에 위치해서 자신의 뛰어난 역량을 통해 공동체를 재구성해내는 군주를 그렸다면, 정치체론을 통해 바라본 파렐의 『군주론』 해석은 정치체 내에서 다른 세력들과의 관계 속에서 행동해야 하는 군주를 보여준다. '독존'의 정치를 행해왔던 기존 『군주론』의 군주와 달리 '공존'의 정치를 행해야 하는 군주의 모습을 보여줄 수 있는 단초를 제공한 것이다.

하지만 파렐은 공존의 정치에 대한 문제의식을 더 발전시키지 못하였다. 다시 말해 군주의 능력은 군주의 것이지만 그의 권력은 타인들에 의해 구성된다는 것으로 확장시키지 못한 것이다. 이것은 정치체의 두 가지 핵심 관점 중에서 하나를 간과한 데서 오는 것이다. 정치체의 핵심 관점은 공동체를 구성하는 핵심 세력들과 그들의 관계를 중시하는 것이 하나라면, 다른 하나는 그들의 관계를 통해 구성되는 정치체의 힘 혹은 권력을 사고하는 것이다. 몸체를 구성하는 체액의 각각과 그것들의 관계가 하나라면, 그들의 관계로 구성되는 몸체의 건강 혹은 힘 있는 상태가 다른 하나이다. 이렇게 볼 때 파렐은 앞에서 보았듯이 구성세력들과 그들의 관계를 주목하는 것에는 성공을 거두었지만 그들의 관계로 구성되는 정치체 전체, 다시 말해 권력을 바라보는 데는 실패하였다. 정치체의 두 가지 핵심 관점을 통해서 보면 군주의 능력과 그의 권력, 다시 말해 군주국의 힘을 구분해서 볼 수 있게 된다. 기존의 『군주론』 해석은 군주를 영웅이자 유일한 행위자로 파악하였다. 그 결과 그의 뛰어난 능력에만 초점을 맞추었고, 뛰어난 능력을 가진 군주의 힘이 곧 그 군주국의 힘과 등치되는 것처럼 사고되었다. 다시 말해 군주의 뛰어난 역량이 군주국의 힘과 역량이 되는 것이다. 하지만 마키아벨리는 군주의 역량과 군주의 권력, 다시 말해 군주국의 힘은 다르다고 이야기한다. 군주의 권력이자 군주국의 힘은 군주국을 구성하는 세력들의 관계를 통해 구성되기 때문이다. 따라서 뛰어난 군주는 자신의 능력을 통해 군주국의 힘을 최대로 모아내는 사람이 되는 것이다.

파렐은 정치체의 관점을 통해 군주의 모습이 독존적일 수 없음을 보여주었다. 하지만 거기서 한 걸음 더 나아가 역량과 권력의 관계를 구분하지 못하였다. 군주 개인의 능력이자 역량 개념은 기본적으로 독존의 정치요소이다. 반면 구성원들의 관계를 모아내는 권력은 공존의 정치에 핵심적인 것이다. 마키아벨리가 정치체의 관점을 통해 『군주론』에서 진정 말하고 싶었던 것은 공존의 정치를 통해 정치체 구성원의 역량을 모아 정치공동체의 힘을 배가시키는 것이었다. 그런데 이러한 공존의 정치는 공동체 구성원들의 관계를 조율하는 공적 제도가 필수적이다. 그것이 부재할 때는 권력 있는 자들의 자의(恣意)의 정치가 가능하기 때문이다. 자의의 정치는 정치의 사사화(私事化)와 배제의 정치를 가져온다. 그 귀결은 정치의 실종이자 고사화(枯死化)이다. 이런 의미에서 관계의 정치와 공존의 정치를 주장하며 그것을 가능케 하는 공적 제도의 강조는 마키아벨리의 정치론에서 핵심적인 주장이 되는 것이다.

다음에서는 『군주론』에 나타나는 정치체론과 그것을 통해 나타나는 마키아벨리의 정치론을 살펴보고자 한다.

2) 마키아벨리의 정치체론(body politic)

신체의 은유를 통해 국가와 정치를 바라보는 마키아벨리의 관점은 국가사를 몸의 병과 비유하여 설명하고 그것에 대한 정치인의 대처 방식을 의사의 진단과 비교하는 데서 잘 드러난다. 그는 『군주론』 3장에서 의사들이 소모성 열병에 대해 말하는 바를 정확히 "국가를 통치하는 일"에도 적용할 수 있음을 이야기하고 있다. 병이 초기에는 치료하기는 쉬워도 발견하기 어렵고, 시간이 지나면서 발견하기는 쉬워도 치료하기가 어려워짐을 언급하면서 정치적 문제를 일찍이 인지하여 미리 대처해야 함을 주장하고 있다(Machiavelli, 2008, 25).

마키아벨리는 정치와 정치체제를 인간 몸과의 유비관계에서 바라본다. 마키아벨리는 정치공동체라는 몸의 핵심 구성요인으로 인민과 귀족을 들고 있다. 그런데 이들은 서로 대립되는 기질들을 가지고 있다. 귀족은 지배하려는 야망을 가지고 있다.[9] 반면 인민은 억압받지 않고, 자유롭게 살고자 하는 욕구를 가지고 있는 것이다.[10] 서로 대립적인 기질들을 가지고 있기에 이들의 관계는 항상 긴장 속에 있는 것이다. 권력의 불균형 속에서 귀족이 인민에 대한 과도한 지배권을 가지고 억압하고 착취할 때, 공동체는 혼란에 빠진다고 마키아벨리는 보고 있는 것이다. 마키아벨리가 『군주론』에서 보여준 주요 관심사는 이러한 혼란 상태를 극복하기 위한 것이다.

귀족과 인민 간의 관계 속에서 당시 정치를 바라보는 것은 『군주론』을 관통하는 핵심 주제였다. 『군주론』에 나타난 정치세력들의 관계에 대한 언급들을 살펴보면, 우선 헌정사에서 풍경 화가의 비유를 들어 군주와 인민의 관점의 교환에 관해 언급한다. "인민의 성격을 잘 이해하기 위해서는 군주가 될 필요가 있고, 군주의 성격을 잘 이해하기 위해서는 인민이 될 필요가 있는" 것이다(Machiavelli, 2008, 12). 군주와 인민의 연결은 여기서 그치지 않는다.[11] 그것은 다시 『군주론』 9장에서 좀 더 분명히

---

9 귀족은 'grandi'를 옮긴 말이다. 귀족은 한 정치공동체의 주도권을 쥐고 있는 층을 가리키는 말이다. 중세시대에는 가문과 혈통에 의한 귀족이 득세를 하고 그들이 정치권력을 가졌던 반면, 르네상스 도시국가에서는 옛 혈통귀족이 신흥 상업세력에 주도권을 내어주게 된다. 경제적 부를 축적하여 경제권력과 그에 따르는 정치권력을 획득한 이들도 귀족으로 불리게 된다. 르네상스기 귀족을 표현하는 용어로는, 'grandi' 외에도 'nobili', 'signori', 'ricchi', 'principali', 'gentiluomini', 'potenti', 그리고 'ottimati' 등이 있었다(Bonadeo, 1969, 11). 『군주론』에서는 주로 사용되는 'grandi' 외에도 'nobili'(12장), 'potenti'(19장) 그리고 signori(8장) 등을 사용한다. 마키아벨리의 귀족 개념에 대해서는 보나데오(Bonadeo, 1969) 참조.

10 인민은 populo 혹은 popolo를 옮긴 것이다. popolo는 피렌체에서 도시민 전체를 가리키거나 혹은 정치에 참여할 수 있는 시민들을 가리키기도 하였으나, 주로 사용된 것은 중산층 시민들을 가리키는 데 사용되었다. 특히 popolo는 권력을 가진 엘리트 귀족과는 대비되는 비(非)엘리트층 시민들을 가리키는 정치투쟁 용어였다(Najemy, 2006, 35). 마키아벨리의 저작들에서 사용된 popolo의 개념에 대해서는 보나데오(Bonadeo, 1970) 와 신철희(2011) 참조.

11 고대 로마가 자유를 향유하게 된 이유를 논하는 『로마사 논고』 1권의 4장과 그 자유의 수호자를 논하는 5장에서도 마키아벨리는 공동체를 구성하는 두 핵심 세력으로서 귀족과

드러난다.

> 모든 도시에는 인민(populo)과 귀족(grandi)의 두 계급(umori)이 있기 때문입니다. 이러한 상황은 한편으로 인민은 귀족에 의해서 지배당하거나 억압당하는 것을 원하지 않기 때문에, 다른 한편으로 귀족은 인민을 지배하고 억압하고자 하기 때문에 초래됩니다. 도시에 존재하는 상이한 이 두 요인으로부터 세 가지 가능한 결과가 초래되는데, 곧 군주정, 공화정 그리고 무정부가 그것입니다. (Machiavelli, 2008, 68~69)[12]

마키아벨리는 여기서 자신의 정체관을 드러내는데 그것은 공동체 핵심 구성세력 간의 관계 속에서 이루어지는 정체에 대한 사고이다.[13] 한 공동체의 정치는 그것을 구성하는 세력들에 초점을 맞추어야 하는 것이다. 피렌체와 이탈리아 국가들의 문제는 귀족과 인민 간의 관계였지만, 고대 로마의 황제정에서는 이들 이외에도 군인이라는 또 다른 세력이 있었기에 마키아벨리는 황제들의 사례를 논할 때 군인세력이라는 변수를 놓치지 않았던 것이다.[14] 이러한 관계 속에서 구성된 정체는 서로 다른

인민을 논하고 있다(Machiavelli, 2003, 86~88).

12 이와 똑같은 언급이 『로마사 논고』 1권 4장에서도 나타난다. "모든 공화국에는 두 개의 대립된 파벌(due umori diversi), 곧 평민(popolo)의 파벌과 부자(grandi)의 파벌이 있다"는 것이다.

13 이러한 우모리론은 인민과 귀족의 '불화'가 로마 번영의 주된 원인이라는 마키아벨리의 언급에 힘입어 공화주의를 설파하는 『로마사 논고』의 분석 도구로 많이 논의되어왔다(Coby, 1999; Briguglia, 2006). 그러나 『군주론』을 우모리 관점에서 본 연구는 거의 전무하다시피 한 것이 사실이다. 한편 파렐도 자신의 저서에서 『군주론』을 우모리론으로 다루고 있다. 그러나 그는 신군주를 개혁가 혹은 무질서에서 질서를 창조하는 인물로만 그림으로써 '건국자'로서의 군주만을 보고 있다. '치국자'로서의 군주가 빠진 것이다. '건국자'와 '치국자'로서의 군주에 대해서는 이 책 2장 3절을 참조.

14 "첫째로 지적할 사실은 다른 군주국에서는 귀족의 야심과 인민의 무례함만을 염두에

특징들을 가지게 된다. 국내 정치세력의 관계가 정체에 반영되고 그것은 그 국가의 특성을 좌우하는 것이다. 마키아벨리는 이러한 사고를 『군주론』 4장에서 투르크와 프랑스를 비교 설명하는 데 적용하고 있다. 투르크는 군주의 권한이 막강하여 귀족들을 자신의 "가신들, 곧 그의 은덕과 선임에 의해서 국정을 보좌하는 자"들로 만들었다. 반면 프랑스의 경우는 "군주와 제후들과 더불어 통치한다"(Machiavelli, 2008, 33~34). 제후는 세습적인 권리를 가지며, 자신의 영토와 신민들을 가지고 있기 때문에 군주에 비견할 만한 힘을 가지고 있다. 투르크는 군주의 권위 하에 귀족과 인민들이 일치단결하기 때문에 외적의 침입을 받았을 때 쉽게 막아낼 수 있다. 그러나 일단 승리를 거두어 군주를 제거하면 구심점이 사라져 지배하기는 쉬울 것이다. 반면 프랑스의 경우는 제후와 귀족들의 경쟁과 반목 등으로 인해 일사불란함을 찾기는 힘들다. 거기에 불만세력이 항상 있을 수 있기에 그들은 외세와 결탁함으로써 타국의 침입에 쉽게 노출될 것이다. 그러나 침략은 쉬워보여도 완전한 지배는 힘들어 보인다. 왜냐하면 군주를 제거해도 다른 제후들이 건재하기 때문이다. 이렇게 프랑스와 투르크의 서로 다른 특성들은 그 나라들을 구성하고 있는 군주, 귀족 그리고 인민들의 관계 속에서 나온 것이었다.

한편, 『군주론』의 서술 대상은 군주제와 무정부상태였다.[15] 무정부상태는 구심을 이루는 권력이나 제도가 부재함으로써 나타나는 혼란 상태를

두면 되었지만, 로마 황제들은 세 번째 문제에 직면했다는 점입니다. 곧 그들은 군인의 잔악함과 탐욕스러움에 대처해야 했습니다"(Machiavelli, 2008, 129).

15 2장 첫 문장에서 언급되듯이 공화국은 『군주론』의 주제가 아니었으며, 『로마사 논고』에서 주로 논의되고 있다. 하지만 『군주론』 5장에서 공화국에 대한 언급이 있으며, 로마공화국의 예를 모범으로 드는 점에서 공화국의 행동을 바람직한 군주국이 따라야 할 모범으로 제시하고 있다.

의미한다. 주로 귀족들의 권력 남용과 그들에 의한 인민들의 수탈이 극에 달한 경우를 의미한다고 볼 수 있다. 이러한 무정부상태를 극복하고 나타날 수 있는 군주정은 두 가지로 나눌 수 있는데, 그 하나는 귀족의 힘에 기반하여 군주정이 성립된 경우와 다른 하나는 인민의 힘에 기반한 경우이다. 이 두 군주정 중에서 마키아벨리는 명확히 후자를 선호한다. 귀족의 경우 지배하고자 하는 욕구와 야망으로 인해 언제든지 기회만 되면 자신들이 군주가 되고자 하기 때문이다. 그것은 군주의 힘과 권위를 약화시키게 되고 잦은 정변을 일으키게 될 것이다. 반면 인민의 경우 억압받지 않고 자유롭게 살고자 하는 욕구로 인해 군주와 경쟁하려고 하지 않기 때문이다.

따라서 마키아벨리는 인민의 지지에 기반하는 군주정을 세울 것을 주장한다. 그런데 그것은 그리 간단하지만은 않은 것이 사실이다. 왜냐하면 자신의 강력한 힘을 가지고 지배하려고 드는 귀족들이 있기 때문이며 인민들도 우유부단하기 때문이다. 강력한 귀족 그리고 나약한 인민들 사이에서 군주정을 세우는 것은 전자를 제어하고 후자의 지지를 이끌어내야 하는 일로 이것은 군주의 뛰어난 역량 없이 불가능한 것이 될 것이다.

3) 마키아벨리의 정치론: 관계와 공존의 정치

마키아벨리는 『군주론』 24장 중반부에서 이탈리아 군주들이 그들의 나라를 잃게 된 이유 세 가지를 들고 있다. 첫째, 군사적 취약성, 둘째, 인민들의 호의를 얻지 못한 것, 그리고 마지막으로 귀족들을 제어하지 못한 것이 그것들이다.

> 나폴리 왕, 밀라노 공작 등과 같이 근래에 권력(stato)을 잃은 이탈리아의 군주들을 살펴보면, 이미 장황하게 논의한 것처럼, 첫째, 그들이 모두 군사적으

로 취약했다는 것을 발견하게 됩니다. 둘째, 이 나라들 중 일부에서는 인민들이 군주에게 적대적이었고, 다른 나라들에서는 인민들은 호의적이었지만, 귀족들이 적대적이 됨으로써 군주는 자신의 지위를 유지할 수 없었습니다. 왜냐하면 이러한 결함이 없다면, 군사력을 유지할 능력이 있는 군주는 나라(stato)를 잃지 않기 때문입니다. (Machiavelli, 2008, 160)

이 세 가지 문제들은 모두 귀족과 인민 간의 관계 조절에 실패한 것을 지적한 것으로 마키아벨리가 보기에 이탈리아 군주들이 정치를 이해하지 못했기 때문이며, 나아가 잘못된 정치를 하였기 때문이다.

한편, 마키아벨리가 군사 문제를 논한 곳은 『군주론』 12장에서 14장까지이다. 여기서 그는 용병이 이탈리아를 나약하게 만든 핵심 문제라고 지적한다. 프랑스 샤를 왕이 아무 저항도 받지 않고 단지 '백묵' 하나로 이탈리아를 점령할 수 있었던 것은 바로 이탈리아 국가들이 용병을 사용하고 있었기 때문이다.[16] 용병의 백해무익함은 그들이 자신의 조국에 봉사하는 공적인 군대가 아니라는 것이다.[17] 그들은 국가의 공적인 군대가 아니라 용병대장의 사적인 군대인 것이다: "용병대장들은 매우 유능한 인물이기도 하지만 그렇지 못한 인물이기도 합니다. 그들이 유능한 인물이라면, 당신은 그들을 신뢰해서는 안 되는데, 그 이유는 그들이 항상

16 "군주가 자신의 국가(stato)를 방어하는 데에 사용하는 무력은 그 자신의 군대이거나, 아니면 용병이거나 외국의 원군, 또는 이 세 가지가 혼합된 혼성군이라고 말할 수 있습니다. 용병과 원군은 무익하고 위험합니다. 자신의 영토(stato)를 보전하기 위해서 용병에 의존하는 사람은 그 누구도 자신의 영토를 결코 안정되고 안전하게 통치할 수 없을 것입니다"(Machiavelli, 2008, 84).

17 "우선 용병대장들은 자신들의 명성을 드높이려고 보병을 등한시하는 일이 일어났습니다. 그들은 자신들의 국가(stato)가 없는데다가 고용되어야 먹고살 수 있었으므로, [……]" (Machiavelli, 2008, 91).

자신들의 고용주인 당신을 공격하거나 당신의 의사에 반해서 다른 자들을 공격함으로써 오직 자신만의 권력을 열망하기 때문입니다"(Machiavelli, 2008, 85). 마키아벨리는 이러한 용병을 자국군으로 대체해야 한다고 주장한다. 자국군은 자국의 시민들에 의해 구성되는 군대이다. 이러한 군대는 어느 사적 개인에 충성하는 군대가 아니다. 본인과 자기 가족들의 삶의 터전인 조국을 방어하고 그것에 충성하는 공적인 군대인 것이다. 평상시에는 생업에 종사하지만 조국이 위기에 처하는 전쟁이 다가오면 무기를 들고 나가 싸우는 그러한 군대를 마키아벨리는 원했던 것이다.[18] 그런데 이러한 용병의 문제는 인민과 귀족 간의 대립을 극명히 보여주고 있던 문제였다. 자국군은 인민들에게 무기를 부여하는 것이었다. 그런데 귀족들은 그 무기가 외적이 아니라 자신들에게로 향할 것을 두려워하였다.[19]

---

18 이렇게 국가에 의해 유지되고 수행되는 군대와 전쟁에 대한 언급은 그의 『전쟁론』(*Arte della guerra*)에서 다음과 같이 서술하고 있다: "모든 잘 정비된 나라는 다음의 사항에 주의하여야 한다. 즉 전쟁술은 평화기에는 훈련으로서만 수행되고, 전쟁기에는 필연으로서만, 그리고 영예를 위해서 수행되어야 한다. 그리고 그것은 로마에서처럼 오직 공적으로만(al publico) 수행되어야 한다"(Machiavelli, 1993, 307).

19 마키아벨리는 『전쟁론』에서 파브리치오(Fabrizio)의 입을 빌려 시민군 혹은 자국군의 우선성을 주장하고 있다. 여기서 주목할 점은 두 가지인데 하나는 시민군의 무용론에 대한 반론이고, 다른 하나는 시민군과 공존의 정치와의 관련성이다. 우선 1권에서 나오는 시민군의 무용론 중 하나는 시민군의 무기가 외적의 방어가 아니라 자국의 정권 탈취용으로 쓰일 것이라는 것이다. 이에 대해 마키아벨리는 법과 제도에 의해 규제되는 시민군은 동료 시민과 자국에 해가 된 경우가 없었다고 말하고 있다. 또한 마키아벨리는 헌정사에서 시민군, 즉 시민과 군인의 삶이 조화될 때 그 국가는 국력이 강해짐을 언급하고 있다. 반면 로마가 공화정에서 황제정으로 넘어가고 몰락의 길을 걷게 된 이유를 군대의 영구화, 즉 직업군인화에서 찾고 있다. 이는 나라를 지킬 의무와 무기를 위임하고 군대에 독점시킨 것으로 용병이 전쟁의 직무를 직업화하고 독점화한 것과 일맥상통하는 것이다. 따라서 마키아벨리는 무력(武力)과 국방의 업무라는 정치의 가장 중요한 부분으로부터 다수의 인민이 배제되고, 한 집단이 독점함으로써 나타나는 독점과 배제의 정치를 비판하고 있는 것이다. 이러한 논의에 대해서는 Machiavelli(1965) 참조.

귀족들은 자신들의 권력을 공고히 하기 위해 그들의 재력에 기대어 용병을 고용하였던 것이다. 하지만 인민을 불신하고 공존하기를 거부한 결과는 국가공동체의 몰락이었다.

다음은 인민의 호의와 귀족의 제어에 관한 것으로 이것들은 실제로 마키아벨리의 주저들을 관통하는 주제였다.[20] 앞서 언급했던 24장 외에도 마키아벨리는 『군주론』 19장에서 "질서가 잡힌 국가(gli stati bene ordinati)와 현명한 군주는 귀족들이 분노하지 않도록, 또 인민이 만족하도록 항상 세심한 주의를 기울여"야 함을 언급하고 있다(Machiavelli, 2008, 127). 그리고 이러한 것을 훌륭히 수행하고 있는 나라가 바로 프랑스임을 마키아벨리는 언급한다. 프랑스가 그렇게 할 수 있었던 이유는 바로 고등법원(parlamento)이라는 "중립적인 제3의 심판기관"을 세웠기 때문이다. 이 엄청난 권위를 가지고 있었던 기관은 귀족의 야심과 거만함을 제어하고 인민을 보호하기 위해 세운 것이었다.[21] 수많은 인적 네트워크나 자원을 소유하고 있기 때문에 지배하고자 하는 욕구를 가질 수밖에 없는 귀족은 비록 수는 적지만 자신의 사적 권력을 이용하여 언제든지 군주나 국가에 위험이 될 수 있는 존재였다. 반면 그 수는 많으나 자원의 부족 등으로 인해 자유롭게 생업을 유지하고 살기를 바라는 인민들은 군주나 국가의 진정한 기반인 것이다. 지배하고자 하는 귀족과 억압받지 않고 자유롭게 살고자 하는 인민 사이에서 국가질서를 어떻게 조직하는가가 문제였다. 서로 긴장하고 대립하는 귀족과 인민 사이에서 어느 일방의 편을 들다가는 상대편의 불만과 미움을 사서 음모와 혼란을 일으키는

---

20 『군주론』뿐만 아니라, 『로마사 논고』 그리고 『피렌체사』(*Istorie fiorentine*)의 서술 모두 인민과 귀족 간의 관계 속에서 이루어지는 정치를 다루고 있다.

21 고등법원에 대한 자세한 인용은 이 책의 112쪽 참조.

원인이 되기 때문이다. 이것을 피하기 위해 중립적인 제3의 기관, 즉 공적인 기관으로 고등법원을 세우는 것이다. 고등법원은 자원의 불평등한 소유를 통해 갈등과 대립이 사적으로 해소되는 것을 막기 위한 공적 기관인 것이다. 공적 기관을 통해 관계를 조절하는 것이며, 어느 한쪽의 힘이 우월해지는 상황을 막아주는 것이다.

사적인 이익과 자신의 영달만을 위해 전쟁을 사업으로 하는 용병보다는 애국심에 기반한 자국군에 의지하는 것, 다시 말해 전쟁이라고 하는 것을 사인(私人)들이 주관하는 사적인 것이 아니라, 공적인 것, 즉 공동체 구성원 모두의 일이자 국가의 일로 만드는 것이 국가를 더 강력하게 세울 수 있는 것이다. 또한 인민들에게 무기를 부여함으로써 귀족을 견제하고 나아가 국가에 복무하게 하는 것이다. 귀족 같은 권력자들의 사익 추구 욕심과 지배욕에 인민들이 억압당하지 않도록 공적 질서를 세우는 것, 그리고 그것을 법이라고 하는 공개적이고 보편적인 질서 위에 위치지우는 것, 이것 또한 국가질서의 확립에 핵심적인 요소인 것이다.

마키아벨리는 『군주론』 12장에서 "모든 국가의(stati) 주된 토대는 좋은 법과 좋은 군대입니다"라고 말하고 있다(Machiavelli, 2008, 83). 좋은 법과 좋은 군대는 국가 구성원들인 인민과 귀족들의 관계를 조율하기 위한 공적 제도이자 그 결과이다. 좋은 법은 권력의 자의적인 사용을 제한한다. 권력의 자의적 사용이 가능한 것은 권력을 독점했을 때이다. 따라서 좋은 법은 권력의 독점을 막고 권력의 균형과 분점을 꾀하는 것이다. 『군주론』 7장에서 신군주의 모범으로 칭송되는 체자레 보르지아(Cesare Borgia)는 영주들의 전횡으로 피폐해진 로마냐 지역을 평정하고 나서 바로 시민재판소를 설치하였다. 영주의 권력 독점과 그로 인해 가능했던 인민에 대한 착취가 무정부상태를 만들었기에 영주의 권한을 제한하고 인민들의 보호를 위해 공적인 제도를 만들었던 것이다. 로마나 지역의 예와 다른 이탈리아 국가들의 경우에서 보듯이 당시 이탈리아의 문제는 정치의 사사화(私事化)에 있었다. 귀족과 인민의 갈등 속에서 권력을 가진 귀족들이 인민을 배제하려고 하였으며, 군주 또한 자신의 권력 강화만을 꾀했던 것이다. 그 귀결은 좋은 군대와 좋은 법제도의 부재였다. 자국군이라는 좋은 군대 대신 원군이나 용병에 의존했다. 시민재판소나 고등법원 같은 내외국의 좋은 법제도가 있었음에도 그것을 설치하지 않았다. 그 결과 이탈리아는 강한 타국들의 전쟁터가 되었고 그들의 전리품이 되었던 것이다. 그런데 이렇게 좋은 군대나 법제도를 만들 수 없었던 이유는 국가 구성원들 간의 관계 때문이다. 귀족들의 세력이 너무 강해서 자국군을 만들지 않았고, 좋은 법제도를 도입하지 않았던 것이다. 세력관계를 어떻게 구성하는가에 따라 국가의 구성, 즉 정치체제가 구성되는 것이고, 정치의 방식이 달라지는 것이다.

독점과 배제의 정치는 사사화의 정치와 함께하며 그것은 한쪽에서는 불신의 정치를 다른 한쪽에서는 불만과 미움의 정치를 낳는다. 권력을 독점한 이들은 착취당하는 쪽을 믿지 못한다. 인민에게 무기를 주지 못하는 귀족과 군주가 대표적인 경우이다. 한편 배제당하고 착취당하는 쪽은 불만과 미움으로 가득 차게 된다. 정치를 외면하게 되고 외국 군대가 쳐들어와도 나라를 지키는 것은 그들의 일이 아니게 된다. 자국민인 귀족에게 착취당하건 외국 군대에 억압당하건 매한가지라고 생각하기 때문이다. 이렇듯 이탈리아 인민들은 정치에서 배제되어 외국군의 침입에 두 눈 뜨고 당하는 경우를 맞이했던 것이다. 이렇듯 독존의 정치는 권력자들의 사적인 권력 강화를 지향한다. 그러나 이것은 국가 전체의 권력을 강화하지는 못한다. 머리만 커졌다고 자연히 몸이 건강해지는 것은 아니기 때문이다. 공동체 구성원의 관계를 파악하지 못하는 이러한 정치관은 정치의 공간을 협소화시켜 고사시킬 뿐이다. 한 나라의 활력은 정치의 공간에서 생성되기에 이러한 독존, 독점 그리고 배제의 정치는 그 나라에 무기력(無氣力)함을 퍼트려 결국 무력(無力)하게 만들 것이다.

반면 마키아벨리가 본 정치체론의 정치는 구성원들 간의 관계와 그들의 공존과 공생에 착목한다. 이것은 독존, 독점 그리고 사사화에서 나오는 배제의 정치에 반대한다. 그것은 정치를 고사화시키고 불만과 미움 속에 혼란을 가중시켜 국가를 나약하게 만들기 때문이다. 국가에 활력을 불어넣고 힘을 비축하여 외적의 침입에 대적할 수 있는 길은 공존의 정치를 펴는 것이다. 귀족과 인민의 대립과 갈등을 공적 제도를 통하여 조율하며, 그들이 국가에 참여하며 헌신할 수 있는 공간을 제공하는 것이다. 공존의 정치란 바로 이렇게 다양한 공동체 구성원들에게 공존과 공생의 공간을 제공하는 것이며, 그것을 통해 국가 공동체에 활력을 불어넣는 것이다.

『군주론』에 대한 해석은 대부분 영웅으로서 군주에 초점을 맞추어왔다. 군주주의자로 마키아벨리를 해석하건 공화주의자로 해석하건 군주는 뛰어난 역량을 가진 역사의 창조자로서 그려졌다. 운명의 여신에 맞서 무에서 유를 창조해내는 영웅적 능력을 가진 군주였던 것이다. 하지만 『군주론』에는 군주만이 등장하는 것이 아니다. 귀족과 인민도 나오며, 로마의 군대 같은 다른 여타 정치세력들도 등장한다. 군주가 권력을 잡고 유지하기 위해서는 이들과의 관계가 필수적이다. 나아가 그의 권력은 이들에 의지하는 것이다. 이런 의미에서 기존의 해석들은 『군주론』의 정치를 군주 혼자만이 존재하는 독존의 정치로 파악해왔다. 군주의 뛰어난 능력이 그의 권력이며, 군주가 곧 국가가 되는 것이다. 하지만 다음 절에서 볼 수 있듯이 군주의 능력과 그의 권력은 다른 것이다. 군주의 능력은 군주가 소유하는 것이지만 그의 권력은 타인에 의해 구성되는 것이다. 군주가 권력을 가지고 나라를 유지하기 위해서는 그의 권력 기반인 타인에 대한 관심이 우선시되어야 하는 것이다. 공존의 정치가 전제되지 않으면 그의 권력은 나타날 수 없는 것이다. 이렇게 볼 때 군주의 뛰어난 역량은 자신이 정치의 주인이 아니라, 여타 공동체 구성원들이 정치의 주인임을 볼 줄 아는 능력이다. 마키아벨리가 『군주론』을 통틀어 강조했던 것은 혼자만이 중심이 되는 정치는 나라를 유약하게 만들고, 몰락에 이르게 한다는 것이다. 같이 하는 정치만이 나라를 부강하게 만들 수 있는 것이다.

2. 『군주론』의 권력론: 군주의 역량과 군주국의 활력

근대 서양 정치사상의 시조이자 현실주의 정치이론을 주창한 이로 잘 알려진 마키아벨리의 『군주론』은 군주의 권력 획득과 유지를 위한 저서로 이해되어왔다. 이에 따라 그것을 가능케 하는 군주의 역량, 즉 비르투(*virtù*) 개념에 대한 수많은 연구가 있어왔다.

이러한 『군주론』의 비르투 개념에 대한 대부분의 연구는 군주가 지닌 능력에 초점을 맞춘 것이었다. 예컨대 우드(Wood)는 마키아벨리에게 시민들이 권력투쟁을 벌이는 정치의 영역과 전쟁은 동일한 것이었다고 말한다. 따라서 비르투 개념은 극단적인 위험과 어려운 상황 속에서도 전쟁에서 승리를 거둘 수 있는 전사(戰士)의 능력을 주로 지시한다고 말한다(Wood, 1967, 165). 프라이스(Price)는 비르투의 다양한 용례를 추출하여 분석한 후 그것들을 윤리적 · 정치적 · 군사적 비르투로 구분한다. 그리고 비도덕성, 자질, 자연적 힘 등이 그 공통적인 의미들이라고 말한다(Price, 1973, 344~345). 세이겔(Seigel) 또한 비슷한 분석을 수행하는데 그는 르네상스 시기 비르투 개념을 설명하는 논문에서 비르투는 윤리적・지적 능력뿐만 아니라 군사적 능력을 지시한다고 말한다. 마키아벨리에게서 가장 많이 쓰이는 용례는 군사적 의미라는 것이다(Seigel, 1974, 479). 이렇게 개인의 뛰어난 능력을 뜻하는 비르투 이해는 마키아벨리를 공화주의자로 파악하는 포칵(Pocock)에게서도 드러난다. 그는 『군주론』을 혁신의 정치로, 군주를 혁신자로 파악한다. 따라서 비르투는 운명의 장난으로 나타난 무질서에 질서를 부여하는 신군주의 "혁신적인 힘"으로 나타난다(포칵, 2011, 301). 좀 더 넓은 의미로 파악하는 이들도 있는데, 이들은 비르투를 운명의 장난과 역경을 극복해내는 역량으로 보고 있다(Geerken, 1970; Kahn, 1986). 이러한 군주의 개인적 능력을 강조하는 입장은 결국은 비르투를 영웅적 능력으로 평가하는 데로 나아간다. 플라메나츠(Plamenatz)와 볼(Ball)은 군주가 가진 비르투를 "영웅적 역량"으로 파악한다(Plamenatz, 1972, 167; Ball, 1984, 529).[22]

물론 비르투의 용례를 살펴보면 그것은 개인의 힘이나 능력뿐만 아니라 집단, 특히 군대의 역량이나 한 나라의 힘을 지시하는 데 사용되기도 한다(포칵, 2011, 343). 하지만 그것은 대부분 마키아벨리의 공화주의 저서인 『로마사 논고』의 비르투 용례를 분석하는 데서 사용된다. 대신 『군주론』의 비르투 분석은 철저히 군주 개인의 뛰어난 역량에 초점이 맞추어지고 있는 것이다. 하지만 『군주론』은 군주뿐만 아니라 군주국에 대한 저서이기도 하다. 이는 마키아벨리가 『군주론』을 저술하고 있음을 처음 밝힌 한 편지에서도 명확히 드러난다. 1513년 12월 10일에 씌어진 이 편지에서 그는 당시 『군주국에 관하여』(*De Principatibus*)라는 소책자를 쓰고 있으며

22 월린(Wolin) 또한 『군주론』을 "개인적 정치"(*personal politics*)에 대한 관념의 표현으로 파악하고 있다(월린, 2009, 66).

그것은 "군주국이란 무엇이고, 어떤 유형들이 있으며, 어떻게 군주국을 획득하고 유지할 수 있는가 그리고 왜 잃게 되는가의 문제를 논했다"고 적고 있다(Machiavelli, 2008, 176). 군주뿐만 아니라 군주국 혹은 국가에 대해 초점을 맞추어보면 이제까지와는 다른 『군주론』의 모습이 드러나게 된다. 그것은 군주의 역량과 그의 권력은 같지 않다는 것이다. 나아가 『군주론』에서 마키아벨리가 진정 말하고 싶었던 것은 군주 역량의 궁극적 목적은 국가의 힘의 강화이며 그것은 활력의 강화라는 것이다. 따라서 『군주론』은 군주의 권력 획득과 유지를 위한 저서가 아니라, 군주국의 활력을 증진시키기 위한 것이다. 군주가 중심이 아니라 군주국 혹은 국가가 중심인 것이다. 국가가 중심이 될 때, 군주도 존재할 수 있다는 것이다. 그것을 깨닫지 못하고 군주가 중심이 되려고 할 때, 국가는 몰락하여 군주도 그 운명을 같이한다는 것이다.

이하에서는 마키아벨리의 『군주론』의 핵심 개념으로 언급되는 역량, 즉 비르투 개념을 중심으로 『군주론』을 재해석하고자 한다. 그것을 위해 우선 『군주론』에서 언급되는 비르투의 용례를 간략히 살펴본 후, 군주의 역량과 군주국의 힘의 관점이 어떻게 서술되고 있는지를 고찰할 것이다. 그것을 통해 『군주론』은 군주국, 다시 말해 국가를 어떻게 구성할 것인가의 문제를 다룬 저서임을 밝힐 것이다. 군주의 역량이 아니라, 그것을 통해 달성되어야 할 국가의 역량이 중심임을 밝힐 것이다.

1) 군주의 비르투에서 군주국의 비르투로

이탈리아어 비르투(*virtù*)는 라틴어 virtus에서 온 말로 비르투스의 어원은 vir, 즉 남성이다. 남성적인 것을 뜻하는 비르투스는 힘·능력·용맹 등의 뜻을 포괄적으로 지시하였는데, 이것은 고대 도시국가의 시민이자 군인이었던 남성들의 자의식을 표현하는 것이었다. 타국과의 전쟁이

빈발했던 도시국가 초기에 비르투스는 영웅적이며 투쟁적인 군사적 에토스를 표현하였다. 하지만 전쟁이 잦아들고 로마가 제국으로 발전한 후 그리스 철학의 아레테(*arete*), 즉 시민적 덕성 개념이 수용되면서 비르투스 개념은 변화를 겪게 된다.[23] 그것은 기존의 비도덕적인 역량 개념에 도덕적인 선 개념이 추가되는 것이다. 이를 포칵은 다음과 같이 설명한다.

> 첫째, 그것은 어떤 개인이나 집단으로 하여금 시민적 콘텍스트 속에서 효과적으로 행동할 수 있도록 하는 힘을 뜻하였다. 둘째, 그것은 어떤 인격 혹은 요소를 본래 그대로의 모습으로 만드는 본질적 성질을 의미하였다. 셋째, 그것은 도시 혹은 어떤 질서 잡힌 세계 속에서 인간을 마땅히 그렇게 되어야 하는 인간으로 만드는 도덕적 선이라는 뜻을 가지고 있었다. (포칵, 2011, 98)

이러한 역량과 도덕적 선의 의미를 지니게 된 비르투스는 서양 중세시대로 넘어오면서 종교적 의미를 첨가하여 종교적·도덕적 선의 의미가 강화되게 된다.[24] 이러한 도덕적 선으로서 비르투스를 강조하는 것은 르네상스 시기까지 이어지는 '군주의 귀감서'(*Speculum Principum*) 글들에서 잘 드러난다. 군주의 귀감서로 일컬어지는 글들은 선정(善政)의 필수조건으로 군주들의 덕치(德治)를 들고 있다.[25] 추덕(樞德)들이야말로 군주가 갖추어야 할 필수 자질임을 역설하고 있는 것이다.

기존의 군주의 귀감서류의 전통에서 마키아벨리가 『군주론』을 작성했지만, 내용 면에서는 그것을 완전히 전복시켰다는 것이 스키너(Skinner)의

23 고대 로마시대 비르투스에 대해서는 Einsenhut(1973) 참조.

24 중세 비르투스 의미에 대해서는 Doren(1924) 참조.

25 군주의 귀감서에 대해서는 Berges(1952), Rubinstein(1982) 등 참조.

주장이다.[26] 그는 이것이 특히 비르투 개념에서 극명하게 드러난다고 말한다. 스키너는 고대 로마의 전통을 이어받은 이탈리아 인문주의 저서들에 주목한다. 그들은 키케로(Cicero)를 비롯한 고대 로마의 인문주의 즉 "도덕적인 것이 언제나 합리적이다"라는 사상을 받아들였다. 그것을 르네상스기 군주들을 위한 조언서에 수용한 이들은 군주의 비르투, 즉 덕목을 규정하고 그것에 따르는 도덕정치만이 최고의 정치임을 주장했다는 것이다. 하지만 마키아벨리는 이러한 "인문주의 도덕을 전복"시키고 비르투를 재정의하는 데 그 핵심은 필요하면 부도덕한 행위를 저지를 수 있는 "도덕적 유연성"이라는 것이다(스키너, 2010, 68~78). 기존의 전통을 전복시켰지만 그럼에도 불구하고 군주의 덕목이나 자질을 논한 군주귀감서의 일종으로 『군주론』을 파악한 스키너의 분석은 군주의 자질에 집중될 수밖에 없었다. 그렇다면 『군주론』에서 사용되고 있는 비르투의 용례를 우선 살펴보자.

비르투는 『군주론』에서 모두 60회 등장한다.[27] 그것은 주체 혹은 소유자와 그 의미로 나누어 살펴볼 수 있다. 우선 주체로 살펴보자면 첫째, 개인, 둘째, 집단, 셋째, 물건, 넷째, 국가이다. 그리고 의미로 따져보면, 첫째, 그 소유자의 객관적인 능력이나 힘, 이것은 정신적인 힘과 육체적인 힘 모두를 포괄한다. 둘째, 도덕적인 덕성이다.

『군주론』에서 사용된 비르투의 대부분은 그것이 군사적 혹은 정치적 의미든 군주나 뛰어난 인물의 위기 돌파 그리고 문제 해결 능력을 나타낸다. 물건의 객관적 능력으로서 사용된 경우는 6장 초반부에서 활의 위력을

---

26 스키너(2004) 참조.

27 프라이스는 군주론에서 70회 등장한다고 말하는데 그것은 비르투뿐만 아니라 그 형용사 및 부사 형태인 virtuoso와 virtuosamente를 모두 포함하는 것이다(Price, 1973, 316).

언급할 때 한번 사용된다. 드물게 사용되는 경우이긴 하지만 도덕적 미덕으로서 비르투는 15장 마지막과 16장 초반부에서 사용되고 있다. 또한 집단의 능력을 지시하는 경우는 주로 군대나 한 나라 사람들의 역량을 지시할 때 사용되는데, 12장에서 베네치아인들의 용맹, 14장 원군의 용맹 그리고 26장에서 군사적 역량이나 이탈리아인의 역량을 언급할 때 사용된다. 그리고 마지막으로 한 국가의 힘이나 역량으로서 비르투를 의미하는 경우는 13장 마지막 부분에서 로마제국의 활력이 고트족으로 흡수된 경우를 언급할 때와 자신의 군대를 가지지 못한 군주국은 위기 상황에 자신을 방어할 역량이 없음을 지적하는 데서 사용된다.

그런데 마키아벨리는 신군주가 갖추어야 할 것으로 강조한 군주의 뛰어난 역량이 궁극적으로는 한계를 지니고 있음을 말한다. 상황 변화에 유연하게 대처할 수 없는 인간의 근본적 한계로 인해 그 군주 개인의 비르투는 지속성을 지닐 수 없다는 것이다. 개인적 비르투의 한계를 극복하는 것은 국가의 역량 강화를 통해서이다. 따라서 군주의 비르투가 지향해야 하는 것은 단지 군주 개인의 영달이나 그 개인의 권력의 지속이 아님을 말하고 있다. 그것이 궁극적으로 지향해야 하는 것은 군주국의 역량이었던 것이다. 군주의 비르투를 국가의 비르투로 만드는 것이 관건이었던 것이다.

(1) 군주의 비르투

마키아벨리는 군주의 역량이 정치체의 상황에 제한되어 있음을 말한다. 그것은 『군주론』 4장에서 투르크와 프랑스의 예를 들면서 군주국의 유형을 설명하는 데서 잘 드러난다. 그는 "역사상 알려진 모든 군주국은 두 가지 방법 중 하나의 방법으로 통치되어왔음"을 상기시키면서 하나는 군주가 가신의 절대적인 지지와 복종 하에 지배하는 경우이고, 다른 하나는 군주가 제후와 더불어 통치하는 경우임을 밝힌다. 전자의 경우는 당시 투르크에 해당되고 후자는 프랑스라고 말한다. 그런데 마키아벨리는 투르크 유형의 "국가는 정복하기가 어렵지만 일단 정복하면 유지하기가 아주 쉬운" 반면, "프랑스와 같은 국가는 몇 가지 점에서 정복하기가 더 쉽지만, 유지하기는 매우 어렵다"고 말한다(Machiavelli, 2008, 35). 그 이유는 투르크 같은 경우에 귀족들은 군주의 은혜를 입어 그 자리에 올랐기 때문에 군주를 배반하지 않는다는 것이다. 군주가 그들을 충분히 만족시켜주었기에 귀족들은 군주의 충복이 되었다는 것이다. 하지만 일단 승리를 얻고 그러한 군주의 가문을 제거하면 그런 신망을 얻을 자가 없기 때문에 지배하기는 쉽다는 것이다. 반면 프랑스의 경우에는 왕과 제후가 경쟁관계에 있기 때문에 분열이 잦고 공격할 마음만 먹으면 동조세력을 쉽게 구할 수 있다. 따라서 승리를 얻기도 쉬울 것이다. 하지만 그러한 승리 후에 그것을 지킬 방도가 마땅치 않다는 것이다. 군주의 가문을 제거해도 비슷한 힘을 가진 많은 제후들이 남아 있기 때문에 상황이 불리해지면 쉽게 얻었던 것을 잃게 될 것이다. 이로부터 마키아벨리는 어떤 나라는 정복 후에 쉽게 지배할 수 있었던 반면 다른 나라는 어렵게 통치할 수밖에 없었던 이유에 대해 그러한 상반된 결과는 "정복자의 역량(virtù) 여하에 따른 것이 아니라 정복된 지역들의 특성 차이에서 기인한 것"이라고 말한다. 군주의 역량은 상황의 특성을 잘 고려해야만 한다는 것뿐만 아니라 그것을 넘어설 수 없다는 것을 의미하는 것이다.

비르투가 가장 많이 언급되는 『군주론』 6장에서 마키아벨리는 "행운이나 타인의 호의가 아니라 자신의 역량에 의해서 군주가 된 인물들"로 모세(Moses), 키로스(Kyros), 로물루스(Romulus) 그리고 테세우스(Theseus)

를 들고 있다. 그런데 이렇게 누구도 흉내낼 수 없는 인물들이 지녔던 역량을 설명하는 데 있어서 마키아벨리는 역량을 기회(*occasione*)와의 관계 속에서 설명한다.[28] 비르투란 기존의 질료를 최선의 형태로 빚어낼 호기를 잡아낼 수 있는 능력으로 파악한다. 기회가 없으면 능력도 필요 없는 것이다.[29] 물론 능력이 없으면 기회는 무용지물이 된다. 하지만 기회가 없다면 능력은 그것을 발휘할 상황을 놓치는 것이다. 이렇듯 역량은 상황창조적인 것이 아니라 상황구속적인 것이다.

이렇게 개인이 지닌 뛰어난 비르투의 한계에 대한 설명은 『군주론』 25장의 후반부에서 더 잘 나타나 있다. 여기서 마키아벨리는 한 군주가 성공하고 실패하게 되는 이유를 행동양식과 상황과의 부합이라는 관점에서 파악하고 있다. 먼저 마키아벨리는 성공에 대해 질문한다. 어떤 군주가 한때는 흥했다가 다른 때는 망하게 되는 것이나, 동일한 행동양식을 가진 두 사람 중에 어떤 이는 성공하고 어떤 이는 실패하는 이유, 그리고 다른 행동방식을 가진 두 사람이 모두 성공하기도 하는 이유에 대해 질문한다. 이에 대해 성공이라는 것은 상황에 따라 그것에 적합한 행동을 보였을 경우에 가능한 것이라고 답한다.

이렇게 인간의 성공을 상황과 행동양식과의 관계에서 바라보는 마키아벨리의 문제의식은 『군주론』 이전에 이미 나타난다. 마키아벨리는 1506년 9월 15일 경에 쓴 것으로 추정되는 한 편지에서 한니발(Hannibal)과

28 "그들의 행적과 생애를 검토해보면, 질료(materia)를 자신들이 생각한 최선의 형태로 빚어낼 기회(occasione)를 가진 것 이외에는 그들이 행운에 의존한 바가 없었다는 점을 알 수 있습니다. 그러한 기회를 가지지 못했더라면, 그들의 위대한 정신력(virtù dello animo)은 탕진되어버렸을 것이고, 그들에게 역량(virtù)이 없었더라면, 그러한 기회는 무산되어버렸을 것입니다"(Machiavelli, 2008, 42~43).

29 기회와 비르투의 관계에 대해서는 Knauer(1997) 참조.

스키피오(Scipio) 및 고대와 당시의 여러 인물들을 비교하면서 논의를 전개하고 있다. 스키피오와 한니발은 전혀 다른 성격과 행동양식을 가진 인물들이었다. 스키피오는 "인간적이고 신의 있게, 그리고 종교적 원리를 존중하며 처신"하였다. 반면 한니발은 "매우 잔인하고, 신의 없이, 그리고 종교적인 원리를 전적으로 무시하며 행동"하였던 것이다. 하지만 두 인물은 군율을 매우 잘 유지하였고 많은 승리를 거두었다. 이렇게 상이한 행동방식이 어떤 때는 성공하고 어떤 때는 왜 실패하는지에 대해 마키아벨리는 다음과 같이 진단을 내리고 있다.

> 나는 자연이 인간을 상이한 얼굴들로 만드는 것과 마찬가지로, 상이한 종류의 심성과 기질로 만든다고 믿습니다. 그 결과, 모든 인간은 자신의 심성과 기질의 경향에 따라서 행동합니다. 그러므로 시대와 상황이 다양함에 따라서, 어떤 인간들은, 자신들의 처신 방식이 시대에 부합하며, 자신들의 목적을 완전하게 성취합니다. 반면에 자신의 처신 방식이 시대와 상황에 잘 부합하지 않는 인간은 성공하지 못합니다. 따라서 상이한 방식으로 행동한 두 사람이 동일한 결과를 얻는 사태가 발생합니다. 왜냐하면 각각의 방식은 주어진 상황이 나라나 국가마다 광범위하게 다르다는 점을 전제할 때, 각자가 행동하는 상황에 적합하기 때문입니다. 그러나 시대와 상황은 종종 변화하고, 인간은 자신의 관념이나 방법을 변화시키지 않기 때문에, 한 사람이 어떤 때는 성공하고 다른 때는 실패하는 사태가 발생합니다. (Machiavelli, 2008, 184)

그렇다면 변화하는 상황에 맞추어 자신의 행동방식을 자유자재로 바꿀 수 있는 능력, 즉 유연한 비르투를 갖추면 될 것이다. 하지만 마키아벨리는 그러한 능력을 인간이 소유할 수 없다고 비관적인 전망을 내놓는다. 그 이유는 "첫째, 인간은 근시안적이고, 둘째, 자신들의 성격을 변화시킬 수 없기 때문이다."

이와 비슷한 분석이 앞서 말한 『군주론』 25장에서도 동일하게 나타난다. 마키아벨리는 상황 변화에 유연하게 행동할 수 있는 이를 발견하기 어려운 이유를 첫째, "우리의 타고난 기질이 그러한 변화를 용납하지 않거나", 둘째, "일정한 방법으로 행동함으로써 항상 성공을 거두었기 때문에 우리의 방법을 변화시키는 것이 좋다고 생각하지 않기 때문"이라고 말하고 있다(Machiavelli, 2008, 165). 이어 당시 과단성 때문에 승승장구하였던 교황 율리우스(Julius) 2세의 용감했던 행동들을 언급하면서 그의 성공의 조건을 분석한다. 하지만 과감했던 율리우스 2세도 일찍 죽었기에 망정이지 상황이 변하여 조심성과 신중함이 요구되는 상황에 처했더라면 분명히 실패를 맛보았을 것이라고 말한다. 결론적으로 "운명은 가변적인데 인간은 유연성을 결여하고 자신의 방식을 고집하기 때문에, 인간의 처신 방법이 운명과 조화를 이루면 성공해서 행복하게 되고, 그렇지 못하면 실패해서 불행하게 된다고 결론"짓고 있다(Machiavelli, 2008, 167).

이렇게 볼 때 마키아벨리가 『군주론』을 통틀어 계속해서 강조하는 신군주의 비르투는 바로 유연성의 확보라는 것을 알 수 있다. 6장에서 무장하지 않은 예언자 사보나롤라(Savonarola)를 비판하는 것은 예언으로, 비록 권력을 획득했지만 무력이라는 강제권을 확보해놓았어야 상황의 변화에 대처할 수 있었다는 것이다. 15장과 18장의 언급은 좀 더 직접적이다. 15장에서 마키아벨리는 도덕적인 삶과 실제적인 삶은 너무나도 다름을 언급하며, "권력을 유지하고자 하는 군주는 상황의 필요에 따라서 선하지 않을 수 있는 법을 배워야만" 함을 역설하고 있다. 상황을 무시하고 무조건적으로 선하게만 행동하는 것은 군주에게 몰락을 가져온다는 것이다. 18장에서는 싸움의 두 가지 방법을 소개한다. 하나는 법이고, 다른 하나는 힘이다. 전자는 인간에 합당한 것이고, 후자는 짐승에 적합한 것이다. 그런데 군주는 둘 다를 사용할 줄 알아야 한다. 인간의 방법인

법만으로는 군주의 권력을 유지하기에 "많은 경우 불충분하기 때문이다." 반인반수가 되어야 함을 강조하는 이 구절 다음에 마키아벨리는 짐승의 방법도 하나만이 아님을 언급한다. 맹수의 왕인 사자를 모방하는 것으로는 부족하다고 한다. 사자는 그 강함에 대한 확신으로 함정에 빠지기 쉽다는 것이다. 따라서 여우와 사자의 방법을 한 몸에 지녀야 함을 역설한다: "왜냐하면 사자는 함정에 빠지기 쉽고 여우는 늑대를 물리칠 수 없기 때문입니다. 따라서 함정을 알아차리기 위해서는 여우가 되어야 하고 늑대를 혼내주려면 사자가 되어야 합니다"(Machiavelli, 2008, 119).

이렇게 서로 다르기까지 한 성격과 행동양식을 몸에 지니고 있어야 가변적인 상황에 대처 가능하며 성공을 유지할 수 있다는 것이다. 하지만 인간이 가진 비르투는 두 가지 점에서 그 한계를 명확히 지니고 있다. 첫째는 그가 가진 행동양식의 비유연성 때문에 근본적인 한계를 가지고 있다. 다른 하나는 인간의 실존적인 유약성 때문이다. 행동양식의 비유연성에 대한 설명은 앞에 언급되었기에 두 번째만을 언급하면 그것은 신체의 연약함이다. 아무리 강한 사람도 생로병사의 자연적 과정을 피할 수는 없기 때문이다. 이에 대한 가장 극적인 모습은 『군주론』 7장에서 신군주의 모범으로 칭송받은 체자레 보르지아(Cesare Borgia)의 몰락을 그리고 있는 데서 나온다. 비록 처음에는 교황인 아버지 알렉산더(Alexander) 6세의 도움으로 군주의 자리에 올랐지만, 그는 자신의 뛰어난 역량을 기반으로 자기 군대를 마련하였고, 정적들을 제어하였으며 인민의 지지를 얻을 수 있었다. 그러나 그는 자신의 몸이 크게 아프게 되는 상황마저도 막을 수는 없었다. 정적들과의 싸움에 정력적으로 대처해야 했던 순간 그는 앓아눕게 되어 자신의 비르투를 사용할 수 없는 상황에 처했던 것이다.

이렇게 한 개인이 가진 비르투는 완고한 행동양식과 나약한 신체를 가진 인간이 소유한 근본적인 한계성을 지니고 있는 것이다. 아무리 뛰어난 영웅의 비르투도 제한적일 수밖에 없는 것이다. 그렇다면 이러한 한계성을 인식하고 있었던 마키아벨리는 그것의 극복을 위해 『군주론』에서 어떤 방안을 제시하였을까? 그것은 유한한 군주 개인의 비르투가 아니라 군주국 혹은 한 국가의 비르투를 활성화시키는 것이었다.

물론 이러한 역량은 일반인은 가질 수 없는 특출한 능력이다. 그것은 기회의 포착뿐만 아니라 포착한 기회를 통해 달성한 과업을 유지시키는 것까지 대비해야 하는 능력이기 때문이다. 이것은 능력이 행해야 하는 두 가지 과제를 생각하게 한다. 그것을 마키아벨리는 '권력을 얻는 단계'와 '그것을 유지하는 단계'로 나누어 설명한다. 마키아벨리는 앞서 언급했던 『군주론』 6장에서 "자신의 역량으로 군주가 된 인물들은 권력을 얻는 데에 시련을 겪지만, 일단 권력을 쥐면 쉽게 유지합니다"라고 적고 있다. 그리고 이어서 "국가를 얻기 위해서 겪는 시련은 부분적으로 그들이 국가를 세우고, 권력을 확고히 하기 위해서 도입해야만 하는 새로운 제도와 통치양식에서 비롯됩니다"라고 말하고 있다(Machiavelli, 2008, 43~44). 권력을 획득하는 단계와 유지하는 단계는 엄연히 다른 과정이며 유지는 획득의 단계와 밀접한 관련이 있다는 것이다. 권력을 확고히 유지하기 위해서는 새로운 제도와 양식이 필요한데 그것을 세우는 것은 무척 힘들다고 한다. 그 이유는 정치체 구성원들의 관계 때문이다. 구질서의 수혜자들은 신질서의 도입자에 적대적일 것이고, 신질서에서 이득을 볼 사람들은 구질서의 수혜자들의 눈치를 보게 되고, 나아가 아직 구체적으로 본 이득이 없기에 신질서의 수립에 미온적일 것이라는 것이다. 자신의 지지기반이 미약하고 적대자만 있는 신군주는 위험에 쉽게 노출된다는 것이다. 따라서 신군주는 권력을 잘 유지하기 위해서는 권력을 얻을 때부터 유지의 단계를 생각해야 한다는 것이다. 메디치가의 몰락

후 피렌체에 공화제적 정부를 수립한 사보나롤라(Savonarola)가 실패했던 것은 바로 이러한 유지의 관점이 부재했기 때문이다. 그리고 그것을 위해서는 무력 같은 자신의 '기반'(fondamento)을 가져야 한다고 말한다.

이러한 신군주의 권력의 획득과 유지의 관점은 군주 개인의 역량에 기반한 국가건설이 군주 자신의 능력뿐만 아니라 타인의 힘에 의존해야 함을 보여준다. 나아가 군주의 권력은 군주 개인의 역량과 같지 않음을 우리에게 알려준다. 이것을 가장 잘 보여주는 단어가 바로 '기반'이자 '토대'로 옮길 수 있는 fondamento이다. 마키아벨리는 『군주론』에서 fondamento라는 단어를 '자국군'(6장, 12장, 26장)과 '인민'(9장) 그리고 '좋은 법률과 군대'(12장) 등을 언급할 때 사용한다. 토대는 군주가 자신의 권력을 유지하기 위해 필요한 핵심적인 권력 기반을 말하는 것으로, 이 토대는 자신의 능력에 의해서 쌓을 수 있는 것이지만 그 토대의 주체는 군주 자신이 아니라 정치체를 이루고 있는 여타 세력들에 의해 구성되는 것이다. 토대에 대한 사고를 통해 군주는 자신의 권력은 자신에게 있지 않고 다른 이들의 손에 있음을 깨닫게 되는 것이다.

(2) 국가의 비르투와 그 기반(fondamento)

"타인의 무력과 호의로 얻게 된 신생군주국"이라는 제목을 가진 7장에서 마키아벨리는 "신생군주에게 제공할 만한 모범적인 지침으로" 체자레 보르지아의 예를 집중적으로 언급하고 있다. 그는 자신의 역량을 발휘하여 강력한 군대를 구성하였고 그것을 통해 영토를 획득하였으며 인민의 지지를 얻었고 적들을 제압하였던 것이다. 그러고 나서 그 장의 후반부에서 위기에 빠지게 된 보르지아를 언급하고 있다. 그의 든든한 후원자였던 교황 알렉산더 6세가 죽은 후, 중요한 시기에 자신마저도 건강이 악화돼 몸져누웠던 것이다. 비르투의 담지자인 개인이 아파서 힘을 발휘할 수 없을 때, 아무리 위대한 역량이라도 사용될 수 없는 것이다. 여기까지는 앞에서 설명했던 유한한 신체와 관련된 개인의 비르투의 한계를 지적하는 것이다. 하지만 곧이어 마키아벨리는 보르지아의 권력이 그의 개인적 비르투가 무력해진 상황 속에서도 지속됨을 언급한다.

> 그[보르지아: 필자]의 권력의 토대(*fondamenti*)가 견고했다는 점은 다음 사실에서 알 수 있습니다. 로마냐의 인민들은 한 달 이상이나 그를 기다렸습니다. 로마에서는 그가 거의 반죽음의 상태였는데도 안전했습니다. 게다가 발리오니(Baglioni)파, 비텔리(Vitelli)파, 오르시니(Orsini)파의 지도자들이 로마에 왔지만, 그에 대한 어떠한 반란도 선동할 수 없었습니다. (Machiavelli, 2008, 57)

이것은 한 뛰어난 군주 혹은 개인의 역량과 그가 가진 권력은 다르다는 것이다. 개인의 역량이 곧 권력과 동일시 될 수 있는 것은 아니다. 역량이 있다고 자연적으로 권력이 얻어지는 것은 아니기 때문이다. 다시 말하자면 뛰어난 개인의 역량이 해야 할 일은 자신의 권력을 강화해야 하는데, 그것은 자신의 명령권만을 강화하는 것이 아니라 국가의 힘을 강화하는 것이다. 일반적으로 군주 개인의 권력 강화만을 주장한다고 이해되어온 『군주론』의 곳곳에서 국가의 힘을 강조하는 부분을 자주 찾아볼 수 있다. 그리고 그것은 바로 '토대'에 대한 강조 속에서 발견할 수 있다.

토대에 대한 설명은 위의 『군주론』 7장을 구성하는 핵심 주제이기도 하다. 7장을 시작하면서 마키아벨리는 6장에서와 같이 권좌에 오르기 전과 오른 후를 구분한다. 획득과 유지의 단계를 구분한 것이다. 하지만 이번에는 여타 운에 의해 좀 더 쉽게 권력을 획득한 경우를 말하고 나서 그 경우에는 "모든 시련이 군주가 된 이후에 닥쳐온다"고 말한다. 하지만 타인의 도움으로 군주가 된 이나 요행에 의해 군주가 된 자는 자신의 권력을 유지할 수 없게 된다. 왜냐하면 자신에게 “헌신적이고 충성스러운 세력을 가지고 있지 않기 때문”이다. 따라서 마키아벨리는 타인의 호의에 의해 권좌에 오른 군주들에게 “다른 사람들이 군주가 되기 전에 쌓았던 토대(fondamenti)를 나중에라도 구축하”여야 함을 조언한다(Machiavelli, 2008, 48). 앞의 맥락에서 볼 때 권력 유지를 위한 확고한 토대란 자기의 군대와 인민의 지지이다.

이런 의미에서 마키아벨리는 체자레 보르지아를 “미래의 권력을 위해서 강력한 토대(grandi fondamenti)를 구축하는 데 성공한” 모범적인 예로 들고 있다. 보르지아는 교황 알렉산더 6세의 아들로 아버지의 권력을 통해 쉽게 공작의 지위에 오르고 교황군의 수장이 되었다. 하지만 군대는 자신의 군대가 아니라 로마 군벌의 군대와 원군에 의지했기에 자신의 권력이 불안정한 기반 위에 세워져 있음을 깨달았다. 자신의 군대를 가지기 위해 보르지아는 우선 로마 군벌들의 추종자들을 분열시키고 일부를 자신의 추종자들로 만들어 그들의 세력을 약화시켰다. 그러고 나서 시니갈리아(Sinigaglia)로 군벌의 수장들을 불러들여 몰살시킨 다음, 혼란에 빠진 그 추종자들을 자신의 군대로 흡수하게 된다. 자신의 군대를 만듦으로써 보르지아는 매우 “확고한 권력 기반”(buoni fondamenti alla potenza)을 가지게 되었다고 마키아벨리는 평가한다(Machiavelli, 2008, 53).

시니갈리아 사건을 통해 자신의 군대를 만들게 되었다면 보르지아는 레미로 데 오르코(Remirro de Orco)를 참수시킴으로써 로마냐 지역의 민심을 얻게 된다. 영주들의 약탈로 인해 도탄에 빠진 로마냐 지역에 질서를 회복하기 위해 보르지아는 자신의 심복이자 냉혹한 인물이었던 레미로를 투입한다. 레미로는 단기간에 과감한 조치들로 인해 질서를 회복하지만 그 잔인함으로 인해 인민들은 두려움과 미움을 품게 된다. 이때 보르지아는 레미로를 참수시킴으로써 인민들의 지지와 호의를 단번에 얻게 된다.

비록 보르지아는 자신의 뛰어난 행적들에도 불구하고 강력한 후원자인 교황 알렉산더가 갑자기 죽고, 곧이어 그가 병상에 눕는 바람에 권력을 잃게 된다. 하지만 마키아벨리는 강한 군사력과 로마냐 인민들의 견고한 지지를 언급함으로써 "권력의 견고한 토대(fondamenti)를 성공적으로 구축"했음을 강조한다(Machiavelli, 2008, 57).

보르지아의 행동을 통해서 드러난, 권력의 유지를 위한 강력한 토대는 자기 군대와 인민의 지지 두 가지라고 할 수 있다. 이후 『군주론』의 서술은 권력의 기반으로서 자기 군대와 인민의 지지에 대한 서술이라고 볼 수 있다. 9장에서는 인민의 지지가 군주 권력의 확고한 토대임을 밝히고 있다(Machiavelli, 2008, 57).[30] 인민들은 수적으로도 다수일 뿐만 아니라, 지배욕과 교활함을 동시에 갖춘 귀족에 비해 억압받지 않고 자유롭게 살고자 하는 명예로운 목표를 가지고 있기 때문이다.

마키아벨리는 또한 10장에서 "군주국의 국력은 어떻게 측정되어야 하는가"에 대해 논하고 있다. 여기서 국력을 논하는 핵심적인 기준은 외적의 침입에 대해 방어할 충분한 힘을 갖추고 있는가이다. 이에 대해 마키아벨리는 잘 조직된 군대와 인민의 지지를 그 핵심 요건으로 언급한다. 특히 독일의 예를 통해 그것을 증명하고자 한다. 독일의 도시들은 황제나 다른 인접국을 두려워할 필요가 없을 정도로 강하였다. 그것을 가능케 했던 핵심적인 이유는 평민들의 경제적 삶이 어느 정도 충족되었

30 물론 마키아벨리는 이 같은 주장을 펼치기에 앞서 "인민 위에 서 있는 자는 진흙 위에 서 있는 것과 같다"라는 당시의 격언을 반박하고 있다. 이것은 단지 인민의 호의에만 의지하고 무작정 그들만 믿는 무능한 군주에게나 적용 가능한 것이라고 말하고 있다 (Machiavelli, 2008, 57). 반면 인민을 다룰 줄 알고, 인민들에게 사기를 불어넣고 그것을 유지시키는 법을 알고 있는 군주는 인민들에게 배반당할 일이 없음을 밝히고 있다. 기존 도덕을 전복시키는 현실주의적 담론으로 유명한 『군주론』의 15장부터 19장까지의 내용은 바로 인민들을 어떻게 다루어야 하는 것을 집중적으로 논한 장들이라고 할 수 있다.

고, 여러 가지 규정들을 통해 군사훈련을 잘 받았기 때문이다. 다시 말해 "질서가 잡힌 견고한 도시를 가지고 있으면서 인민들에게 미움을 받지 않"았기 때문이다(Machiavelli, 2008, 76).

군대와 그들을 구성하는 인민에 대한 강조는 용병을 비판하는 13장에서도 잘 드러난다. 이 장의 마지막 부분에서 마키아벨리는 국가의 힘을 의미하는 비르투를 사용하는데, 로마제국의 힘이 쇠퇴하게 된 것은 고트족의 용병을 사용하면서부터였다는 것이다. 이로 인해 로마제국의 활력은 고트 족으로 전이 되었다는 것이다. 아울러 자국군이야말로 역경에 처할 때 국가를 방어할 수 있는 유일한 역량이라고 강조하고 있다. 용병은 주지하다시피 돈을 주고 고용한 군대로서 국적이 없는 이들이다. 이들을 가지고 전투에 임한다는 것은 자국의 방어를 타인의 손에 맡긴다는 것이다. 조국이 없는 용병은 전투에서 전력을 다하지 않을 것이기 때문에 그들은 "비겁함이나 전투를 기피하는 태도"로 유명했던 것이다. 반면 자국군은 자국의 인민들로 구성되기에 신뢰할 수 있다는 것이다. 자국군은 "모든 국가의 주된 기초"(principali fondamenti)인 것이다. 자국군과 그것을 구성하는 인민의 지지가 얼마나 중요한지는 20장에서도 이야기되고 있다. 여기서 마키아벨리는 국가를 강화하기 위해 군주들이 행하는 서로 다른 방식들에 대해 언급한다. 그것은 군사와 요새에 관한 것이다. 어떤 이들은 신민들의 무장을 해제하고 다른 이는 무장을 시킨다. 또한 어떤 군주는 요새를 구축하고 다른 군주는 파괴한다는 것이다. 이들에 대한 평가 속에서 마키아벨리는 신생 군주들은 신민들을 무장해왔음을 언급한다. 무장해제가 아니라 오히려 무기를 제공해왔다는 것이다. 그것을 통해 자신의 권력을 강화하였다는 것이다. 나아가 요새에 대해 언급할 때, 마키아벨리는 요새와 인민의 관계 속에서 논의를 전개한다. 요새는 상황에 따라 방어에 이롭기도 하고 불리하기도 하다는 것이다. 다시 말해 요새는 국가의 안전을 보장하는 필요충분조건이 될 수 없다는 것이다. 그렇다면 무엇이 문제일까? 그것은 바로 인민의 지지이다. 인민의 지지가 있을 때, 요새는 안전한 방어책이 될 수 있으나, 인민이 등을 돌렸을 때는 요새는 어떤 도움도 될 수 없다는 것이다. 즉, "만약 군주가 외세보다도 인민을 더 두려워한다면, 그는 요새를 구축해야 합니다. 그러나 인민보다 외세를 더 두려워한다면, 요새를 구축해서는 안 됩니다"라는 것이다. 왜냐하면 "군주가 가질 수 있는 최선의 요새는 인민에게 미움을 받지 않는 것"이기 때문이다(Machiavelli, 2008, 144~145).

앞의 언급은 『군주론』 19장에서 군주가 가지고 있는 "두 가지 큰 걱정"을 통해서도 볼 수 있다. 하나는 대외적인 것으로 외세와 관련되는 것이며, 나머지는 대내적인 것으로 신민과 관련되는 것이다. 외세의 위협은 "좋은 군대와 믿을 만한 동맹"을 통해 제어할 수 있다. 그런데 믿을 만한 동맹은 좋은 군대가 있으면 자연히 따라오는 귀결이라고 말한다. 자국의 인민들로 구성된 강하고 좋은 군대는 동맹을 용이하게 한다는 것이다. 그리고 대내적인 문제들 중 하나는 바로 음모이다. 이는 인민들이 군주를 미워하고 경멸할 때 나타날 수 있는 것으로 군주는 인민의 지지를 받아야 한다는 것이다. 이렇듯 자국군과 인민의 지지는 군주의 안전을 넘어 국가의 안정을 가져오는 핵심 요소였던 것이다.

이제 이렇게 한 국가의 권력을 자국군과 인민의 지지 속에서 바라본 관점은 24장, 즉 "어떻게 해서 이탈리아의 군주들은 나라를 잃게 되었는가"를 설파하는 곳에서 잘 드러난다. 앞 장들의 논의를 요약하는 성격을 지닌 이 장에서 마키아벨리는 나폴리 왕, 밀라노 공작 등과 같은 이탈리아 군주들이 왜 권력과 국가를 잃게 되었는지에 대해 설명한다. 그것은 그들이 취약한 군대를 가지고 있었고, 거기에 인민의 지지를 획득하지 못한 것이 결정적 요인이었다고 말한다. 반면 잘 조직된 군대와 인민의 지지를 획득한 경우에는 그 나라가 비록 작을지라도 강대국의 침입에 효과적으로 대응할 수 있음을 마키아벨리는 과거 마케도니아의 필리포스 왕의 예를 들어 논하고 있다.

> 마케도니아의 필리포스 왕은 그를 공격한 로마와 그리스의 힘에 비해 그 권력과 영토가 보잘것없었습니다. 그럼에도 불구하고 그는 진정한 전사였으며 인민들의 환심을 사고 귀족들로부터 자신의 안전을 지키는 방법을 알고 있었기 때문에, 그 나라들에 대한 전쟁을 오랫동안 수행할 수 있었습니다. 왕은 결국 자신이 다스리던 몇몇 도시들을 잃기는 했지만, 여전히 자신의 왕국을 유지할 수 있었습니다. (Machiavelli, 2008, 160)

작은 나라도 그 나라의 국력을 잘 구성해내기만 하면 거대한 힘을 가진 타국의 침략에 맞서 능히 방어를 해낼 수 있다는 것이다. 그러한 국가의 힘을 구성해내는 것이 바로 군주의 역량이라는 것이다. 하지만 마키아벨리 당시 많은 군주들이 자신의 역량이 해내야 할 임무를 방기하였다. 국가를 보지 못하고 군주 자신만을 보았던 것이다. 그 결과 그들은 국가를 잃었을 때, 자신의 무능함을 탓했던 것이 아니라, 그들의 운명을 탓했던 것이다. 군주가 되고 나서 그들은 자신들의 권좌에 도취되어 상황이 변하여 역경이 닥칠 것이라는 것을 예측하지 못했다는 것이다. 그들은 오만불손했기에 준비를 하지 못했고, 역경이 폭풍처럼 밀어닥쳤을 때는 도망갈 궁리만 하거나 그들을 미워하고 분노에 가득 차 있던 인민들에게 도움을 의지하는 행동을 보였던 것이다.

군주가 해야 할 일은 자신의 비르투의 한계를 인식하고 국가의 비르투를 구성해내는 것이다. 그것이 군주의 진정한 비르투인 것이다. 그리고 그것은 국가의 힘의 토대를 쌓는 것이다. 군주가 구성해내는 비르투를 마키아벨리는 『군주론』 25장에서 '조직화된 비르투'로 표현하고 있다. 25장은 인간사의 반은 운명이 지배하나 나머지 반은 인간의 통제에 맡겨져 있다는 언급으로 시작된다. 그런데 운명과 인간의 대응관계는 상대적이다. 다시 말해 운명의 영역은 인간의 대응에 따라 달라진다. 험난한 강을 운명의 여신으로 비유하자면, 그것을 막아낼 댐이나 둑이 없는 곳에서 운명의 여신인 강은 범람한다는 것이다. 따라서 방비(防備)가 필요한 것이다. 그것을 마키아벨리는 여타 군주의 비르투를 언급할 때와는 다른 조직된 비르투라는 말을 사용하여 표현하고 있다.

> 운명도 이와 마찬가지입니다. 운명은 자신에게 대항하기 위해서 아무런 역량이 갖추어져(*ordinata virtù*) 있지 않은 곳에서 그 위력을 떨치며, 자신을 제지하기 위한 아무런 제방이나 둑이 마련되어 있지 않은 곳을 덮칩니다. (Machiavelli, 2008, 163)

그러고 나서 앞서 24장에서 언급했던 것처럼 당시 이탈리아를 이러한 비르투, 즉 제방이나 둑이 없는 들판으로 비유한다. 이어 그는 앞에서 설명했듯이 개인의 행동양식과 상황과의 부합 여부에 따른 성공과 실패의 변화를 언급하고, 개인의 비유연성으로 인해 가변적인 운명에 대적하는 데 한계가 있음을 언급한다. 그러한 한계를 가진 개인의 비르투에게 남은 것은 여성으로 비유된 포르투나, 즉 운명에 과단성 있게 저돌적으로 행동하는 것밖에는 없는 것이다. 하지만 『군주론』의 마지막 장인 26장에서 마키아벨리는 개인의 비르투의 한계성에 대한 비관적인 전망을 다시 전도시키는 말을 하고 있다. 그것은 이탈리아의 상황을 진단하고 그 해결을 제시하는 데 나와 있다. 이탈리아는 현재 절망적인 상황에 봉착해 있다고 말한다. 하지만 이탈리아 인들에게는 아직도 탁월한 역량이 잠재해 있다는 것이다. 문제는 지도자에게 비르투가 없다는 것이다. 그러한 비르투가 없기 때문에 이탈리아인들은 전장에서 자신들의 군사적 역량을 발휘할 수 없었다는 것이다. 이제 지도자가 해야 할 일은 명확하다. 그것은 비르투를 억눌렀던 옛 제도 대신 "새로운 법과 제도(*ordini*)를 창안"하는 것이다(Machiavelli, 2008, 171). 이 새로운 법과 제도를 통해 지도자가 해야 할 일은 자국군을 만들고 인민의 지지를 확보함으로써 국가의 힘을 강하게 구성하는 것이다.

2) 『군주론』의 권력론

이제까지 『군주론』은 군주 혹은 신군주의 영웅적인 행위와 그의 비르투를 중심으로 이해되어왔다. 군주의 권력 장악과 그것의 보전을 위한 저서로 읽혀왔던 것이다. 이러한 의미에서 『군주론』에서 나타나는 권력은 개인이 손에 넣는 권력, 타인을 복종시키는 권력, 나아가 비윤리적인 폭력의 행사도 용인되는 그러한 권력으로 인식되어왔던 것이다. 일례로 월린(Wolin)은 그것을 "폭력의 경제학"으로 표현하고 있다. 비록 월린은 마키아벨리가 주장하는 폭력의 경제학이 폭력의 무제한적 사용이 아니라 폭력의 통제, 즉 "특정한 상황에 적합한 정확한 폭력의 양을 처방하는" 것과 관련됨을 주장한다. 그것은 "자만심, 야망, 또는 사소한 복수의 충동에 의해 오염되지 않는" 순수한 "힘의 사용"을 추구했다는 것이다(Wolin, 2009, 55~57). 하지만 월린은 여전히 개인적 비르투의 폭력과 강권에 초점을 맞추고 있지 그것이 생산해야 하는 국가의 힘으로써 비르투에 대한 분석에까지 나아가지는 못하고 있다.[31] 이 점에서 뮌클러

31 또한 월린은 폭력의 경제학을 구성하는 데 있어서 대부분을 『군주론』보다는 마키아벨리의 공화주의적 저서인 『로마사 논고』에 기대어 논의를 전개하고 있다.

(Münkler)는 한 걸음 더 나아가고 있다. 그는 이탈리아의 시민 인문주의(Bürgerhumanismus)에 나타난 권력 개념을 분석한 논문에서 『군주론』의 신군주는 새로운 질서의 창출을 위한 권력의 집중을 의도했다고 적고 있다. 하지만 그것은 한시적인 집중으로서 후대의 주권론자들이 주장했던 것 같은 물화(物化)되고 절대화된 권력은 아니다.[32] 대신 마키아벨리의 『로마사 논고』에 의지해 군주에 집중된 권력은 공화국을 건설하려는 한시적인 권력으로 이해한다.[33] 『군주론』의 신군주는 "반공화주의적인 수단을 통해 공화국을 건설하려는" 시도를 하는 것으로 이해되는 것이다(Münkler, 1993, 88). 이런 의미에서 뮌클러는 아렌트가 구분한 강권(*Gewalt*)과 권력(*Macht*)의 이분법이 지닌 한계를 지적한다. 아렌트는 물화되고, 소유적 · 강제적 · 억압적이며, 도구적인 강권 혹은 폭력과 관계적이며, 역동적이고, 발생적인 권력을 이분법적으로 분리했다는 것이다.[34] 반면 마키아벨리는 권력을 독점하는 강권적이고 폭력적인 정치를 통해 공화국, 즉 시민들의 참여 속에 구성되는 관계적인 권력정치로의 이행을 사고하였다는 것이다. 아렌트의 이론적 이분법을 정치논리에 맞게 상대화시켰다는 것이다(Münkler, 1993, 89). 뮌클러의 논의는 『로마사 논고』의 공화주의적 논리에 기대어 『군주론』을 파악하였기에 『군주론』의 비르투가 단지 군주의 비르투만 있는 것으로 파악하였다는 한계를 지닌다. 하지만 신군주의 비르투가 공화국을 세워야 한다는 언급, 다시 말해 강권이나 폭력이,

---

32 타코프(Tarcov, 2007) 또한 마키아벨리의 『군주론』에서 근대적인 주권 개념을 발견할 수 없다고 말하며, 『군주론』의 군주는 주권적 군주가 아님을 지적하고 있다.

33 뮌클러 또한 월린과 비슷하게 『로마사 논고』에 기대어 『군주론』을 해석하고 있다. 이는 마키아벨리를 공화주의자로 파악하는 학자들이 『군주론』을 이해하기 위해 의지하는 방법이다.

34 아렌트의 강권과 폭력에 대한 논의는 Arendt(1999) 참조. 아렌트의 권력에 대한 국내 문헌으로는 장명학(2002) 참조.

권력이 생산되는 공화국을 세워야 한다는 것은 신군주의 비르투는 강권뿐만 아니라 권력에 대한 관점도 지니고 있어야 한다는 점을 암시해준다.[35]

앞에서 마키아벨리는 『군주론』에서 신군주의 비르투는 새로운 제도를 통해 국가의 권력, 즉 비르투를 창출해야 하는 것이라고 말했다. 신군주의 뛰어난 역량은 비록 그것이 훌륭한 위업을 달성할 수 있다고는 하나 인간의 한계를 고스란히 지니고 있었기 때문이다. 이것을 인식한 마키아벨리는 신군주에게 군주 자신의 힘이 아닌 국가의 힘을 키울 것을 요구한다. 따라서 『군주론』은 군주의 비르투와 군주국의 비르투 두 가지의 관점에서 읽혀져야 한다. 『군주론』에서 나타나는 권력은 군주의 권력과 군주국의 힘, 두 가지인 것이다. 국가의 힘을 구성해내야 하는 군주의 비르투는 제도를 구축해낼 수 있는 힘이었다. 이탈리아에 뛰어난 역량을 지닌 지도자가 부족했던 것은 아니었다. 문제는 국가의 비르투가 중요함을 인식하고 그것을 활성화시키는 법을 아는 비르투 있는 군주가 없었다는 것이다. 국가의 힘을 키우기 위해 마키아벨리는 제도를 강조한다. 25장에서 잘 조직된 비르투를 가지고 있는 나라로서 독일·프랑스·스페인 등을 들고 있는데, 독일은 10장에서 좋은 법규와 제도(*ordini*)를 통해 군사훈련을 수행하고 있는 것으로 언급되었다. 프랑스의 경우는 19장에서 "질서가 잘 잡힌(*bene ordinati*) 국가들" 중 하나로 예시되고 있으며, 그 핵심적인 제도로 인민을 보호하고 그들의 호의를 얻는 기관으로 고등법원을 들고 있다.[36] 좋은 군대와 인민의 지지를 확보할 수 있는 좋은 제도가, 잘 조직된 비르투를 가진 나라의 특징인 것이다.

---

35 뮌클러는 이 점을 『군주론』 속에서 찾지 못하고 있다. 이는 『군주론』을 『로마사 논고』에 기대어 해석하고 있는 데서 오는 당연한 귀결이다.

36 휘트필드는 마키아벨리의 ordini 개념을 분석하면서 『군주론』에서 그는 절대적 권력을 옹호하지 않았음을 지적하고 있다(Whitfield, 1969, 162).

그렇다면 이러한 제도를 만들어내야 하는 비르투 있는 군주는 어떠해야 할까? 이러한 군주에 대한 상은 마키아벨리가 좋은 군대의 반대물로 용병을 신랄하게 비판하고 있는 데서 그 단초를 살펴볼 수 있다. 용병은 보수를 받고 고용된 군대이다. 따라서 조국에 충성하는 것이 아니라 보수에 얽매여 있는 군대이다. 전쟁을 업으로 삼기에 전쟁에서 이익의 극대화를 노린다. 전쟁이 끝나면 이익 추구의 공간이 사라지기에 열심히 싸우지도 않을뿐더러, 보수 이외에 전쟁에 나온 목적이 없기 때문에 사력을 다해 싸우지도 않는 것이다.[37] 용병에게 전장(戰場)은 이익 추구를 위한 공간이지 조국을 위해 희생과 위험을 감내하는 곳은 아니었던 것이다. 용병들은 자신의 사익만을 추구하기 위해 모인 이익 추구 집단 그 이상 이하도 아닌 것이다. 이런 이유로 마키아벨리는 "용병이란 분열되어 있고, 야심만만하며, 기강이 문란하고, 신의가 없다"고 적고 있다. 이러한 군대를 이끄는 용병대장 또한 철저히 사익을 추구하였으며, "오직 자신만의 권력을 열망하는" 인물이었다. 용병대장의 비르투는 자신만을 위한 것이었지 국가를 위한 것은 아니었던 것이다.

> 그들이[용병대장들: 필자] 세운 혁혁한 무훈(武勳, *virtù*)의 결과, 이탈리아는 샤를 왕에게 공략당하고, 루이 왕에게 약탈당했으며, 페르난도 왕에게 유린당하고, 스위스인들에게 수모를 당하게 되었습니다. (Machiavelli, 2008, 91)

용병대장은 공인(公人)이 아니라 사인(私人)이었던 것이다. 이렇게 국가가 아니라 개인의 일신의 이익을 위해 일한 이탈리아의 지도자들은

---

37 마키아벨리는 이것을 다음과 같이 적고 있다. "그들이 당신에게 아무런 애착도 느끼지 않으며, 너무나 하찮은 보수 이외에는 당신을 위해서 전쟁에 나가 생명을 걸고 싸울 어떤 이유도 없기 때문입니다"(마키아벨리, 2008, 84).

"오만무례"(傲慢無禮)했으며, 그들은 국가를 보지 못했고, 오직 자신만을 보았던 것이다.38 반면 훌륭한 비르투를 가진 지도자들은 새로운 제도와 법을 가지고 자국군을 만들어내었다. 인민들에게 무기를 제공한다는 것으로 앞서 언급되었던 용병들과는 달리 자국군들은 엄격한 기율과 법제도에 의해 통제되고 훈련을 받기에 용감하고 기율이 서 있다는 것이다. 나아가 자신의 삶의 터전을 자신들이 지키기 때문에 사력을 다해 싸우는 것이다. 한마디로 "그보다도 더 충성스럽고, 더 믿을 만하며, 또 더 훌륭한 군대는 없는" 것이다(Machiavelli, 2008, 172).

프랑스의 고등법원(parlement)은 마키아벨리가 『군주론』의 여러 장에서 언급한 인민의 지지를 얻는 가장 좋은 방법이다. 이 고등법원을 두는 이유는 인민과 귀족이 대립관계에 있기 때문이다. 귀족은 인민을 억압하고 지배하려고 한다. 따라서 인민들은 그들을 두려워하고 미워하였던 것이다. 하지만 이들의 이런 대립관계에 군주가 직접 개입할 수는 없는 것이다. 그렇게 되면 귀족과 인민 어느 한 편의 불만을 초래하기 때문이다. 따라서 중립적인 제3의 공적인 심판기관으로서 고등법원을 두는 것이다. 이를 통해 실제적으로는 귀족을 제어하고, 인민을 보호하게 된다. 고등법원은 인민의 호소를 들어주고, 귀족의 전횡을 제어해주는 기관이기 때문이다. 이렇게 실질적으로는 인민을 보호하는 역할을 하면서 고등법원이 하는 또 하나의 역할은 국가 구성원들의 분열을 방지하는 것이다. 국가 구성원들의 대립을 해소하는 역할을 제3의 공적 기관에 맡김으로써 대립이 반목과 분열로 번지고 그것이 결국은 내전으로 터지는 것을

38 마키아벨리는 『군주론』 26장에서 이탈리아의 문제를 다음과 같이 말한다. "유능한 사람에게는 추종자가 없고, 모든 사람들은 자신이 제일 잘났다고 생각합니다. 이제까지 어느 누구도 다른 지도자들로 하여금 우월성을 인정하게 할 정도로 자신을 부각시키는 데 성공할 만한 충분한 역량이나 행운을 가지지 못했습니다"(마키아벨리, 2008, 171~172).

막는 것이다. 국가의 힘을 분산시키지 않고 응집할 수 있는 기반을 만들어내는 것이다.

이러한 모습은 마키아벨리가 신군주의 모범으로 삼는 체자레 보르지아의 행위에서도 볼 수 있다. 이는 로마냐 지방을 평정하는 데서 잘 드러난다. 마키아벨리가 보기에 로마냐의 영주들은 용병대장들과도 같았다. 그들은 자신들의 사익만을 위한 정치를 수행했던 것이다. 그들은 신민들을 "약탈의 대상"으로 삼았다. 따라서 그들은 스스로 "무질서의 근원"이 되었던 것이다. 보르지아는 이들을 제압하고 시민재판소를 설치했던 것이다. 흔히 체자레 보르지아가 언급되는 7장에서는 시니갈리아 사건과 레미로 데 오르코 사건이 강조된다. 시니갈리아 사건은 용병대장들을 속임수로 불러들이고 그들을 죽인 일이었으며, 레미로 데 오르코 사건은 로마냐 지역을 평정할 때, 잔인하지만 능력 있는 자신의 심복에게 전권을 맡겨 일을 시킨 후 인민들의 두려움이 커지자 하루아침에 주살하여 인민의 두려움과 동시에 지지를 얻은 일을 일컫는 것이다. 이렇듯 자신의 권력을 확고히 하기 위해 속임수와 토사구팽(兎死狗烹)도 서슴지 않는 보르지아의 폭력성을 드러내는 대표적인 행적으로 인용된다. 하지만 마키아벨리는 분명히 로마냐 지역의 평정을 서술할 때, 로마냐 영주들이 통치를 한 것이 아니라 그들의 사익만을 추구하여 신민들을 약탈했고, 그것으로 인해 그 지역은 "도둑질, 싸움 그리고 온갖 불법적인 행위가 횡행"한 무질서의 상태로 전락했다고 말한다. 그러한 무질서의 만연을 극복하기 위해서는 결단력과 전권이 필요했고 그것을 레미로에게 맡긴 것이다. 폭력을 해결하기 위해 또 다른 폭력을 사용한 것이다. 하지만 그 폭력을 보르지아는 존속시키지 않았다. 폭력을 제거함과 동시에 보르지아는 로마냐 지역 중심부에 시민재판소를 설치한다. 이것은 프랑스의 고등법원과 같은 것으로서 공적 심판기구를 세운 것이다. 보르지아는 무질서의 원인이 사적 이익만을 생각하는 군주들에 있음을 정확히 알고 있었고, 그들의 전횡과 폭력은 또 다른 강한 폭력으로 제어할 수밖에 없는 것도 알고 있었다. 하지만 그 폭력은 질서가 아니었다. 질서는 제도를 세우면서 가능한 것이었고 그것은 그 지역 인민들의 참여 속에서 가능한 것이었다. 그럴 때만이 인민들이 자신들의 "번영"(*bene essere loro*)을 누린다고 생각하고 지지를 보내는 것이다(Machiavelli, 2008, 53).

보르지아의 비르투는 바로 폭력의 소유가 권력이 아니라는 것을 볼 수 있는 능력에 있었다. 폭력의 행사는 질서나 제도를 세우기 위한 수단으로만 머물러야 하는 것이다. 자신의 권력은 국가의 힘을 강화함으로써 더 견고해진다는 것을 본 것이다. 로마냐 지역의 영주들이 자신들의 권력욕에만 빠져 볼 수 없었던 것을 보르지아는 본 것이다. 국가의 힘은 그 국민들로 구성된 자국군이며 나아가 인민들의 지지이다. 그런데 자국군을 충성스럽게 만드는 것은 인민들의 군주 나아가 국가에 대한 지지이며, 기율을 만드는 것은 좋은 법이다. 이 모든 것이 군주가 국가를 어떻게 구성(*ordinare*)하는가에 달려 있는 것이다. 인민들을 약탈의 대상으로 보는 이들은 그들에게 무기를 주지 않을 것이다. 자국군이 구성될 리 없는 것이다. 나아가 제3의 심판기구 같은 것을 만들어 자신이 가진 권력을 나누어주려고도 하지 않을 것이다.

그런데 마키아벨리는 이러한 국가의 힘을 관계론적으로 파악하였다. 국가의 구성원들을 어떻게 구성하는가에 따라 그 힘이 배가(倍加)될 수도 아니면 반감(半減)될 수도 있다는 것이다. 『군주론』 26장에 언급되었듯이 이탈리아인들 개개인들에게는 비르투가 남아 있었던 반면에 이탈리아 국가들은 비르투가 부재하여 타국의 전쟁터가 되었다는 것이 비르투의 반감을 뜻하는 것이라면, 24장에서 언급되었던 소국 마케도니아가 대국인 로마와 그리스를 대적하여 왕국을 유지하였던 것은 비르투의 배가를 의미하는 것이다. 힘을 관계론적으로 파악할 때 기존 국가의 자원은 그 구성원들이고, 그들을 어떻게 구성하느냐에 따라 힘은 달라진다는 것이다. 이렇게 역동적이고 관계적인 힘에 대한 사고는 인간에 대한 통찰에 기반한다. 인간은 관계의 구성에 따라 그 에너지를 다르게 내는 존재이기 때문이다. 이것에 대한 언급은 『군주론』 8장에서 대표적으로 찾아볼 수 있다. 상황에 필요불가결한 잔인한 조치를 어떻게 수행해야 하는지를 언급하는 그 장의 후반부에서 마키아벨리는 잔인한 조치들이 "잘" 이루어져야 함을 역설한다. 이 "잘"의 의미는 인민들의 호의를 효과적으로 얻어내는 것과 관련된다. 다시 말해 가해행위는 일시에 저지르고 이후 "절제를 통해 민심을 수습하고 시혜를 베풀어 민심을 자기편으로 끌어"들여야 한다는 것이다. 만약 반대로 가해행위를 반복적으로 행했을 때는 군주가 가장 조심해야 할 인민의 미움과 분노가 나타날 것이다.

> 가해행위는 모두 일거에 저질러야 하며, 그래야 그 맛을 덜 느끼기 때문에 반감과 분노를 작게 일으킵니다. 반면에 은혜는 조금씩 베풀어야 하며 그래야 그 맛을 더 많이 느끼게 됩니다. (Machiavelli, 2008, 66).

이것을 실제로 보여주었던 이는 앞서 언급했던 체자레 보르지아이다. 그는 레미로 데 오르코를 한순간에 참수하였고, 시민재판소를 설치하였다. 전자의 "참혹한 광경을 본 인민들은 한편 만족을 느끼면서도 경악을 금치 못했"지만, 곧 후자의 일을 통해 그를 지지하였던 것이다. 이를 통해 체자레 보르지아는 그가 위기에 처했을 때도 인민의 굳건한 지지를 확보할 수 있었던 것이다.

『군주론』은 군주국의 활력(*virtù*)을 어떻게 진작시킬 것인가에 대해 논한 저서라고 볼 수 있다. 그러나 질서 잡힌 제도가 부재하는 곳에서는 우선 신군주의 역량이 필요하다. 하지만 군주의 비르투는 인간과 개인의 근본적 한계 속에 갇혀 있다. 신체의 유한함과 행동양식의 비유연성으로 인해 예측불가능하고 변화무쌍한 세계를 돌파하기 어려운 것이다. 이 한계를 인정하고 그것을 극복하기 위해서 해야 하는 것이 국가의 힘을 강화하는 것이다. 군주의 비르투는 국가의 비르투를 강화함으로써만이 강화될 수 있는 것이다. 군주의 비르투는 그 혼자만이 강화될 수 없는 것이다. 개인이 지닌 역량의 강권적 성격은 그 근본적 한계로 인해 자신을 강화할 경우 권력의 축소만을 불러올 뿐이다. 하지만 성공한 군주의 비르투는 그 성공으로 인해 자신의 한계를 인식하고 그것을 넘어서는 것을 하기가 힘들어진다. 이탈리아의 많은 군주들이 행했던 과오는 바로 거기에 있었던 것이다. 그런데 군주가 자신의 권력을 강화시키는 군주국의 활력 강화는 얼핏 보기에 군주의 권력을 약화시키는 것처럼 보인다. 인민을 무장시키거나 공적인 제도를 만들어 인민의 지지를 얻는 것, 모두는 군주 스스로의 힘은 아닌 것처럼 보이는 것이다.

『군주론』에서 강조되었던 사태의 흐름을 예견할 수 있는 사려(*prudenzia*)에 대한 강조는 실은 자신의 능력을 통해 성공을 거둔 이의 근시안적인 태도를 비판한 것이라고 볼 수 있다. 성공의 달콤함은 자신의 능력을 과신하게 함으로써 자신의 진정한 권력이 무엇임을 망각하게 하기 때문이다. 국가의 힘을 강화시키기 이전에 넘어야 될 산은 군주 자신의 비르투에 대한 오만함이다. 따라서 『군주론』에서 마키아벨리는 군주 개인의 비르투의 상황구속성과 한계를 논하는 것이다.

하지만 마키아벨리는 동시에 자신의 한계를 넘어선 군주의 비르투가 행해야 할 것을 지시하고 있다. 그것은 국가의 활력을 어떻게 강화할 수 있는가라는 것이다. 그것은 주어진 자원을 어떻게 구성해낼 것인가와 연관되어 있다. 잘못 구성하는 경우는 당시의 이탈리아처럼 있는 역량도 활용할 수 없기 때문이다. 반면 잘 구성하는 경우 그것은 엄청난 에너지를 발휘할 수 있기 때문이다. 자국군을 구성하고 인민의 지지를 얻어내야 한다는 제언은 바로 이러한 관계 속에서 구성되는 힘에 대한 마키아벨리의 혜안을 보여주고 있다.

『군주론』의 교훈은 관계 속에서 권력이 산출됨을 지적하고 있다. 이것은 군주에게는 자기 권력의 노예가 되어서는 안 됨을 말하고 있는 것이다. 자기 권력만을 보았을 때는 관계에서 나오는 힘을 볼 수 없기 때문이다. 자신의 조그만 능력에 심취되어 그것을 통해 얻은 권력을 누리려고 하는 군주는 그 조그만 권력마저도 누리지 못할 것인 반면, 자신이 얻은 권력을 국가의 힘의 구성에 경주하는 이는 더 많은 권력을 얻을 것이다. 이러한 관계론적 권력관은 군주와 군주국의 관계에 대한 새로운 관점을 제공한다. 군주의 입장에서는 자신의 힘이 세어지는 것이 나라의 힘을 강화시키는 것으로 생각할 것이다. 하지만 상황은 그 반대로 군주가 너무 셀 경우 그 나라의 힘은 오히려 약해지는 것이다. 그리고 그것이 당시 이탈리아의 상황이었다. 군주의 힘과 군주국의 힘이 비례하는 것은 아닌 것이다. 이것은 군주의 비르투와 군주국의 비르투는 근본적으로 다르기 때문이다. 군주의 비르투와 그것으로부터 나오는 권력은 근본적으로 소유적이며, 독존적이다. 반면에 국가의 비르투는 관계적이다. 때문에 전자의 비르투는 능력은 있지만 덕이 없다는 말이 가능하다. 하지만 후자의 비르투는 사회적이며, 공존의 가치인 덕 없이 능력이 나올 수 없는 것이다.

군주의 비르투가 자신을 유지하기 위해서는 국가의 비르투를 활성화시켜야 한다. 그것은 선택의 문제라기보다는 생존의 문제이다. 자신의 유한성을 극복하기 위해서는 국가를 구성하는 관계적인 힘에 의존해야 하는 것이다. 힘은 독립이 아니라 의존에서 나온다는 것을 힘 있는 자는 정말 하기 힘든 생각이다. 마키아벨리는 살아남기 위해서는 힘의 의존적인 성격을 파악해야 함을 역설하고 있다. 신군주의 영웅적인 비르투도 예외는 아니다. 오히려 더 강한 비르투나 힘일수록 더 의존적인 것이다. 인간이 자원이고, 그들 간의 의존관계에서 권력이 생성된다는 것이 마키아벨리가 『군주론』에서 진정 하고 싶었던 이야기이다.

3. 『군주론』의 통치론: '건국'(建國)과 '치국'(治國)으로 이루어진 선정(善政)

마키아벨리의 통치론을 서술하고자 하는 이 절은 『군주론』에 등장하는 선정(buon governo; good government; 善政)이라는 단어에 주목한다. 동서고금을 통해 '좋은 정치', 즉 선정은 모든 통치의 목적이었다. 하지만 마키아벨리는 그의 『군주론』에서 선정이라는 말을 사용하지 않았을 것 같은 인상을 주어왔다. 권모술수나 악의 교사로서 마키아벨리는 선정이라는 말을 좋아하지 않았을 것 같기 때문이다. 하지만 마키아벨리는 선정이라는 단어를 사용한다. 체자레 보르지아의 로마냐 지방 평정(平定)을 서술하는 곳에서이다.[39] 그것은 혼란에서 질서를 세우는 과정으로, '건국'(建國)

39 마키아벨리의 선정은 분명 도덕정치는 아니었다. 영어나 우리나라 말의 '선한'이라는 형용사는 '착함' 등의 도덕적 의미를 지니고 있기도 하지만, '올바른'의 의미로 뒤에 오는 낱말의 맥락에 부합하는 객관적 의미를 지니고 있기도 하다. 우리말의 경우 선남선녀(善男善女)나 선용(善用)의 경우가 대표적인 예이다. 특히 『군주론』에서 buon(good)이 쓰이는 예들을 살펴보면, 이 글의 주제인 '선정'(buon governo) 이외에도 '확고한 권력기반'(buoni fondamenti alla potenzia), '좋은 군대'(buone arme), '좋은 법'(buone legge) 등등에서 보이는

과 '치국'(治國)의 과정으로 볼 수 있다.[40] 건국은 무질서의 원인인 사적 이익과 야망을 앞세운 귀족들의 전횡을 제어하는 과정이다. 반면 치국은 적나라한 권력관계의 대립을 제도화해가는 과정이다. 치국은 건국을 유지시키는 과정이다. 치국이 없으면 건국의 행위는 바로 무너지게 된다. 건국을 위해 필요했던 폭력의 사용과 권력의 독점 현상이 지속되면, 그것은 또 다른 불만과 반란을 야기하기 때문이다. 따라서 치국의 과정은 건국의 과정과는 달리 폭력을 제도화시키고 권력을 나누는 과정이다. 폭력의 독점과 그에 따른 사사화(私事化)가 건국의 과정에서 떼어놓을 수 없는 것이라면, 권력의 분점과 공공화(公共化)는 치국의 핵심 요소이다. 무질서에서 질서를 세우는 과정이 이렇게 두 과정으로 나누어지는 것은 정치와 권력의 재편 과정에 내재하는 다양한 세력 간의 관계 때문이다. 그 속에서 마키아벨리는 『군주론』의 정치를 바라보는 일관된 관점을 드러내고 있다. 그것은 정치체(body politic)의 관점으로 하나의 정치공동체는 여러 가지 세력으로 구성되어 있고, 그들의 관계 속에서 정치가 이루어진다는 것이다. 이렇게 볼 때 『군주론』은 군주의 일인극(一人劇)이 아니라, 인민·귀족, 그리고 군주가 같이 이루어나가는 한 편의 다중극(多重劇)인 것이다. 『군주론』은 군주 중심의 일방적인(unilateral) 관점의 저서가 아니라 다자적(multilateral) 관점의 저서였다. 군주는 무에서 유를 창조하는 인물이 아니라 제한된 상황 속에서 타인의 힘에 의존해야만 하는 존재인 것이다. 다른 세력들에 대한 이해 없이 자신의 주장과 의지만을 고집할 때 군주는 실패할 수밖에 없기 때문이다. 군주는 항상 위기 속에 있는

것처럼 주로 훌륭한 객관적 능력이나 성질을 표현하고 있다.

40 여기서 말하는 '건국'과 '치국'은 권력의 장악과 권력의 유지, 나아가 그것들을 통한 질서의 회복과 안정적 유지에 초점을 맞춘 개념이다.

것이며, 그것은 바로 세력관계 속에 위치하기 때문이다. 이 세력관계를 이루는 인민과 귀족 그리고 군주와의 관계는 정치에 내재적인 것이다. 그들 간의 대립과 긴장관계는 정치의 본질을 이루는 것으로 성가시다고 무시할 수도 그렇다고 제거할 수도 없는 것이다. 성공하기 위해서 군주는 자신을 비우고, 인민과 귀족의 이해관계 및 그들의 관점으로 자신을 채워야 하는 것이다.

군주를 적극적으로 해석하는 논의들은 군주의 뛰어난 역량을 관계 속에서 파악하기보다는 순전히 개인의 '영웅'적 능력으로 단순화시킨다. 이것은 군주 중심의 일방적(unilateral) 관계를 상정한다. 귀족과 인민들의 관계 속에서 항상 주변을 살펴야하는 군주가 아니라, 본인의 의지에 따라 상황을 만들어낼 수 있는, 굉장한 카리스마를 가지고 무에서 유를 창조하는 '창조자'로 나타나는 것이다. 그러나 마키아벨리는 『군주론』에서 굉장히 아슬아슬한 군주의 위치에 대해 말한다. 유연하지 못한 군주의 행동양식이 급변하는 정치세계 속에서 얼마나 연약한지에 대해 이야기한다.[41]

『군주론』은 인민을 위한 책이 아니라 군주를 위한 저서이다. 그러나 군주만이 아니라 인민 그리고 귀족이 모두 주인공인 저서이다. 군주의 권력을 유지하기 위해서는 군주의 수중에 권력을 집중시키는 것이 아니라, 권력을 나누어야 한다는 메시지를 담고 있는 저서이다. 건국의 과정에서 필연적인 폭력이나 권력의 독점은 군주의 지위를 위태롭게 하는 것이다. 권력을 나누고 공적인 제도를 만들어내는 치국의 과정은 군주의 지위 유지와 정치의 안정을 위한 필연적인 과정인 것이다. 이렇게 볼 때, 강력한 카리스마를 지닌 영웅으로서 통일 국가를 건설해야 하는

41 『군주론』 25장 참조.

군주를 위한 저서로 『군주론』을 바라보는 입장은 건국의 과정에만 논의를 집중시킨 것이다. 반면 군주를 위기해결자로 바라보는 해석은 치국의 과정을 중심으로 해석한 것이다. 그러나 이러한 공화주의적 해석은 치국의 과정을 『군주론』에서 찾지 않고 『로마사 논고』에서 찾고 있다. 따라서 치국은 『군주론』에서 발견할 수 없는 것으로 보는 것이다. 이것은 건국을 중심으로 바라보는 『군주론』 해석과 크게 다를 바가 없는 것이다. 다른 것은 단지 『로마사 논고』를 통해 마키아벨리의 소위 '본심'을 옹호하고자 하는 것뿐이다.[42]

다음에서는 우선 『군주론』 이전의 선정론을 살펴볼 것이다. 그 다음으로는 『군주론』에 나타난 선정론의 특징을 보르지아의 행적을 통해 살펴보고, 그것이 건국과 치국의 두 과정으로 이루어져 있음을 밝힐 것이다. 나아가 선정은 건국과 치국의 두 과정이 반드시 연결되어 있어야 하며, 그것은 귀족과 인민 그리고 군주가 밀접히 연관되어 있는 『군주론』의 정치세계의 특징임을 서술할 것이다.

1) 『군주론』 이전의 선정론

이 절에서는 암브로지오 로렌체티(Ambrogio Lorenzetti)의 「선정과 폭정」(*buon governo e mal governo*), 그리고 지롤라모 사보나롤라(Girolamo Savonarola)의 「피렌체 정체론」(*Trattato sul Governo di Firenze*; Treatise on the Constitution and Government of the City of Florence)을 중심으로 『군주론』 이전의 선정론을 다룰 것이다.

---

42 『군주론』 해석의 제 입장에 대해서는 본 책의 1장 참조.

「선정과 폭정」은 이탈리아 시에나(Siena)시의 시청 건물(Palazzo Pubblico)에 있는 '평화의 방'(Sala della Pace)에 그려진 프레스코 벽화이다(위의 두 그림 참조).[43] 암브로지오 로렌체티에 의해 1337년에서 1339년 사이에 그려진 것이다. 방의 벽을 둘러싸고 있는 벽화는 크게 두 부분으로 이루어져 있다. 하나는 선정에 대한 상징적 묘사와 그로 인해 평화롭고 안정된

43 벽화에 대한 자세한 설명은 스탄(Starn, 1994) 참조.

삶을 누리는 시민들의 모습을 그리고 있다. 다른 하나는 폭정의 결과로 분열과 전쟁 속에서 피폐해진 도시의 모습을 표현하고 있다. 이 그림들이 보여주는 여러 가지 모습 중에서 관심을 끄는 것은 선정에 대한 묘사이다. 선정을 나타내는 그림의 정중앙에 위치한 '평화'(Pax)를 상징하는 여인의 모습은 그 옆의 '정의'(Iustitia)와 '조화'(Concordia)를 상징하는 여인들의 모습과 함께 선정은 정의와 조화를 구현하여 궁극적으로 평화를 가져오는 것임을 나타낸다. 그런데 이러한 평화는 전통적인 덕성들(virtues)에 의해 가능한 것이었다. 이것은 그림의 오른쪽에 묘사된 인물들로 표현된다. 다른 인물에 비해 확연히 더 큰 모습으로 앉아 있는 군주는 시에나 시 혹은 그 공공선을 상징하는 것이다.[44] 그의 좌우에 앉아 있는 다섯 명의 왕비들은 각각 '용맹'(Fortitudo), '지혜'(Prudentia), '관대'(Magnanimitas), '절제'(Tenperantia), 그리고 '정의'(Iustitia)를 상징한다. 여기에 시에나를 표현하는 군주의 위에 있는 천사들은 '믿음'(Fides), '소망'(Spes), 그리고 '사랑'(Caritas)을 표현한다. 전통적인 '7추덕'(樞德; cardinal virtues)에 '관대함'을 포함한 8개의 덕에 기반하여 공공선을 추구하는 정치가 '선정'이라는

44 그 군주의 어깨를 둘러싸고 C. S. C. V가 새겨져 있다. 이것은 Commune Senarum, Civitas Virginis의 약자로 "시에나 도시 공동체, 성모 마리아의 도시"를 뜻하는 것이다. 이 군주의 모습을 한 인물이 무엇을 뜻하는 지에 대해서는 세 가지의 견해가 있다. 우선 시에나 자체를 의미한다는 입장이 있으며, 그 다음으로 공공선을 대변한다는 입장, 마지막으로 정의를 수호하고, 공공선을 대변해야 하는 임무를 지닌 도시 정부(signoria)를 의미한다는 입장이다(Skinner, 1999, 9). 논쟁은 주로 두 번째와 세 번째 입장 사이에서 이루어졌다. 공공선을 대변한다는 입장은 루빈스타인에 의해 대표된다(Rubinstein, 1958). 그는 중세 후기 아리스토텔레스 정치사상의 수용 및 아퀴나스 정치사상에서 강조되는 공공선 이론에 의존하여 이를 해석하고 있다. 반면 스키너는 정의와 공공선에 복무해야 하는 정부를 표현한다는 입장을 대변한다(Skinner, 1986). 그는 루빈스타인과는 달리 로마 공화주의 정치사상가들의 영향을 받은 초기 인문주의자들의 정치사상이 그림에 반영되어 있다고 본다. 스키너가 보기에 로렌체티의 그림은 '그리스'의 영향이 아니라, '로마'의 영향을 받았다는 것이다(Skinner, 1986, 56).

것이다.

반면 또 다른 벽면에 묘사된 폭정은 '탐욕'(Avaritia), '교만'(Superbia), 그리고 '허영'(Vanagloria)에 인도되어, '잔인'(Crudenlitas), '배신'(Proditio), '기만'(Fraus), '광기'(Furor), '분열'(Divisio), 그리고 '전쟁'(Guerra)을 거느리게 된다. 이런 폭정 하에서는 그림에 나타나듯이 정의는 폭정 앞에 무릎을 꿇고, 시민들은 서로를 약탈하며, 도시는 끊임없는 전쟁 속에서 파괴되어 버리는 것이다. 선정이 행해지는 곳에서는 '안정'(Securitas)이 지배하는 반면, 폭정의 도시에서는 '공포'(Timor)가 만연하게 되는 것이다.

'선정'과 '폭정'의 뚜렷한 대비 속에서 로렌체티는 당시에 일반적으로 통용되는 정치관을 그대로 보여주고 있다. 선한 인간 혹은 선한 정부에 의해 도덕적으로 행해지는 정치가 좋은 정치이다. 통치 주체의 선함을 담보하는 것은 '추덕'들을 가지고 있는가에 달려 있는 것이며, 그럴 때만이 사익(私益)만을 위한 정치를 극복하고, 공공선을 위한 정치를 행할 수 있다고 보는 것이다.[45]

덕에 의한 정치를 선정의 핵심으로 바라보는 관점은 마키아벨리의 동시대인이었던 사보나롤라에게서도 나타난다. 사보나롤라에게 정부의 목적은 인민들의 조화와 평화로운 삶이었다. 이것을 위해서는 공공선의 추구가 정부의 가장 근본적인 목적이어야 하며, 사익의 추구는 반대의 결과를 가져온다고 보았다. 공공선의 추구가 선정의 여부를 결정하는 것이었다.[46] 공공선을 추구하는 정부 형태로는 왕정·귀족정 그리고

45 7추덕에 입각한 정치는 당시 공화정제의 정치이념이었을 뿐만 아니라 군주제에도 적용되는 것이었다. '군주의 귀감'(Speculum Principum)에 관한 일련의 저작들에서 군주는 추덕을 행해야만 올바른 정치를 펼 수 있다고 주장되었다(Rubinstein, 1982, 172). 중세 말과 르네상스기에 유행했던 그러한 저작들과 『군주론』을 비교·분석한 것으로 길버트(Gilbert, 1938) 참조.

시민정부가 있을 수 있다고 보았다. 그런데 인민들의 화합과 평화를 위해서는 분산된 권력보다 통합된 권력이 더 효과적이기에 왕정이 가장 좋다고 본다. 그러나 각 공동체는 고유의 역사와 전통 그리고 특징들을 가지고 있기에 개별적인 상황을 고려해야 함을 언급한다. 이렇게 볼 때 피렌체는 시민정부의 전통을 가지고 있기에 그것이 가장 적당하다고 본다. 그렇다면 피렌체 같은 도시에서 시민정부를 이룩하고 폭정을 방지할 수 있는 길은 무엇일까? 사보나롤라는 시민들은 부보다는 지위와 명예를 더 원한다고 본다. 그것들이 한 사람에 의해 좌지우지될 때, 시민들은 자발적으로 복종하여, 폭군을 만들게 될 것이라고 말한다. 이것을 방지하고자 지위와 명예를 배분하는 권력을 많은 시민들이 참여하는 공적인 제도에 두고자 했는데 그것이 바로 '대평의회'(Great Council)이다. 그런데 사보나롤라는 이러한 제도는 궁극적으로 하나님께서 명하셨기에 만들어질 수 있는 것임에도 불구하고, 하나님께서는 우리 인간들에게 지성과 자유의지를 부여하셨기에 그것들을 사용하기를 원하신다고 말한다. 다시 말해 앞서 언급한 제도만으로는 선정을 만들기에 부족하다는 것이다. 선정을 완성시키기 위해 반드시 필요한 조건들이 있는데 그것이 바로 시민들이 가져야 하는 4개의 덕들이다: '하나님에 대한 두려움'(Fear of God), '공공선에 대한 사랑'(Love of the common good), '시민상호 간의 신뢰와 사랑'(Love of one another), 그리고 '정의'(Justice)(Savonarola, 1978, 254~255)가 그것이다. 사보나롤라에게 있어서도 '덕치'(德治)가 '선정'의 근본이었던 것이다.

46 "한 정부가 공공선에서 멀어질수록 그것은 나쁜 정부가 되는데, 그 이유는 공공선이 실로 모든 선정의 목표이기 때문이다"(perchè essendo il ben commune fine di ogni buono governo [······])(Savonarola, 1978, 239).

로렌체티의 프레스코 벽화와 사보나롤라에서 나타난 '선정'은 '폭정'과의 대비 속에서 그 모습을 분명히 드러낸다. 공공선을 추구하고 덕 있는 행위를 통해서만 선정은 이루어질 수 있는 것이다. 이에 반해, 사익을 추구하고, 부덕한 행위가 만연하게 될 때 폭정은 극에 달하게 되는 것이다. 이처럼 공공선과 추덕이 정치를 바라보는 기준이 될 때, 좋은 정치는 덕을 갈고 닦으면 되는 것으로 단순화된다. 그리고 이러한 덕치는 행위주체의 선한 의도만을 강조하게 만든다. 그 의도가 어떤 결과로 나타나는가에 대한 문제의식은 자리를 잡을 수가 없는 것이다. 왜냐하면 덕은 진실하고 선한 의지에 있기 때문이다. 이런 관점에서 보면 폭정의 형태도 폭군의 반도덕적 성격과 그 행위에 강조점이 주어지게 된다. 폭정을 묘사할 때 나타나는 야욕·질투·독점욕 등등의 개념은 모두 폭군의 부덕한 성격을 표현하는 용어인 것이다. 선정의 한 형태인 군주제도 실은 군주에게 권력이 집중되는 경우이다. 폭정과의 차이는 그 군주가 덕을 지녔는지의 여부에 따른 것이다. 권력의 집중이라는 물적 기반이 폭군을 나을 수 있는 핵심요소임에도 덕의 관점에서 정치를 볼 때, 정치는 그 현실적인 기반은 무시된 채 단지 도덕률에 의해 구분되어지는 것이다. 현실의 복잡성이 도덕률의 단순화에 묻혀버리는 것이다. 그러나 덕치의 기준을 벗어버리면 선정과 폭정의 단순한 이분화는 무너지게 되고, 폭정과 선정의 다양한 계기가 새로운 선정론에 결합되게 된다. 그것은 마키아벨리의 선정론에 잘 나타나 있다.

2) 『군주론』의 선정론

마키아벨리는 『군주론』 7장에서 체자레 보르지아의 행적에 대해 긴 설명을 할애한다. 아버지였던 교황 알렉산더 6세의 호의로 교황군 사령관에 오르고, 그의 후원 아래 주변 영토를 복속해가는 가운데 보르지아는 프랑스군과 군벌들의 힘을 빌리게 된다. 자기 군대에 의지하지 않고 타인의 무력에 의지할 때 나타날 수 있는 허약한 기반을 체험한 보르지아는 자기 군대의 육성에 힘을 쏟게 되고 그 와중에 일어난 일이 시니갈리아(Sinigalglia) 사건이다. 이 사건을 통해 체자레 보르지아는『군주론』의 주인공이자 마키아벨리의 악명을 증명하는 대표적인 예로 뽑히게 된다. 이 사건의 핵심은 자신의 힘이 부족할 때 그것을 극복하기 위해 속임수로 상대방을 제어하는 것이다. 보르지아는 자신을 도와주면서도 충성을 받치지 않는 군벌을 제거하기 위해 시니갈리아로 그들을 유인한다. 그러나 그것은 속임수였다. 화해의 손짓에 마음을 놓은 대장들은 매복 중이던 보르지아의 수하들에 의해 일거에 제거되어버린다. 이후 보르지아는 자신의 확고한 권력 기반을 마련하게 되는데, 그 이유를 설명하는 부분이 우리의 관심을 끄는 부분이다. 대장이 없어진 군대를 포섭하여 자기 군대로 흡수한 것도 그 한 이유이겠지만, 마키아벨리는 우르비노 공국과 로마냐 지역을 장악한 후 로마냐 지역의 주민들이 번영을 누리게 되자 보르지아를 따르게 된 것을 그 정치행위의 핵심으로 파악한다. 그리고 그것에 대한 설명에서 마키아벨리는 "선정"(buon governo)이라는 단어를 사용한다.

마키아벨리가 "다른 사람들이 모방할 가치가 있는" 정책으로 제시한 것은 실은 시니갈리아 사건보다는 보르지아가 로마냐 지방을 점령한 후 행한 선정이었다. 그것은 자신들의 사익만을 위해 자신들의 신민들을 약탈하는 지방 영주들을 제어하고 무질서에서 질서를 세운 것이다. 나아가 시민재판소를 설치하고 법률가를 파견하여 법치의 근간을 마련한 것이었다.

그[보르지아: 필자]가 이 지역에서 시행한 정책은 알릴 만하고, 다른 사람들이

> 모방할 가치가 있기 때문에, 저는 이에 대한 논의를 생략할 수 없습니다. 로마냐 지방을 점령한 후, 공작은 무능한 영주들이 그곳을 다스렸다는 것을 발견했습니다. 예전의 영주들은 신민들을 올바르게 다스리기는커녕 약탈의 대상으로 삼았으며, 그 때문에 영주들 스스로가 질서보다는 무질서의 근원이었습니다. 그 결과, 그 지역은 도둑질, 싸움 그리고 온갖 불법적인 행위가 횡행하고 있었습니다. 그는 그 지역을 평정하고 주민들을 그의 군주적 권위에 복종시키기 위해서 선정(buon governo)을 베풀 필요가 있다고 생각했습니다. 따라서 그는 레미로 데 오르코라는 잔인하지만 정력적인 인물을 그곳에 파견하고 그에게 전권을 위임했습니다.
>
> 레미로는 단기간에 질서와 평화를 회복했으며, 가공할 만한 명성을 얻었습니다. 나중에 공작은 레미로의 너무 큰 권력이 반감을 살 염려가 있기 때문에 바람직하지 않다고 생각하게 되었습니다. 따라서 공작은 그 지역의 중심부에 저명한 재판장이 관장하는 시민재판소(iudizio civile)를 설치하고, 각 도시로 하여금 법률가를 파견하게 했습니다. (Machiavelli, 2008, 53)

여기서 보르지아가 행한 선정의 과정은 두 단계로 나눌 수 있다. 우선 보르지아는 영주의 극단적 사익 추구와 약탈에서 무질서의 원천을 파악하고 그것을 제어하려고 하였다. 그러나 그들의 힘이 너무도 강하였기에 평범한 수단으로는 어렵다고 파악하여 "잔인하지만 정력적인 인물이었던" 레미로 데 오르코를 파견하여 단기간에 평화와 질서를 회복한다. 그러나 그 질서와 평화는 한 사람에 집중된 강권을 통해 이루어졌기에 불완전한 것이었다. 그것을 극복하기 위해 보르지아는 시민재판소를 설치하게 된다. 이 두 과정을 요약하자면 첫 번째 과정은 무질서에서 질서를 세우기 위해 강력한 강권이 행사된 경우이며, 두 번째의 과정은 무질서의 극복 후 질서의 안착(安着)을 위해 독점적 강권을 해체하고 공공제도를 통해 힘의 균형을 꾀하고자 한 것이다.

(1) 질서를 세우는 '건국자'(建國者)로서 군주

군주국의 성립을 귀족과 인민의 세력관계에 입각해 사고하려고 했던 마키아벨리에게 정치는 관계적이었고, 그 관계는 때와 장소에 따라 달랐다. 마키아벨리의 정치관이 도덕주의를 거부하고 맥락에 충실할 수 있었던 것은 바로 여기에 원인이 있었다. 이러한 맥락에 대한 사고는 마키아벨리로 하여금 군주국을 세우는 데 두 단계를 구분하게 만든다. 그 첫 단계는 "지배자가 되고자 노력하는 단계"이며, 두 번째는 "이미 지배자가 된" 후의 단계이다.[47] 전자는 귀족의 힘이 더 우월하기에 인민에 의지해 군주국을 세워야 하는 시기이며, 후자는 인민의 지지에 기반해 강력한 군주 권력을 만들고 나서 인민과 귀족의 긴장을 중재할 공적 제도를 만들어내는 시기이다. 세력 간의 역관계가 변화하기 때문에 그 과제와 대처 방법도 다를 수밖에 없는 것이다.

우선 새로운 질서를 만들어야 하는 첫 단계를 살펴보면 외세의 압제에 의한 것이든 귀족의 전횡에 의한 것이든 인민들의 삶은 거의 나락에 빠져 있는 경우이다. 마키아벨리가 신군주의 모범으로 제시한 모세, 키루스, 로물루스 그리고 테세우스는 모두 이러한 상황에 처해 있던 인물들이었다.[48] 불평등과 힘의 불균형 하에 기득권자들을 제어하고 새로운 질서를 도입하기 위해서는 뛰어난 역량이 필요했는데, 그것이 『군주론』의 1장부터 26장까지를 관통하고 있는 핵심 주제들 중의 하나인 정치적 역량(virtù) 개념이다. 그런데 기존의 역량 개념에 대한 연구는

47 마키아벨리는 『군주론』 16장에서 인색함이 군주에게 좋은가 나쁜가를 설명하면서 이 두 단계를 구분하고 있다(Machiavelli, 1008, 110).

48 『군주론』 6장과 26장 참조.

주로 역량의 내용이 무엇을 지시하는지 등에만 초점을 맞추어왔다. 정치적 의미만을 강조하여 분석하거나 군사적 함의만을 강조하는 식이었다.[49] 그런데 본 장의 문제의식에서 마키아벨리의 역량 개념을 다시 살펴보면 그것은 인민의 지지를 얻어내고, 유지해내는 군주의 능력임을 알 수 있다. 다시 말하면 정치 상황의 핵심을 주요 세력들 간의 역관계 속에서 파악해내고, 귀족들보다는 인민들에 의지하는 것만이 난국타개의 유일한 해결책임을 아는 지혜와 그것을 성취해낼 수 있는 능력인 것이다. 여기서 군주의 역량은 귀족과 인민을 상대하는 능력이다. 무절제의 권력을 사용하는 귀족을 제어하고, 인민들의 지지를 얻어내는 것은 보통의 지혜와 능력으로는 불가능하였고, 안일한 자세나 기존의 도덕관으로는 더욱 힘든 것이었다.

속임수에 대한 인정은 바로 기존의 귀족들에 비해 힘이 턱없이 모자란 상태에 놓여 있던 군주의 상태를 반영하는 것이다. 체자레 보르지아의 경우를 비롯해 『군주론』에 나오는 많은 속임수의 예는 힘의 열세 속에서 기득권을 가진 귀족들이나 군벌들을 제압하기 위해 사용된 것이었다. 이러한 기만책을 직접적으로 다룬 『군주론』 18장에서 마키아벨리는 싸움의 방법에 두 가지 방도가 있음을 언급한다. 하나는 인간의 방식으로 법률에 의거하는 것이고, 다른 하나는 짐승의 방식으로 힘에 의거한 것이다. 이 짐승의 행동 방식을 모방함에 있어서 마키아벨리는 사자와

49 마키아벨리의 저작에 나타난 비르투에 대한 연구는 크게 두 가지로 나눌 수 있다. 하나는 그것의 성격을 규명하는 것으로, 그 정치적 그리고 군사적 성격과 함께 탈도덕적 성격을 강조하는 논문들이다(Wood, 1967; Hannaford, 1972; Price, 1973). 이것이 비르투의 '개념'에 초점을 맞춘 것이라면, 다른 하나는 비르투의 '문제 지향적인' 특징에 초점을 맞춘다. '무엇'보다는 '어떻게'에 강조점을 둔 것으로, 비르투는 상황과 문제에 따라 각기 다르게 그것을 '잘' 해결하는 능력이라는 것이다. 이에 대해서는 칸(Kahn, 1986) 참조.

여우의 기질이 모두 필요함을 역설한다. 그러나 사자의 용맹과 기개보다 여우의 교활함이 18장에서 더 강조되는 이유는 군주를 둘러싼 상황이 순탄하지 않기 때문이다. 군주의 권력 기반이 미약한 상황에서 그에 대한 도전이 항상 잠복해 있기 때문이다. 몰락하지 않기 위해서는 어쩔 수 없는 상황인 것이다.[50] 이러한 상황에 맞는 행동의 필요성 속에서 인자함보다는 잔인함을 강조하게 된다. 『군주론』 17장에서 마키아벨리는 체자레 보르지아의 잔인함이 로마냐 지역에 질서를 가져왔음을 강조하면서 피스토이아의 내분을 방치함으로써 더 큰 피해를 부른 피렌체의 서툰 자비를 비판한다. 귀족들의 전횡 및 그들 간의 내전으로 질서가 파괴된 상황 속에서 자비는 잔인함이 되고, 잔인함은 진정한 자비가 되는 것이다. 소수의 귀족들에 의해 다수의 인민과 공동체가 피해를 보는 상황 속에서 현명한 잔인함의 필요성을 마키아벨리는 다음과 같이 강조한다.

> 현명한 군주는 자신의 신민들의 결속과 충성을 유지할 수 있다면, 잔인하다는 비난을 받는 것을 걱정해서는 안 됩니다. 왜냐하면 너무 자비롭기 때문에 무질서를 방치해서 그 결과, 많은 사람이 죽거나 약탈당하게 하는 군주보다 소수의 몇몇을 시범적으로 처벌함으로써 기강을 바로잡는 군주가 실제로는 훨씬 더 자비로운 셈이 될 것이기 때문입니다. 전자는 공동체 전체에 해를 끼치는 데에 반해 군주가 명령한 처형은 단지 특정한 개인들만을 해를 끼치는 데에 불과할 뿐입니다. 그리고 신생 국가는 위험으로 가득 차 있기 때문에, 군주들 중에서도 특히 신생 군주는 잔인하다는 평판을 피할 수가 없습니다. (Machiavelli, 2008, 112～113).

50 "자신의 권력을 유지하기 위해서, 그는 종종 신의 없이, 무자비하게, 비인도적으로 행동하고 종교의 계율을 무시하도록 강요당하기 때문입니다"(Machiavelli, 2008, 121).

실로 마키아벨리에게 귀족은 당시 모든 혼란의 근원이었다. 로마냐 지방의 무질서를 초래했던 이들은 영주들이었고, 교황국에서 파벌을 조장해서 교황의 힘을 약화시켰던[51] 이들은 군벌들과 추기경들이었던 것이다. 나아가 당시 피렌체뿐만 아니라 이탈리아의 여러 나라들의 정변을 불러일으켰던 음모는 모두 귀족에 의한 것들이었다. 이탈리아 문제의 핵심에는 귀족이 자리 잡고 있었던 것이다. 마키아벨리는 이탈리아의 군주들이 어떻게 나라를 잃게 되었는지를 설명하는 『군주론』 24장에서 그 이유를 두 가지로 설명한다. 첫째는 그들 모두가 군사적으로 허약했다는 것이다. 둘째는 인민의 지지를 유지하고 귀족을 다루는 방법을 몰랐기 때문이다. 인민이 군주에 적대적인 나라와 귀족을 다룰 줄 모르는 군주는 몰락할 수밖에 없었던 것이다(Machiavelli, 2008, 160).

군사적 취약성 또한 귀족들과 관련이 있었다. 『군주론』에서 강조하듯이 이탈리아의 나약함은 원군에 의지하거나 아니면 용병을 사용하였기 때문이다. 명령권이 자국의 군주에 있지 않고 타국의 군주에 있는 원군은 그들의 용맹함이 오히려 원군을 요청한 나라에 해가 되었고, 원군의 승리는 요청국의 승리라기보다는 원군을 보내준 군주의 승리였던 것이다. 나아가 용병은 자신들의 이익을 위해 싸우는 군대였지 고용국의 이익은 뒷전이었다. 거기다 용병대장의 야심은 전쟁에서의 승리를 이용해 적국이 아니라 고용국을 정복하는 데까지 나아가게 된다.[52] 이러한 폐해들로

51 한편 마키아벨리는 『군주론』 12장에서 이탈리아의 힘을 약화시킨 대표적인 요인으로 용병의 도입을 언급하면서 그 주된 이유를 교황의 탓으로 돌린다. 이러한 언급에 기대어 스콧과 설리번은 보르지아가 행했어야 했던 일은 부모 살해였음을 언급한다(Scott/Sullivan, 1994). 그러나 교황의 분열책에 호응하여 각국에서 사익의 전횡을 일삼고 심지어는 교황국에서조차 교황의 힘을 약화시켰던 이들은 귀족세력들이었다.

인해 인민들로 구성되는 자기 군대를 만들어야 한다는 요구가 끊이지 않고 일어났지만 그 일의 진행은 더디기만 했는데 그것은 귀족들이 주저했기 때문이다. 인민들에게 나누어준 무기가 자신들을 겨눌 것을 두려워한 귀족들이 지배권을 유지하고자 끝까지 반대했던 것이다.

이러한 귀족들을 제어하기 위해서는 공동체를 구성하는 또 다른 한 축이자 귀족들이 지배하려고 하는 인민들에 의지해야 하는 것이다. 그런데 인민들에 의지한다는 것은 군주의 운명을 인민에 전적으로 위임하는 것은 아니었다. 인민은 군주의 행동 여하에 따라 언제든지 변할 수 있기 때문이다. 문제는 인민의 지지에 기반하여 인민과 하나가 된 군주의 힘을 키우는 것이었다. 그리고 그 문제 해결의 관건은 군주가 자신의 이익이 아니라 인민의 이익을 중심으로 사고하는 것이었다. 『군주론』에서 서술되는 인민은 귀족과는 달리 자신의 이익을 인식하고 목적의식적으로 행동하는 이들이 아니었다. 그들은 기본적으로 지배하려고 하기보다는 자유롭게 살기를 원하는 이들이다.[53] 권력욕이나 야망보다는 자신의 재산을 지키고 눈앞의 이익에 만족하며 사는 평범한 인민들인 것이다. 또한 공동체 구성원의 다수를 이루는 것도 인민들인 것이다. 야망을 통해 군주의 지위를 언제든지 노릴 수 있는 미심쩍은 귀족보다는 인민에 의존하는 것이 강고한 기반을 구축하는 데 더 유리하였다. 그러나 그런 인민들 또한 때로는 불만을 갖기도 하고 무례함도 내보이는 변덕스러운 존재이다.[54] 귀족을 다루는 법뿐만 아니라 인민을 다루는 법을 알아야 한다고 말한 마키아벨리의 언급은 바로 이러한 인민의 성정을 모르고

---

52 프란체스코 스포르차가 밀라노 공국의 군주가 된 것이 대표적인 예이다. 무질서와 정변을 일으킨다는 측면에서 용병대장들의 야심은 귀족들의 야심과 일맥상통한다고 볼 수 있다.

53 『군주론』 9장 참조.

54 변덕스러움에 대해서는 『군주론』 6장을, 무례함은 『군주론』 19장 참조.

단순하게 접근했을 때 낭패를 볼 수 있음을 지적한 것이다.

마키아벨리는 사보나롤라의 경우를 통해 인민들의 지지가 얼마나 쉽게 바뀔 수 있는지를 보았다. 예언자 모세는 사보나롤라의 대척점에 서 있는 인물이었다. 사보나롤라가 예언과 설교로 위기 속에서 좌표를 잃고 있었던 피렌체 인민들의 전폭적인 지지를 얻어내었던 것은 모세가 이집트에서 억압받고 있던 이스라엘 인민들을 구출해나올 때와 유사했다. 그러나 사보나롤라는 교황의 방해와 귀족들의 견제를 막아내지 못했던 반면, 모세는 자신에게 저항하는 이스라엘인들을 죽임으로써 결국은 나머지 이스라엘인들을 가나안 땅까지 인도할 수 있었다. "무기를 든 예언자는 모두 성공한 반면 말뿐인 예언자는 실패했다"라는 말은 인민의 지지는 말로 얻어낼 수 있지만 그것을 유지하는 데는 무기의 도움도 필요함을 지시하는 것이었다.[55] 군주는 사랑도 받고 두려움의 대상도 되어야 하지만 그것이 불가능하다면 후자를 선택하는 것이 훨씬 안전하다는 권고도 이러한 배경에서 나온 것이다. 두려움과 경외감은 사랑보다 인민을 붙잡아둘 수 있는 더 효과적인 수단인 것이다.[56] 여기서 "인민을 부리는 법"의 필요성이 나온다. 인민들의 지지는 영구적인 것이 아니었다.[57] 그것은 군주가 끊임없이 관리하고 주의를 기울여야만 하는 것이었다. 기존의 도덕정치관을 전복시키는 충고는 도덕정치로는 인민들이

55 『군주론』 6장 참조.

56 『군주론』 17장에서 마키아벨리는 인간 일반의 예를 들어 설명하고 있으나 그것은 인민에게도 정확히 들어맞는 것이라고 볼 수 있다: "인간은 두려움을 불러일으키는 자보다 사랑을 베푸는 자를 해칠 때에 덜 주저합니다. 왜냐하면 사랑이란 일종의 감사의 관계에 의해서 유지되는데, 인간은 악하기 때문에 자신의 이익을 취할 기회가 생기면 언제나 그 감사의 상호관계를 팽개쳐버리기 때문입니다. 그러나 두려움은 항상 효과적인 처벌에 대한 공포로써 유지되며, 실패하는 경우가 결코 없습니다"(Machiavelli, 2008, 114).

57 『군주론』 9장 참조.

만족을 못하기 때문이다. "인간이 어떻게 살아야 하는가"가 "인간이 어떻게 사는가"와 다른 이유는 인민들이 전자에 처음에는 감명을 받고 만족을 할지라도 시간이 지남에 따라 후자의 요구, 즉 현실의 욕구가 충족되지 못할 때는 등을 돌리기 때문이다. 관후함과 인색함의 비교는 바로 이러한 사실을 입증하는 것이다. 관후함이란 덕을 실천하기 위해서는 씀씀이가 늘어날 수밖에 없고, 그것은 재정고갈을 가져와 결국은 세금을 중과하게 될 것이다. 무거운 세금은 결국 인민의 민심을 이반시키는 결과를 가져오게 할 것이다.

> 관후하다는 평판을 얻으려고 한다면, 사치스럽고 과시적으로 재물을 써야 할 것입니다. [……] 그리고 그가[군주: 필자] 계속해서 그런 평판을 원한다면, 그는 궁극적으로 탐욕적이 되고, 인민에게 아주 무거운 세금을 부과하게 되며, 가능한 모든 수단을 동원하여 인민들을 수탈하지 않을 수 없습니다. 그리하여 그는 신민들에게 미움을 받기 시작할 것이며, 또한 궁핍해졌기 때문에 별로 존경을 받지 못하게 될 것입니다. (Machiavelli, 2008, 108~109)

결국 인민은 군주의 선한 동기나 그의 훌륭한 성품보다는 결과에 좌우되는 것이다. 물론 좋은 성품과 덕을 가지고 있는 것이 나쁠 수는 없다. 그러나 중요한 것은 좋은 성과와 그것이 인민들에게 이익을 가져다 주는 것이냐 하는 것이었다. 이러한 소위 결과주의는 군주와 인민간의 거리에서 나오는 것이었다. 인민들은 군주를 직접 대면하고 그의 참모습을 접할 기회가 거의 없다. 군주 개인의 진면목을 보고 이해하는 것이 아니라, 그를 멀리서 바라보고 그가 하는 정치의 결과만을 보고 들을 뿐인 것이다. 인민은 멀리서 바라보는 군주의 외양과 군주가 행하는 정치의 결과만을 접하는 것이다. 진실보다는 보이는 것이 중요하고,

의도보다는 결과가 중요하다는 마키아벨리의 언급은 인민을 상대해야 하는 군주에 대한 충고인 것이다.[58]

이렇게 볼 때, 인민의 지지를 유지하는 법은 인민들로부터 충성과 동시에 두려움을 확보하는 것이었다. 이것은 자유롭게 살고자 하는 인민들을 지배하고 수탈하려는 귀족들을 제압하는 것으로부터 시작되었다. 나아가 군주의 행위 또한 중요하였다. 귀족을 제압한 후 자신이 수탈자가 되어서는 안 되었다.[59] 그들의 재산과 명예에 해를 끼치지 않는 것이 중요하였다. 그런데 귀족을 제어하고 인민의 지지를 유지하는 것은 그리 간단한 일이 아니었다. 의도와는 다른 결과가 나올 수 있기 때문이다. 앞에서 보았듯이 인민들에게 호의를 보이기 위해 관후함이라는 덕을 베풀었다가는 나중에 인민들을 착취하게 되어 미움을 살 수도 있는 것이다. 사랑받기보다는 두려움을 받아야 하는 것도, 그리고 자비롭지 못하고 잔인하다는 평판을 감수해야 하는 것도 도덕과 의도의 선함이 좋은 결과를 가져오지는 않기 때문이다. 인민에게는 군주의 도덕성은 느낄 수 없고 오로지 결과만이 보이기 때문이다. 이러한 의도와 결과의 불일치 가능성을 내다볼 줄 아는 능력은 뛰어난 군주의 필수 자격요건이라고 할 수 있다. 그리고 그것에 대처하는 방법도 알고 있어야 했다. 그것은 상황에 맞게 대처하는 유연성이었다. 늑대에 맞서는 사자의 능력을 보여주고, 사자를 함정에 빠뜨리려는 이들과 상황에는 그것을 알아차리는 여우의 수완을 발휘해야 하는 것이다. 인민을 보호하기 위해 취한 불가피한 행위에 대해 인민이 받아들이지 못하고 미움을 품을 수 있다는 것을 알고 거기에 대처하는 능력이 바로 이것에 포함되는 것이다. 귀족을

---

58 『군주론』 18장 참조.

59 『군주론』 17장 참조.

제어하고, 인민을 보호하기 위해 새로운 질서를 세우려는 군주는 강력한 수단을 사용해야 했다. 그러나 인민이 그 과정에서 불만을 품을 수 있음을 아는 군주만이 강력한 군주가 될 수 있는 것이다.

(2) 질서를 유지해야 하는 '치국자'(治國者)로서 군주

이 절에서는 질서를 세우는 단계 이후에 질서를 유지시켜야 하는 단계에 대해 살펴보도록 하겠다. 그런데 질서를 유지시키는 단계가 달라야 하는 논리는 그 전 단계에 내재해 있다. 무질서의 원인으로서 귀족의 막강한 권한과 그것의 남용을 제어하고 수탈당하는 인민을 보호하기 위해서는 극단적이고 강력한 수단을 쓸 수밖에 없었다. 그런데 그 과정에서 사용된 강력한 수단에 대해 인민은 불안을 느끼고 그것을 미워하는 감정을 가지게 된다. 귀족의 권력 독점과 폭력을 제어하고 질서를 세우기 위해 사용될 수밖에 없었던 군주의 폭력적인 강권은 이제 그것으로 인해 이득을 본 인민에 의해 거부되는 것이다. 그것을 간파했던 이가 바로 체자레 보르지아였다. 앞서 언급했듯이 보르지아는 로마냐 지역의 혼란을 잠재우기 위해 레미로 데 오르코라는 잔인한 인물을 보내 단기간에 귀족을 제어하게 하였다. 그러나 그 과정에서 그가 사용한 폭력과 전권은 인민의 미움을 사고 있었던 것이다. 인민의 반감을 무마시키기 위해 보르지아가 행한 것은 전권을 행사한 데 오르코를 참수시키고, 시민재판소를 설치한 다음에 각 도시를 대표하는 법률가를 파견하게 한 것이었다. 여기서 눈여겨볼 것은 시민재판소라는 공적 기관을 통해 갈등을 제도화시키려고 한 것이다.

계속되는 폭력에 불안을 느끼는 인민들의 마음을 간파한 것이었다. 효율적인 폭력 사용을 인정하는 『군주론』 8장에서 마키아벨리는 폭력이 불가피할 때가 있지만 그것이 반복적으로 사용될 때는 역효과를 가져옴을

설파한다.

> 따라서 정복자는 국가권력을 탈취한 후에 그가 저지를 필요가 있는 모든 가해행위에 관해서 결정해야 하며, 모든 가해행위를 일거에 저질러서 매일 되풀이할 필요가 없도록 조치해야 한다는 점을 명심해야 합니다. 그렇게 하면, 그는 절제를 통해서 민심을 수습하고, 시혜를 베풀어 민심을 자기편으로 끌어들일 수 있습니다. 소심하거나 판단력이 부족하기 때문에 이렇게 행동하지 않는 사람은 누구든지 손에 항상 칼을 쥐고 있어야 할 것입니다. 그는 결코 신민들을 믿고 의지할 수 없을 것입니다. 왜냐하면 지속적으로 저지르는 가해행위로 인해서 신민들이 결코 그에게 안심할 수 없기 때문입니다. (Machiavelli, 2008, 66)

귀족의 제어를 위해 사용될 수도 있는 폭력은 그 목적이 어느 정도 달성되는 순간 다른 것으로 대체되어야 하는 것이다. 폭력의 대상이 제어된 이후에도 폭력을 유지하는 것은 불안과 불만을 야기시키기 때문이며, 그것은 잔존 귀족세력의 반란이나 인민의 불만 폭발 같은 다른 폭력을 불러올 수 있기 때문이다. 그렇다면 이러한 상황을 극복할 수 있는 것은 무엇일까? 적나라한 세력관계 속에서 직접적인 폭력이 난무하는 것을 피할 수 있는 것은 제3의 공적 기관을 만들어 대립관계를 중재하고 해소하는 것이다. 무질서와 혼란은 더 강력한 권위의 부재 속에서 귀족의 힘이 인민을 압도하여 직접 인민을 수탈하는 상태라고 할 수 있다. 이러한 혼란에 질서를 부여하기 위해서는 귀족의 과도한 지배를 더 큰 힘과 폭력으로 제어해야 한다. 이 경우 직접적인 힘의 부딪힘은 피할 수 없는 것이 된다. 질서를 세우려는 폭력이지만 적나라하게 드러나게 되는 폭력인 것이다. 그런데 이러한 공개된 폭력은 주변의 사람들을 불안하게 만든다. 자신들에게는 해가 오지 않는 폭력이었지만 인민들은 불만을 가지게 되는 것이다. 따라서 이 적나라한 폭력은 단기간에 효율적으로만 사용되어야 하며 그것이 혼란을 잠재우고 나서는 다른 방법이 필요하게 된다. 이해관계의 직접적 대립을 해소하는 것이 중요하다. 그런데 서로 다른 성정을 가지고 있는 귀족과 인민 사이에서 이해관계의 대립이 없어지는 것은 불가능하다. 갈등을 해소하는 것이 아니라 관리하는 것이 중요하다. 그것은 갈등을 드러내고 중재해주는 제3의 공적 기관을 통해서 가능한 것이었다. 마키아벨리는 그러한 예를 프랑스의 고등법원에서 보았다. 『군주론』 19장에서 마키아벨리는 "귀족들의 노여움을 사지 않고 인민을 만족시키기 위해서 만반의" 준비를 하는 질서 잡힌 나라로 프랑스를 거론하면서 그 핵심기구로 고등법원을 다음과 같이 언급한다.

> 그중 으뜸가는 제도가 엄청난 권위를 누리고 있는 고등법원(parlamento)입니다. 그 왕국을 개혁한 사람은 귀족들의 야심과 거만함을 익히 알았기 때문에, 이를 통제하기 위해서 귀족들의 입에 재갈을 물릴 필요가 있다고 생각했습니다. 반면에 그는 인민이 귀족을 두려워하고 미워한다는 점을 알았기 때문에 그들을 보호하려고 했습니다. 그러나 그는 이 견제 역할을 왕의 특별한 임무로 삼고 싶어 하지 않았습니다. 그는 인민들을 호의를 가졌다는 이유로 귀족들에게 미움을 사거나, 귀족들에게 호의를 가졌다는 이유로 인민들에게 미움을 받기를 원하지 않았기 때문입니다. 그 결과, 그는 왕이 직접 적개심을 불러일으킬 필요가 없는 중립적인 제3의 심판기관을 내세워 귀족들을 견제하고 인민들을 보호하도록 했습니다. 군주와 왕국 자체를 강화시키는 데에 이보다 더 신중한 조치나 적절한 제도는 있을 수 없었습니다. (Machiavelli, 2008, 127~128)

문제는 권력의 독점을 막는 것이었다. 권력의 독점을 통해 폭력의 행사자가 개인, 다시 말해 군주라는 것이 드러나게 되면 인용문에도 나오듯이 불만은 군주를 향하게 되고 그것은 다시 모반 등의 형태로 표출되게 된다. 귀족의 과도한 지배를 군주의 강권으로 제어하고 나서는 귀족과 인민 사이의 중재자로 공적 기관을 세워야 하며, 그것은 대립의 완충지대를 만드는 것이다. 그것을 통해 비로소 "군주는 귀족을 존중해야 하지만 인민들로부터 미움을 사서는 안 된다는" 마키아벨리의 충고를 실현할 수 있는 것이다. 귀족을 제어하고 그것을 통해 인민의 지지를 얻게 되면서 권력의 집중을 맛보게 되는 군주는 강권을 독점하고 싶은 유혹에 빠질 것이다. 그러나 권력을 독점 할수록 군주 자신이 안전해질 것이라는 유혹은 실은 함정이 될 수도 있다는 것을 마키아벨리는 지적하고 있는 것이다. 그 해결책은 심지어는 자신에게도 불리한 판결을 내릴 수도 있는 제3의 판결 기관을 세우는 것이다.[60]

군주제를 강고히 하는 방법은 군주 자신의 권력을 제한하는 것이다. 자신의 권력을 분산함으로써 자신의 지위를 안전하게 보장할 수 있다는 것이다. 그런데 그 권력의 분산은 많은 측근들이나 신하들에게 권력을 나누어주는 것이 아니라, 제도를 세워 그것에 나누어주는 것이다. 제도는 개인의 능력이나 사적 관계에 좌우되지 않고, 공적 기관과 법질서에 의존함을 특징으로 한다. 프랑스의 고등법원에 대한 언급이나 보르지아가 로마냐에 세운 시민재판소는 모두 이러한 특징을 가지고 있는 것이다.

60 마키아벨리는 『로마사 논고』 3권 1장에서도 왕국의 쇄신을 언급하면서 프랑스가 다른 어떤 나라보다도 좋은 기율과 법을 유지할 수 있는 조건으로 고등법원을 들고 있다: "고등법원, 특히 파리 고등법원이 왕국의 군주를 기소할 때 그리고 왕에 대해 불리한 판결을 할 때마다 매번 갱신된다. 지금까지도 고등법원은 그 지위를 유지하고 있는데, 이는 고등법원이 귀족에 대항하여 법을 엄격히 집행해왔기 때문이다"(Machiavelli, 2003, 417).

그럴 때만이 이해관계의 갈등은 제도화가 되는 것이며, 더 이상 적나라한 폭력으로 전환되지 않는 것이다.

3) 『군주론』의 통치론

마키아벨리의 선정 개념은 공공선이나 덕치 같은 도덕률을 통해서는 선정이 이루어질 수 없음을 인식한 데 기인한다. 선한 의지만을 강조하는 기존의 선정론은 실제로는 무질서와 혼란을 가중시킬 수 있음을 현실의 역사 속에서 관찰했기 때문이다. 도덕률이 현실정치에서 자리 잡을 수 없는 이유는 바로 서로 경쟁적이고 대립할 수밖에 없는 정치세력 간의 관계 속에서 정치가 이루어지기 때문이다. 이러한 세력관계 속에서 정치를 이해할 때, 선정의 의미는 변하게 된다. 기존의 선정 개념은 종교적 윤리의 구현은 차치하고라도 공공선의 추구와 덕치를 강조함으로써 통치자나 정부의 선한 의지 혹은 도덕률만을 강조했다. 이에 따라 결과와는 상관없는 의도만이 중요했고, 선정과 폭정은 선과 악의 이분법 하에 조망되었다. 반면 공동체 구성세력 간의 상호관계에 주목할 때, 선정은 그들의 관계를 어떻게 구성할 것인가에 달려 있게 된다. 의지의 선함은 각 세력들이 어떻게 받아들이는가에 따라 달라질 수 있기 때문에 보여지는 것도 중요하게 되고, 세력들 간의 관계 속에서 결과가 산출되기 때문에 의도와는 정반대되는 결과가 나올 수도 있는 것이다. '의도와 결과의 불일치'에 대한 인식은 마키아벨리로 하여금 기존의 덕치에 대한 비판과 더불어 폭정과 선정의 이분법을 뛰어넘게 한다.

『군주론』의 15장에서 18장까지 이르는 내용은 '관후함', '인자함' 그리고 '사랑받음'이라는 외형적인 덕이 진정한 덕이 아니며, 심지어는 파멸을 몰고 올 수 있음을 지적한다. 로렌체티의 '선정론' 벽화에 표현된 '덕치'를 통해서는 그 선정이 추구하는 '평화'와 '안정'이 도래할 수 없다는 것이다.

기존의 덕보다는 오히려 인색하고, 잔인하고, 두려움 받는 행동을 통해 평화·안정 그리고 번영을 가지고 올 수 있다는 것이다. 이것은 정치세계가 선한 인간들만으로 구성된 것이 아니라, 자신의 이익과 욕구를 추구하는 세력들로 이루어지기 때문이다. 이 때문에 전통적인 관념의 폭정적인 요소가 좋은 결과를 가져올 수도 있는 것이다. 이렇게 폭정이 평화와 안정을 가져올 수도 있다고 본다면, 전통적인 선정 대(對) 폭정의 이분법적 구도는 무너지고 새로운 의미의 선정에 폭정과 선정의 계기들이 흡수되게 된다.

마키아벨리의 선정론은 무질서에서 질서를 세우는 '건국'의 과정과 그것을 안정화·제도화시키는 '치국'의 과정으로 구분된다. 건국의 과정에서는 권력이 집중되고, 폭력의 사용이 용인되기도 한다. 사적인 권력의 전횡을 제어하기 위해 폭정적인 요소가 필요한 것이다. 그러나 그것을 통해 질서를 회복하는 순간 폭정적인 요소는 선정적인 요소로 전환되어야 한다. 그래야만 질서를 보존할 수 있기 때문이다. 도덕률이나 덕이 문제가 아니라, 질서를 가져올 수 있는가가 선정의 기준이 되는 것이다. 마키아벨리의 선정 개념에는 기존의 폭정과 선정의 계기가 녹아 새롭게 해석되는 것이다.[61]

물론 무질서에서 질서를 세우는 과정의 지난(至難)함 때문에 마키아벨리는 『군주론』에서 난국을 돌파해야 하는 카리스마적 역량을 강조하였다. 그러나 그는 군주국을 세우는 것 못지않게 그것을 어떻게 잘 유지해야 하는가의 측면도 강조하고 있다. '건국'(建國)뿐만 아니라 '치국'(治國)도 중요한 것이었다. 물론 건국의 과정이 어떻게 이루어지는가에 따라 치국

61 이 때문에 마키아벨리는 『군주론』에서 폭군(tiranno) 혹은 폭군정(tirannia)이라는 말을 한 번도 사용하지 않는다.

의 과정도 영향을 받는 것이다. 자국군의 건설과 인민의 지지에 기반한 건국은 바로 튼튼한 건국의 토대를 통해 치국을 잘 하려는 의도가 엿보이는 대목이다. 그러나 건국의 과정과 치국의 과정은 분명히 다름을 마키아벨리는 강조한다. 앞에서 언급했듯이 마키아벨리는 『군주론』 16장에서 지배자가 되고자 노력하는 시기와 지배자가 이미 된 시기의 행동방식에 차이를 둔다. 전자의 경우는 씀씀이를 넉넉하게 하여 관후하다는 평을 듣는 것이 중요하지만, 후자의 경우에는 관후한 것보다는 인색한 것이 더 낫다는 것이다. 나아가 로마 황제들의 예를 드는 『군주론』 19장에서 그는 "자신의 국가를 세우기 위해서 필요한 조치를 취해야 할 때에는 세베루스를 모방해야" 하지만 "이미 확립된 국가를 보존하기 위해서"는 마르쿠스를 모방해야 함을 역설한다(Machiavelli, 2008, 138).[62] 세베루스는 잔인하고 탐욕적이었으나 뛰어난 역량으로 군인들과 인민들의 존경과 경외를 받았으며, 사자와 여우의 기질을 동시에 가지고 있음으로써 권력을 장악할 수 있었던 인물이었다. 반면 마르쿠스는 잔혹함을 피하고 절제 있는 삶과 훌륭한 성품을 가진 인물이었다.

마키아벨리가 명시한 선정은 두 개의 과정으로 이루어져 있다고 할 수 있다. 무질서에서 질서를 회복하는 과정과 그 회복된 질서에 제도를

62 세베루스의 경우는 권력을 세우는(fondare el suo stato) 경우이며, 마르쿠스의 경우에는 권력을 유지하는(conservare uno stato) 경우이다. 그런데 마키아벨리는 『군주론』 15장(국역본 106쪽), 18장(120~121쪽), 19장(131쪽)에서 권력을 유지하기 위해서는 때에 따라서는 "부도덕하게", "신의 없이, 무자비하게, 그리고 비인도적으로 행동"해야 할 필요성을 역설한다. 그런데 여기서의 권력유지는 mantenere lo stato이다. mantenere는 영어로 maintain으로 어원으로 볼 때 '손(manu)에 쥐는 것(tenere)', 즉 '장악'(掌握)의 의미가 강하다고 볼 수 있다. 반면 coservare는 영어로 conserve로 '같이(con) 유지, 지키는 것(servare)'을 의미한다. 따라서 전자의 권력 유지는 권력을 세우는 단계에서 권력자가 자신의 권력을 잃지 않고 수중에 지키는 것을 의미하며, 후자의 경우는 확립된 권력과 질서를 공고히 유지하는 것을 의미한다.

부여하는 과정이다. 이것을 군주의 입장에서 보면, 우선 무질서와 혼란에서 질서와 평화를 정착시키기 위해 폭력과 강권의 행사까지를 포함하여, 권력을 장악하는 것이 필요하다. 귀족세력의 힘이 강하기 때문에 때로는 속임수도 필요하며, 폭력의 행사도 불가피한 것이 될 수밖에 없다. 그런데 여기서 멈추면 군주는 자신의 권력을 유지할 수 없게 된다. 자신에게 붙어 있는 폭력의 기억을 떼어내어야 하는 것이다. 폭력의 수단을 가지고 있으면 언젠가는 그것을 사용할 수밖에 없게 된다. 왜냐하면 귀족과 인민의 갈등은 정치공동체에 내재해 있기 때문이다. 갈등 해결을 위한 주기적인 폭력의 사용은 인민과 귀족에게 공히 미움을 받게 된다. 자신의 힘을 제한하는 제3의 공적 기구를 만들어 갈등의 중재와 해결을 맡기는 것은 오히려 자신의 권력을 유지하는 데 도움이 되는 것이다. 힘을 분산시켜 권력을 유지하는 것이다. 제3의 공적 기관을 만들어 갈등 해결을 맡기는 것은 귀족과 인민의 대립에 군주가 직접 나서지 않는 것이다. 이것은 귀족과 인민 그 누구에게도 군주가 그들의 일방적인 대변자가 아니라는 것을 심어주게 된다. 불만의 대상을 공적 제도에 돌리는 것은 불만이 집적되도록 하지 않고, 해소되도록 한다. 여기서 공적 기관의 존재는 군주가 어느 누구에게도 치우치지 않고 객관적 판결을 하겠다는 것을 나타내기 때문에 귀족도 인민도 만족하게 되는 것이다.

이렇듯 마키아벨리는 "선정"이라는 단어 속에서 귀족과 인민의 관계를 조정하려고 시도하였다. 귀족과 인민은 대립할 수밖에 없는 이해관계의 갈등을 가지고 있다. 양자의 역관계가 불균형을 이룰 때 정치는 끊임없는 혼란 상태에 빠지는 것이었다. 이러한 혼돈 상태를 극복하기 위해서는 군주의 탁월한 식견과 집중된 권력이 필요하다. 그러나 그것은 잠정적인 것이어야 하며, 혼란을 극복하고 나서는 제3의 공적 기관을 내세워 갈등을 제도화시키고, 해소시켜야 한다. 그렇지 못할 경우에 불만과 혼란은 반복되기 때문이다.

지금까지 『군주론』에 나타난 '선정'이라는 문제의식을 가지고 마키아벨리의 통치론을 살펴보았다. 이제까지 『군주론』의 통치 과정은 주로 군주 중심의 정치로 이해되어왔다. 군주를 주인공으로 독해되었던 것이다. 그런데 선정이라는 개념을 중심으로 보면 『군주론』은 '다수의 눈으로 이루어진 정치'이다. 군주는 귀족의 눈과 인민의 눈을 통해서 정치를 보아야 했다. 그들의 대립관계는 정치에 내재적인 것이기 때문이다. 좋은 정치는 그 이해관계의 대립을 어떻게 관리하는가에 달려 있는 것이었다. 여기에 다수의 눈으로 이루어진 정치는 마키아벨리로 하여금 관계 속에서 끊임없이 변하는 정치관계에 주목할 수 있게 해주었다. "악행은 물론 선행도 미움을 초래할 수 있다"는 언급은 고정불변의 진리를 고수하는 도덕정치관은 실패할 수밖에 없음을 지시하는 것이었다 (Machiavelli, 2008, 131). 따라서 선정은 더 이상 전통적인 추덕(樞德)들을 통해 행하는 정치가 아니었다. 덕도 관계에 따라 변하는 것이었다. 선행이 악덕을 낳고, 악행이 선덕을 낳을 수 있는 것이었다. 악행이 필요할 때는 악행을, 선행이 필요할 때는 선행을 하는 것이 필요했다. 다수의 눈으로 이루어진 관계 중심의 정치관 속에서 선정은 이해관계의 대립이 극단으로 흘러 무질서와 혼란을 초래하는 것을 막고, 세력관계의 균형을 유지하는 것이었다. 귀족들의 힘이 너무 강해 인민들이 폭정에 시달릴 때, 군주는 강권을 사용하여 귀족들을 제어하고 인민들을 보호해야 했다. 그러나 그것을 통해 군주의 힘이 너무 강해질 때 귀족과 인민들은 불안을 느끼게 된다. 따라서 현명한 군주는 제3의 기관을 통해 자신의 권력을 분산시켜 귀족들과 인민들의 갈등을 제도 속에서 중재해야 하는 것이다. 권력을 유지하기 위해서는 권력의 일부를 나누어주어야 한다는 것이다.

그러지 않고 권력을 계속 수중에 장악하고 독점하려고 할 때는 권력을 잃을 위험성이 더 높아진다는 것이다. 자신들의 야망을 채우려고 호시탐탐 노리는 귀족들 때문만이 아니라 인민들이 그들에게 등을 돌리기 때문이다. 군주 통치의 기반은 귀족과 인민들의 관계인 것이다. 그리고 그 관계의 변화에 따라 거기에 맞는 통치행위를 보여야만 하는 것이다.

『군주론』은 '건국'과 '치국'은 서로 다른 과정임을 보여준다. 군주는 혼란의 상황을 극복하고 사리사욕에 눈이 먼 기득권 세력과 싸우기 위해서는 자기의 힘을 키워야 했다. 인민의 지지에 의지하고, 자국군을 육성하는 것, 그리고 사태를 파악하는 지혜와 그것을 돌파하는 결단력을 가져야 한다. 국가와 자신의 권력을 세워야 하는 시기에는 자신의 운명을 본인의 수중에 가지고 있어야 한다. 그러나 평화의 도래와 함께 권력을 유지하기 위해서는 자신의 권력을 손에서 조금씩 놔주어야 한다. 권력을 유지하기 위해서는 그것을 더 장악하는 것이 아니라 분산시켜야 한다. 왜냐하면 군주의 운명은 귀족 및 인민들과의 관계 속에서 결정되기 때문이다. 귀족과 인민 간의 권력관계가 균형을 잃었을 때 군주는 개입하게 된다. 자신을 중심으로 그 균형추를 다시 세우는 것이다. 이렇듯 건국은 권력 독점을 필요로 한다. 그러나 이러한 권력 집중은 다시 권력의 균형을 잃게 하여 군주 자신이 불만과 미움의 대상이 될 것이다. 따라서 건국 후에 이루어지는 치국의 과정은 권력을 분산시켜야 하는 것이다. 그것이 선정의 과정이며, 그것을 통해서만이 군주는 자신의 권력을 지킬 수 있는 것이다. 건국자가 계속해서 건국자로 남으려고 한다면 그는 몰락할 수밖에 없는 것이다.

권력을 잡은 군주는, 더구나 무질서에서 질서를 확립하여 인민에게 평화와 안정을 가져다준 군주는 자신에게 불만을 품는 인민을 배은망덕하다고 할 수 있을 것이다. 인민을 이해할 수도, 이해하고 싶지도 않을 것이다. 그래서 위협을 느낀 군주는 자신이 장악한 권력을 더 쥐고 싶은 유혹을 느낄 것이다. 그리고 그것이 더 안전하다고 생각할 것이다. 그러나 마키아벨리가 보기에 함정은 거기에 있는 것이다. '건국'의 과정이 끝나면 권력은 분산되어야 한다. 통치의 기반인 귀족과 인민의 관계 구성이 변했기 때문이다. 이때부터는 통치는 건국이 아니라 치국의 단계로 들어가야 한다. 권력을 쥐는 것이 아니라 분산시키는 것이다. 나눔으로써 더 안전하게 되는 것이다. 그 안전은 군주 자신뿐만 아니라 질서를 되찾은 공동체를 위한 것이기도 하다. 군주국은 군주 혼자만으로 이루어진 것이 아니기 때문이다. 무엇보다도 인민을 먼저 이해해야 한다는 『군주론』 헌정사의 언급은 좋은 통치를 하기 위해 군주가 마음에 새겨야 할 알파요 오메가인 것이다.

제3장
공존의 정치서로서 『군주론』 읽기

1. 『군주론』 헌정사에서 11장까지

『군주론』의 장들을 어떻게 나누는가는 해석자들의 입장에 따라 각기 다를 것이다. 하지만 대체로 1장에서 14장까지를 두 부분으로 나누는 것에는 이견이 없다. 1장에서 11장까지는 군주국의 유형과 종류에 대해 설명하고 있으며, 12장부터 14장까지는 군대에 대해 설명하고 있다. 11장까지 서술될 내용에 대한 포괄적 개괄은 1장에서 이루어지고 있으며, 10장에서는 군대 문제를 언급함으로써 12장에서 이어질 군대 문제에 대한 소개를 하고 있다.

헌정사; 니콜로 마키아벨리가 위대한 로렌초 데 메디치 전하께 올리는 글

이 부분은 『군주론』이 일반 독자를 위해 씌어졌기보다는 특정한 상대를 위해 씌어진 것임을 알려준다. 그는 당시의 피렌체를 지배하고 있었던

NICOLAUS MACLAVELLUS
MAGNIFICO LAURENTIO MEDICI IUNIORI[1] SALUTEM

[1] Sogliono el piú delle volte[1] coloro che desiderano acquistare grazia appresso uno principe farsegli[2] incontro con quelle cose che in fra le loro abbino piú care o delle quali vegghino[3] lui piú dilettarsi[4]; donde si vede molte volte essere loro presentati[5] cavagli, arme[6], drappi d'oro[7], prete[8] prezio-

[1] *Laurentio Medici iuniori*. Lorenzo di Piero dei Medici (1492-1519) resse il governo di Firenze a partire dalla primavera del 1513 («piú di nome che di fatto», annota Chabod, alludendo alla superiore autorità del capo della famiglia, Giovanni, papa Leone X dall'11 marzo 1513); nel giugno del '15 fu nominato capitano delle milizie fiorentine; nell'ottobre del '16 ricevette il titolo ducale di Urbino. Per le questioni relative alla dedica del *P.*, cfr. *Introduzione*, pp. IX-XI.

[1] [1] *Sogliono ... volte*. Notevole la coincidenza con le prime parole dell'*Arcadia* del Sannazaro: «Sogliono il piú de le volte gli alti e spaziosi alberi...», – che continuando promette di «racontare le rozze ecloghe da naturale vena uscite, cosí di ornamento ignude exprimendole come ... le udii cantare». L'*Arcadia* fu stampata per la prima volta, nella sua forma compiuta, nel 1504, a Napoli; nel marzo del 1514 uscí, a Firenze, la prima edizione giuntina. Questa parte della dedica echeggia vagamente il proemio della celebre orazione di Isocrate *A Nícocle* («Quelli, o Nicocle, che sogliono a voi ... principi recare in dono o vesti, o lavorii di bronzo o pur d'oro, o altra di cosí fatte masserizie ... paiono a me, non donare, ma trafficare ... Io per me mi reputerei porgerti un donativo bellissimo sopra ogni altro ed utilissimo, e degno altresí sommamente a me di porgere e a te di ricevere, se io ti sapessi mostrare con quali instituti, e da quali azioni astenendoti, tu possa governare nel miglior modo cotesta città e cotesto regno» [trad. di Giacomo Leopardi]).

[2] *farsegli*: 'farglisi'; l'ordine dei pronomi è quello predominante anticamente in Toscana (Rohlfs 472).

[3] *vegghino*: 'vedano'.

[4] *lui piú dilettarsi*: 'che quello piú si diletta'; nota qui, e con grande frequenza nel resto del *P.*, la costruzione infinitiva latineggiante.

[5] *loro presentati*: 'donati ai principi' (plurale a senso).

[6] *arme*: è il plur. normale di *arma*; *armi* è il plur. della variante *arme*.

[7] *d'oro*: 'ricamati d'oro'.

[8] *prete*: 'pietre', con metatesi; anche nel volgarizzamento autografo delle *Persecutione d'Africa*: «prete pretiose», – dove la grafia latineggiante accentua la paronomasia.

메디치가의 로렌초(Lorenzo de' Medici, 1492~1519)이다. 로렌초는 피에로 데 메디치(Piero de' Medici, 1471~1503)의 아들로 소위 '위대한' 로렌초(Lorenzo il Magnifico, 1449~1492)의 손자이며, 1513년 교황 레오(Leo) 10세가 된 조반니 데 메디치(Giovanni de' Medici, 1475~1521)의 조카였다. 그는

로렌초 데 메디치(Lorenzo de' Medici)

카테리나 데 메디치(Caterina de' Medici)

1512년에 메디치 가문이 피렌체를 장악하고 나서 권력자가 된, 자신의 삼촌인 줄리아노 데 메디치(Giuliano de' Medici, 1478~1516)를 따라 피렌체에 들어온다. 그는 1516년에 우르비노(Urbino) 공이 되고, 1518년에는 마들렌(Madeleine de la Tour d'Auvergne)과 결혼하여 딸 카테리나(Caterina)를 얻게 된다.[1] 훗날 카테리나는 프랑스로 시집을 가서 오를레앙의 앙리와 결혼하게 되는데, 그가 후에 프랑스의 왕 앙리(Henri) 2세가 된다.

사실 『군주론』은 로렌초가 아니라 줄리아노에게 헌정될 의도로 씌어졌다. 그것은 마키아벨리가 1513년 12월 10일에 프란체스코 베토리(Francesco Vettori)에 보낸 편지에 잘 나와 있다. 이 편지에서 마키아벨리는 군주국에 대한 책을 쓰고 있는데 그것을 줄리아노에게 바치려 하고 있다는 것을 밝히고 있다. 해일(Hale)에 의하면 1513년은 바로 교황 레오 10세가 줄리아노를 이용하여 정복을 통해 교황국을 확장시키려는 의도를 가지고 있다는 소문이 자자했다고 말하고 있다(Hale, 1977, 100). 하지만 줄리아노가 죽자 마키아벨리는 로렌초에게 헌정하고 있는 것이다.

베토리에게 쓴 편지는 『군주론』이 언급된 마키아벨리의 첫 번째 글이라는 것뿐만 아니라 그 속에서 무엇을 의도했는지를 보여주는 자료라고 할 수 있다. 따라서 『군주론』의 헌정사에 대해 언급하기 전에 잠시 살펴볼 필요가 있다.

마키아벨리는 이 편지에서 전원생활의 무료함을 이야기한 다음, 자신의 경험과 위대한 선조들과의 대화를 통해 『군주국에 관하여』(*De Principatibus*)라는 소책자를 저술하고 있음을 밝힌다. 그리고 그 주제를

---

1 로렌초의 행적들은 교황 레오 10세의 도움 없이는 불가능한 것이었다. 그의 도움으로 우르비노를 정복하고 프랑스왕 프랑수와 1세의 사촌인 마들렌과 결혼하게 된 것이다. 이에 대해서는 Hibert(1999) 17장과 18장 참조.

다음과 같이 밝히고 있다. "군주국이란 무엇이고, 어떤 유형들이 있으며, 어떻게 군주국을 획득하고 유지할 수 있는가, 그리고 왜 잃게 되는가의 문제"를 다루었다는 것이다. 나아가 메디치가의 지배자들이 이 책을 읽고 자신이 "국가 통치술"(*arte dello stato*)을 연구한 15년이 헛되지 않았다는 것을 알아주기를 고대한다고 말한다. 여기서 마키아벨리는 우선 자신의 경험과 선조와의 대화를 말하고 있다. 이것은 헌정사의 첫 부분에 나타나는 것으로 『군주론』을 쓸 수 있게 만든 재료들이 바로 "지속적인 경험과 고대사에 대한 꾸준한 공부"임을 말하는 것이다. 나아가 1장부터 이어지는 『군주론』의 내용을 '군주국의 유형' 그리고 '그 획득 방법' 등의 주제어들을 통해 밝히고 있다. 그리고 마지막으로 『군주론』을 한마디로 말하면 바로 국가통치술에 관련되는 것임을 말하고 있는 것이다.

헌정사는 크게 세 가지 점에 대해서 말하고 있다. 우선은 저자인 마키아벨리가 군주에게 줄 선물이 무엇으로 이루어져 있는지를 밝히고 있다. 그것은 다른 사람들이 바치는 선물처럼 금은보화나 물질적인 것이 아니라는 것이다. "최근에 일어난 사건들에 대한 지속적인 경험과 고대사에 대한 꾸준한 공부를 통해서 배운 위대한 인물들의 행위들에 대한 지식"이 바로 마키아벨리가 가지고 있는 가장 소중한 것이다.

그런데 이러한 것들을 바친 이들은 비단 마키아벨리만은 아니다. 하지만 마키아벨리는 첫 번째 단락에서 금은보화만을 바치는 이들과 자신을 구별하고 나서, 다시 경험과 지식을 책자로 만들어 바치는 이들과 자신을 차별화한다. 그들은 미사여구를 사용하여 자신의 논의를 꾸미는 데 급급하지만 마키아벨리 자신은 "오직 다양한 소재와 진지한 주제"만이 가치 있다고 여긴다는 것이다.

자신이 가지고 있는 것을 타인들과 차별화시키면서 마키아벨리는 군주에게 자신의 글을 심각하게 대해줄 것을 요구한다. 군주의 통치를 군주가 아닌 자신과 같은 지위에 있는 자가 논하는 것이 전혀 잘못된 것이 아니라는 것을 말하기 위해 마키아벨리는 지도를 그리는 자의 비유를 든다. 산의 높은 곳을 잘 그리기 위해서는 산 아래에서 보아야 하며, 낮은 곳을 보기 위해서는 높은 곳에 올라가야 한다는 것이다. 그렇듯 군주의 성격을 잘 이해하기 위해서는 평범한 인민이 될 필요가 있다는 것이다. 이것은 겉으로 보기에는 자신의 글을 읽어달라는 요청으로 보이나 실은 더 큰 의미를 지니고 있다. 그것은 군주는 인민의 입장에 서야 한다는 것이다. 등잔 밑이 어둡듯 군주는 군주를 모른다는 것이다. 군주가 되기 위해서는 인민이 되어야 한다는 것이다. 그럴 때만이 헌정사의 마지막을 장식하는 "전하께서 운명과 전하의 탁월한 자질이 약속하고 있는 위업을 성취하셔야 한다"는 자신의 뜻을 이해할 수 있다는 것이다. 이것은 앞으로 살펴보겠지만 『군주론』 전체를 걸쳐 일관되게 주장되는 내용이다.

이렇듯 헌정사는 『군주론』의 소재와 주제를 공히 다루고 있다. 전자는 자신의 가장 소중한 자산인 경험과 고대사에 대한 연구라는 것이고, 그것을 통해 군주가 위업을 달성할 수 있도록 도움을 줄 수 있다는 것이다. 하지만 그것은 그렇게 간단한 것만은 아니다. 왜냐하면 그것은 군주가 일반적으로 가지고 있는 자기중심성, 즉 자신이 최고이고 자신만이 나라의 주인이라는 의식을 버리고 인민의 입장에 설 때만이 이해할 수 있기 때문이다. 이것이 바로 마키아벨리가 베토리에게 보낸 편지에서 말한 '국가통치술'의 핵심 내용인 것이다.

마키아벨리는 이 헌정사에서 금은보화보다는 자신의 경험과 고대사에 대한, 즉 위인들에 대한 연구를 결합한 이 저서를 바치겠다고 말한다. 이는 다른 이들은 물고기를 바치지만, 자신은 그것을 잡을 수 있는 그물을 바치겠다는 것이다. 하지만 문제는 여기서 발생한다. 그물을 바치면 그것을 받은 사람은 더 이상 그물을 바친 사람을 찾지 않게 된다.[2] 왜냐하면 물고기를 잡을 수단을 받았기 때문에 더 이상 그물을 바친 사람은 필요가 없기 때문이다. 마키아벨리는 군주에게 스스로 일어설 수 있는 방법을 가르쳐주고 싶었던 것이다. 군주가 자신에게 종속적으로 되기를 바라지 않았던 것이다. 여기서 우리는 마키아벨리의 공적 의식을 엿볼 수 있다. 군주를 자신에게 계속 의존하게 하려면 그물이 아니라, 고기를 가져다 바쳐야 했을 것이다. 하지만 그것보다는 그물을 바침으로써 스스로 설 수 있는 군주를 바랐던 것이다. 물고기는 사사로움을 위한 선물이라면, 그물은 공공성을 위한 것이라고 감히 주장할 수 있을 것이다. 비록 군주가 자신을 찾지 않더라도 이 책의 지혜를 알아보고 습득하여 홀로서는 국가를 건설하기를 바랐던 마키아벨리는 진정 공인(公人)이라고 말할 수 있을 것이다.

제1장 군주국의 종류와 그 획득 방법들

마키아벨리는 앞서 언급한 베토리에게 보낸 편지에서 자신이 '국가통치술'(arte dello stato)을 15년간 연구한 결과 『군주론』을 쓰게 되었다고 적고 있다.[3] arte와 stato가 문제인 것이다. 그렇다면 국가(stato)의 문제는 무엇일까? 2장부터 11장까지의 내용을 간략히 언급하는 1장의 첫 구절부터 우리는 stato라는 단어를 발견할 수 있다. 그는 『군주론』을 시작하는 첫 구절을 다음과 같이 시작한다.

2 실재로 메디치가는 마키아벨리를 찾지 않았다.

3 15년은 마키아벨리가 공직에 진출한 1498년부터 메디치가가 복귀하고 나서 공직에서 물러난 1512년까지의 기간을 말하는 것이다. 마키아벨리의 생애와 그의 사상과의 연관관계에 대한 자세한 설명은 Ridolfi(2000) 참조.

“인간에 대해 지배권을 가졌거나 가지고 있는 모든 국가나 통치체는 공화국 아니면 군주국입니다.” 이것에 제기되는 물음은 크게 두 가지이다. 우선 국가의 의미는 무엇일까라는 것이다. 일단은 “인간에 대해 지배권”을 가지고 있는 것이 국가이다. 그리고 그것은 공화제와 군주제를 포괄하는 것이다. 하지만 그것이 구체적으로 무엇일까라는 문제는 처음부터 추측할 수 있는 문제가 아니라, 『군주론』의 끝에서 비로소 답할 수 있는 문제일 것이다. 그 다음으로 제기될 수 있는 질문은 정체에 관한 질문이다. 왜 전통적인 정체 구분에 따른 6개의 정체가 아닌 공화국과 군주국 두 정체만 있는가 하는 점이다. 마키아벨리는 르네상스까지 이어져온 그리스인들의 정체 구분을 알고 있었다. 그는 자신의 또 다른 주저 『로마사 논고』 1권 2장에서 폴리비우스의 정체 구분과 그의 정체 순환론에 의지해 논의를 펼치고 있기 때문이다. 그것은 통치자의 수와 그들이 무엇을 지향하는지를 통해 구분되는 것으로 그것은 6개의 정체로 구분된다. 다시 말해 통치자가 1인, 소수, 다수이면서 공공선을 위해 지배하는지 아니면 자신들만의 사익을 위해 지배하는지에 따라 군주제 · 귀족제 · 민주제라는 좋은 정체와 참주제 · 과두제 · 폭민제로 나뉘는 것이다.[4]

왜 여섯 정체로 구분하는 대신 두 종류로만 나누었는지에 대해서는 여러 가지 추측이 가능하다. 우선 길버트가 지적하듯이 대체로 당시 이탈리아의 상황을 반영한 것으로 볼 수 있을 것이다. 현존하고 있던 이탈리아 내 국가들은 대체로 베네치아 같은 공화정이나 밀라노 같은

4 6개의 정체 구분은 아리스토텔레스 이후 일반화된 정체 구분으로 다수에 의한 좋은 지배체제와 나쁜 지배체제를 명칭하는 데는 논자에 따라 약간의 차이가 있다. 예컨대 아리스토텔레스의 경우 다수가 공동선을 위해 지배하면 폴리티, 그 반대의 경우는 민주제라고 부른 반면 폴리비우스는 전자를 민주제, 후자를 폭민정이라고 부른다. 이에 대해서는 아리스토텔레스의 『정치학』과 폴리비우스의 『역사』 6권 참조.

군주정이었기 때문이다(Gilbert, 1938, 19). 현실의 경험을 가지고 군주에게 실질적인 도움을 주고자 했던 마키아벨리에게 이상적이고 이론적인 이야기보다는 실재에 기반해서 논의를 전개하려고 한 것은 어찌 보면 당연한 것일 것이다.5

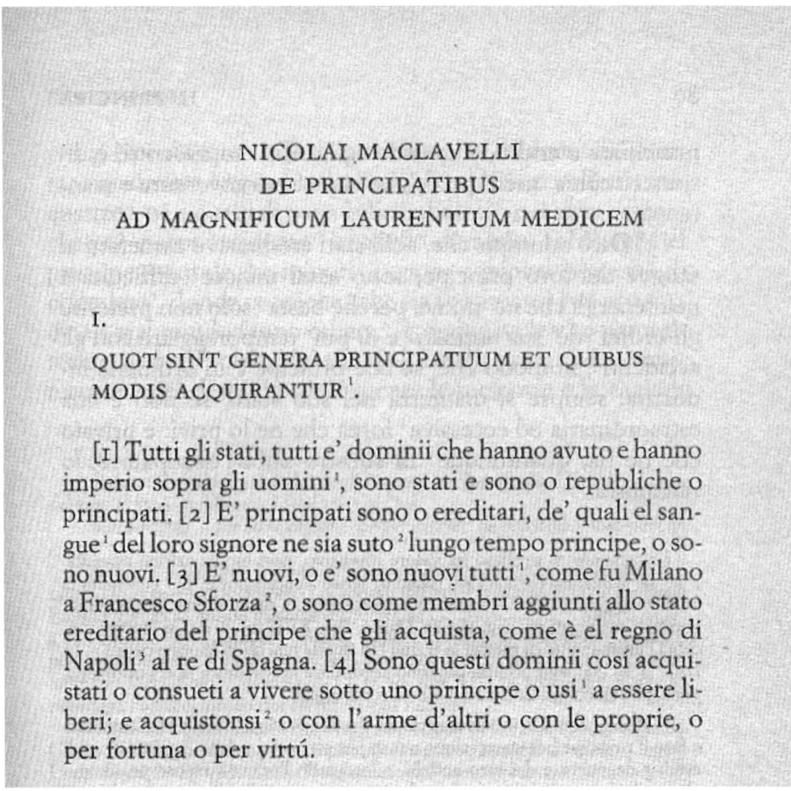

NICOLAI MACLAVELLI
DE PRINCIPATIBUS
AD MAGNIFICUM LAURENTIUM MEDICEM

I.

QUOT SINT GENERA PRINCIPATUUM ET QUIBUS MODIS ACQUIRANTUR[1].

[1] Tutti gli stati, tutti e' dominii che hanno avuto e hanno imperio sopra gli uomini[1], sono stati e sono o republiche o principati. [2] E' principati sono o ereditari, de' quali el sangue[1] del loro signore ne sia suto[2] lungo tempo principe, o sono nuovi. [3] E' nuovi, o e' sono nuovi tutti[1], come fu Milano a Francesco Sforza[2], o sono come membri aggiunti allo stato ereditario del principe che gli acquista, come è el regno di Napoli[3] al re di Spagna. [4] Sono questi dominii cosí acquistati o consueti a vivere sotto uno principe o usi[1] a essere liberi; e acquistonsi[2] o con l'arme d'altri o con le proprie, o per fortuna o per virtú.

또는 아리스토텔레스의 분류법과는 다른 마키아벨리의 관점이 반영되

5 이에 대해서는 『군주론』 15장 참조.

었을 수도 있다. 아리스토텔레스의 기준은 지배자의 수와 지배자(층)의 지향이나 목적, 두 가지이다. 권력의 향배라는 현실적 측면에 그 정체의 목적이라는 윤리적 측면이 혼합된 것이다. 하지만 마키아벨리는 6개의 정체를 두 가지로 통합시키고 있다. 이것은 지배자의 통치 목적이라는 윤리적 측면보다는 지배자의 수에 초점을 맞춘 것이다. 나아가 지배자의 수를 단순화시켜 일인(一人)과 그 밖의 경우로 구분한 것이라고 볼 수 있다. 권력의 배분을 중심에 놓은 것이다. 일인이 지배하면 군주정이 되고, 그 밖의 경우, 즉 소수나 다수가 지배하면 공화정이 되는 것이다. 따라서 공화정은 귀족주의적 공화정과 민주제적 공화정이 있을 수 있는 것이다. 이렇게 볼 때 그리스인들이 말했던 타락한 정치체제는 독립된 위치를 차지하기보다는 군주정이나 공화정 내에서 보여지게 된다.

마키아벨리는 『군주론』 2장에서 『군주론』의 대상이 공화정이 아니라 군주정임을 명시적으로 밝히고 있기에 과두정이나 폭민정에 대한 논의는 『군주론』에서 거의 찾아볼 수 없다. 물론 자신들의 법과 자유 속에 살아온 국가들을 점령했을 경우 어떻게 지배해야 할 것인가를 다루는 5장에서 마키아벨리는 그 방법 중의 하나로 정복 군주에 우호적인 소수의 사람들로 이루어진 과두정부(stato di pochi)를 정복국에 세워야 함을 제안한다. 하지만 이 과두정부는 말 그대로 '소수'의 정부로 그들 지배의 목표보다는 지배자나 권력자의 수에 초점을 맞춘 경우이다.

마키아벨리는 『군주론』에서 참주정의 위험에 대해서는 암시적으로나마 언급을 하고 있다. 8장에서 사악한 방법을 사용하여 군주가 된 인물들에 대해 비판적으로 언급한 부분이나 9장에서 시민형 군주국을 절대적인 체제로 변혁시키려고 할 때 부딪히는 어려움에 대한 언급은 참주적 군주정에 대한 비판적 암시라고 볼 수 있다. 하지만 마키아벨리는 『군주론』 어디에도 참주라는 말을 사용하고 있지 않다. 이렇게 볼 때 마키아벨리가 최소한 『군주론』 내에서 정치체제를 군주정과 공화정으로 국한시켜 언급할 때 그것은 권력의 소유를 중심으로 나눈 것이다. 그리고 그 권력의 향방이나 공고화, 다시 말해 질서 지워져 있는 권력의 여하에 따라 군주제나 공화제 앞에 여러 가지 수식어가 붙을 수 있는 것이다.

한편 마키아벨리가 군주제와 공화제를 같이 언급하는 경우는 12장에서 자기 군대가 군주제와 공화제에 공히 이롭다는 것을 언급한 것 외에는 『군주론』 9장에서 한 번 더 볼 수 있을 뿐이다. 비록 repubblica 대신 libertà를 사용했지만 그것이 공화정을 지시하는 것은 명백하다. 9장에서 마키아벨리는 인민과 귀족 간의 관계 속에서 도출될 수 있는 정체를 세 가지로 언급한다. 첫째는 군주제, 둘째는 공화제, 그리고 셋째는 무정부 상태이다. 마지막은 질서가 없는 상태이기에 정부를 가진 질서 있는 상태는 군주제와 공화제뿐인 것이다. 군주제와 공화제를 구성하는 기본 요소들이 인민과 귀족이고 그들의 관계에 따라 국가의 구체적인 양상들인 군주제와 공화제가 나타난다는 것이다. 이렇게 보면 군주제를 다룬 『군주론』은 인민과 귀족 간의 관계에서 어떤 군주제가 나타나는지를 살펴보고자 하는 것이라고 볼 수 있을 것이다.[6]

이상의 논의를 정리해보면 마키아벨리는 기존의 전통적인 정체 구분을 사용하지 않고 모든 국가는 공화정 아니면 군주정이었음을 『군주론』 1장 제일 첫 문장에서 밝히고 있다. 이것은 전통적인 정체 구분의 한 축인 지배자의 목적 대신 다른 한 축인 지배자의 수를 강조한 것으로 마키아벨리가 권력관계에 초점을 맞추고 있음을 알 수 있다. 그런데 그 권력관계는 국가 구성요소인 귀족과 인민들 간의 관계 속에서 구성되는

6 공화정을 다루는 『로마사 논고』에서도 인민과 귀족 간의 관계 속에서 다양한 공화제가 나타남을 설명하고 있다. 이에 대해서는 『로마사 논고』 1권 4장부터 7장까지 참조.

것으로, 이들의 관계에 따라 군주정은 다양한 양상을 띠게 되는 것이다. 국가는 정체되어 있는 것이 아니라 역동적인 것인데 그것은 그 구성요소들의 관계가 변하기 때문이다.

이렇게 많은 의문을 품게 만드는 첫 문장 후에 마키아벨리는 군주국의 유형을 말하고 있다. 군주국은 세습 군주국과 신생 군주국으로 나뉜다. 그리고 신생 군주국은 전적으로 새롭게 탄생하는 군주국과 기존 세습 군주국에 새로 편입된 군주국, 즉 복합 군주국이 있다. 그리고 이러한 편입된 나라는 군주국 아니면 공화국이 있다. 그런데 이렇게 영토를 획득하는 방법에는 두 가지가 있는데 하나는 타인의 무력, 즉 행운(fortuna)에 의한 경우와 자신의 무력, 즉 역량(virtù)을 사용한 경우로 나눌 수 있다. 이것은 앞으로 논의될 내용을 요약한 후에 『군주론』의 핵심 소재로서 행운과 역량을 언급하고 있는 것이다.

제2장 세습 군주국

2장은 세습 군주국에 대해 간단한 언급을 하고 있다. 이 장에서 특징적인 것은 도입부의 언급이다. 그것은 『군주론』에서는 공화국을 다루지를 않겠다는 것이다. 왜냐하면 공화국에 대해서는 다른 곳에서 길게 이야기를 했기 때문이라는 것이다. 여기서 다른 곳은 대체로 『로마사 논고』를 지적하는 것으로 여겨진다.

이어서 마키아벨리는 세습 군주국의 특징에 대해서 언급을 한다. 세습 군주국은 통치가 용이하다는 것이다. 왜냐하면 오랫동안 지배해온 나라이기 때문에 그 국민들이 통치에 익숙해져 있다는 것이다. 따라서 군주가 근면하기만 하면, 다시 말해 나태와 타락에 빠져 통치를 게을리 하지만 않는다면, 그리고 아주 강력한 외세가 출현하지만 않는다면 통치하기가

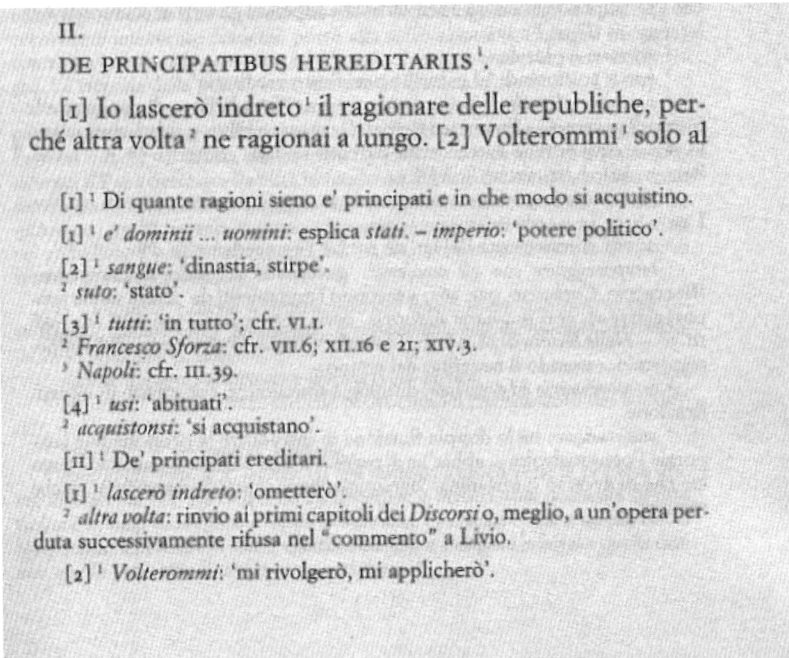

II.
DE PRINCIPATIBUS HEREDITARIIS[1].

[1] Io lascerò indreto[1] il ragionare delle republiche, perché altra volta[2] ne ragionai a lungo. [2] Volterommi[1] solo al

[1][1] Di quante ragioni sieno e' principati e in che modo si acquistino.

[1][1] *e' dominii ... uomini*: esplica *stati*. – *imperio*: 'potere politico'.

[2][1] *sangue*: 'dinastia, stirpe'.
[2] *suto*: 'stato'.

[3][1] *tutti*: 'in tutto'; cfr. VI.1.
[2] *Francesco Sforza*: cfr. VII.6; XII.16 e 21; XIV.3.
[3] *Napoli*: cfr. III.39.

[4][1] *usi*: 'abituati'.
[2] *acquistonsi*: 'si acquistano'.

[II][1] De' principati ereditari.

[1][1] *lascerò indreto*: 'ometterò'.
[2] *altra volta*: rinvio ai primi capitoli dei *Discorsi* o, meglio, a un'opera perduta successivamente rifusa nel "commento" a Livio.

[2][1] *Volterommi*: 'mi rivolgerò, mi applicherò'.

수월하다는 이야기이다. 만약 힘센 외세에 권좌를 물려주더라도 신군주가 조그마한 실수를 저지르거나 어려움에 처하게 되면 예전의 군주가 바로 복귀할 수 있다고 마키아벨리는 말한다. 그것은 국민들이 옛 통치에 익숙해져 있기 때문이다. 변화에 대한 경험과 기억이 많지 않기 때문에 변화를 바라지 않을뿐더러 변화를 싫어하기 때문이다. 따라서 세습 군주는 선조의 질서를 바꾸지 말고, 불의의 사태에 적절히 대응하기만 하면 되는 것이다.

제3장 복합 군주국

하지만 신생 군주국의 경우는 이야기가 다르다. 우선 기존의 군주국에

III.

DE PRINCIPATIBUS MIXTIS[1].

[1] Ma nel principato nuovo consistono le difficultà. E prima[1], – se non è[2] tutto nuovo, ma come membro[3]: che si può chiamare tutto insieme quasi misto, – le variazioni sue nascono in prima da una naturale difficultà, quale è in tutti e' principati nuovi: le quali[4] sono che li uomini mutano volentieri signore[5], credendo migliorare, e questa credenza[6] li fa pigliare l'arme contro a quello: di che[7] e' s'ingannano, perché veggono poi per esperienza avere piggiorato. [2] Il che depende da un'altra necessità naturale e ordinaria, quale fa che sempre bisogni offendere[1] quegli di chi[2] si diventa nuovo principe, e con gente d'arme[3] e con infinite altre in-

[6] [1] *addentellato*: «risalto o ... serie di risalti che si lasciano in alcun lato del muramento, per potervi poi continuare altro muro» (Lisio). La metafora continua con *edificazione*: un mutamento politico-istituzionale darebbe «sempre» occasione ad altri, successivi mutamenti.

[III] [1] De' principati misti.

[1] [1] *prima*: 'in primo luogo'.
[2] *se non è*: 'se anche non è'.
[3] *membro*: integra idealmente 'membro aggiunto allo stato ereditario del principe che lo acquista' (cfr. I.3), il cui principato, «tutto insieme», va considerato dunque «misto».
[4] *le quali*: concordato a senso con *una naturale difficultà*, trattandosi in effetti di un circolo, un «complesso di difficoltà» (Carli); gli uomini credono di migliorare mutando signore, ma ogni principe nuovo disinganna i suoi sudditi e questi sono sollecitati a desiderare nuovi mutamenti, e cosí via.
[5] *li uomini ... signore*. Cfr. *Disc.* III 21: «gli uomini si stuccono nel bene e nel male si affliggano. Fa adunque questo desiderio aprire le porte a ciascuno che in una provincia si fa capo d'una innovazione; e s'egli è forestiero, gli corrono dietro» ecc. (A questa 'regola' sembrano fare eccezione i principati ereditari: cfr. II.5-6; diverso punto di vista anche in VI.18.)
[6] *questa credenza*: semplicemente il «credere migliorare» della frase precedente.
[7] *di che*: 'circa la qual cosa'.

[2] [1] *offendere*: piú forte di 'infastidire'.
[2] *di chi*: 'di cui'.
[3] *gente d'arme*: 'forze militari', in genere; esse «offendono» i popoli, nei modi descritti al par. 19.

새로운 영토를 병합한 복합 군주국에 대해 살펴보자. 복합 군주국의 경우도 모든 신생 군주국이 겪을 수밖에 없는 자연적인 난관 때문에 변화를 겪게 된다고 말한다. 즉, 사람들의 기대와 그것을 만족시킬 수 없는 한계에서 나오는 불만, 그리고 거기서 파생되는 이탈 때문이다.

한 국가에서 기존 지배자에 불만을 품은 사람들은 변화를 바라기 때문에 봉기에 동조하게 된다. 하지만 신생 군주는 정복의 과정에서 무력행위로 인해 정복 지역의 주민들에게 피해를 줄 수밖에 없게 된다. 여기에 신생 군주를 도와준 이들도 그들의 기대만큼 만족시켜줄 수 없게 된다. 전자나 후자의 경우 모두 미움과 실망을 불러일으킬 위험이 있는 것이다. 따라서 마키아벨리는 아무리 강력한 군대를 가지고 있더라도 "새로운 지역을 점령하기 위해서는 그 지역 주민들의 호의(favore)가 항상 필수적"이라고 말하는 것이다.

이러한 논의는 프랑스의 루이(Louis) 12세가 루도비코 스포르차(Ludovico Sforza)의 밀라노를 정복하고 다시 잃었던 사건을 통해 입증된다. 앞서 설명한 것이 스포르차의 측면에서 밀라노를 잃고 다시 얻을 수 있었던 이유에 대한 것이라면, 이제 마키아벨리는 프랑스의 측면에서 어떻게 했어야 했는지를 설명한다. 그것은 정복한 영토가 본국과 동일한 언어, 비슷한 관습 및 제도를 사용했는지에 따라 구분된다. 우선 동일한 언어, 비슷한 관습 및 제도를 사용하는 지역을 정복한 경우는 그것을 유지하는 것이 매우 쉽다고 말한다. "예전에 통치하던 군주의 가문을 제거"하고, "그들의 법을 바꾸지 않고 새로운 조세를 부과하지 않는 것"으로 족하다는 것이다.

하지만 문제는 언어·제도 및 관습이 다른 경우이다. 이 경우 많은 문제들이 발생하는데 최선의 해결책은 정복자가 직접 가서 정주하는 것이다. 직접 가서 살 경우에는 문제가 발생했을 때 바로 개입할 수

루이(Louis) 12세

루도비코 스포르차(Ludovico Sforza)

있기 때문이다. 또한 정복자의 관리들이 신민들을 착취하는 것을 제어할 수 있다. 가까이에서 살기 때문에 신민들이 군주에게 직접 호소를 할 수 있다는 것이다.

차선책은 정복지의 몇몇 거점에 식민지를 건설하는 것이다. 그렇지 못할 경우 대규모 군대를 주둔시켜야 하는데 그것은 득보다 실이 많게 된다. 식민지 건설의 경우 마키아벨리에 의하면 비용이 거의 들지 않는다고 말한다. 피해를 보는 이들은 식민지로 이주해오는 사람들에게 땅과 집을 내주어야 하는 소수일 뿐이다. 나머지는 피해로부터 비껴갔기에 안심할 것이며, 피해를 본 이들 또한 분산되어질 것이기 때문에 별 위협이 될 수 없다고 말한다. 반면 대규모 군대를 파견할 경우 군주에게 미칠 피해는 막대하다고 이야기한다. 그 이유는 우선 군대의 비용을 정복지에서 마련해야 하기 때문에 그 피해를 입은 정복지 주민들의 원성이 자자할 것이며, 나아가 정복자로 온 군인들로 인한 여러 가지 피해는 정복지 주민들을 군주의 적으로 만들 것이라는 것이다.

나아가 그 주변 다른 국가들과의 관계에서 군주는 강한 국가는 약화시키고, 약한 국가에게는 우호관계를 통해 보호자 역할을 담당하여 동맹을 구축함으로써 예측 불가능한 상황에 대처해야 함을 언급하고 있다.

이러한 모든 일은 로마인들이 행했던 것으로 현명한 군주는 로마인들의 선례를 따라야 함을 역설한다. 로마인들이 행했던 것을 정리하면 첫째는 식민지를 세우고, 둘째는 약소 세력과 우호관계를 맺은 것이며, 셋째는 강력한 세력을 진압하고, 넷째는 점령지에서 강력한 외세가 영향력을 얻지 못하도록 조치를 한 것이다. 이러한 로마인들의 능력은 한마디로 사태의 추이를 잘 파악했다는 것이다. 다시 말해 관계의 파악에 능했고, 그것을 통해 상황의 흐름을 예견할 수 있는 능력이 있었다는 것이다. 그것은 소모성 열병 혹은 결핵에 대한 비유를 통해 드러난다. 이 병은

"초기에는 치료하기는 쉬우나 진단하기가 어려운 데에 반해서, 초기에 발견하여 적절히 치료하지 않으면 시간이 흐름에 따라서 진단하기는 쉬우나 치료하기는 어려"운 병이다. 병의 징후를 미리 파악하여 선제 대응을 하지 않으면 병을 막기에는 늦어버린다는 것이다. "국가의 일"(cose di stato)도 마찬가지임을 마키아벨리는 명시하고 있다. 그것은 사태의 추이에 대한 냉정한 평가 속에서 선제 대응과 그로 인한 이득을 취하는 것이다. 이렇게 볼 때 당시 피렌체 정치에서 중요한 역할을 수행했던 귀족들이 자주 사용했던 "시간을 끌면서 이득을 취하라"라는 말은 사태의 추이에 대한 불감증과 무능함을 넘어 비겁함으로까지 비추어질 수 있는 것이다. 로마인들이 "자신들의 역량과 현명함"을 통해 이익을 취할 수 있었던 이유는 바로 자신들의 힘과 역관계에 대한 정확한 인식이 있었기에 가능했던 것이다. 로마인들이 행했던 것들은 자신의 힘을 키우고 타인의 힘을 약화시키는 것이었다. 이것은 자신뿐만 아니라 상대의 힘에 대한 정확한 인식이 있었기에 가능한 것이었다.

하지만 프랑스의 루이 왕은 로마인들이 하지 않았던 실수를 저지른다. 그것은 첫째로 약소국가들을 섬멸한 것, 둘째로 이탈리아에서 이미 강력해진 군주의 세력을 끌어들인 것, 셋째로 이탈리아에 매우 강력한 외세를 끌어들인 것, 넷째로 직접 통치하지 않은 것, 다섯째로 식민지를 건설하지 않은 것, 그리고 마지막으로 베네치아인들을 격파한 것이다. 여기서 두 번째 것은 교황국을 의미하는 것이고, 세 번째는 스페인을 지적하는 것인데 루이 왕이 이 두 가지 실수를 저지르지 않았다면 마지막의 베네치아인들을 격파한 것은 오히려 합리적이고 필수적인 것이었을 것이라고 말하고 있다. 하지만 이미 강대한 세력이 존재하고 있기에 베네치아인들의 세력을 약화시키는 것은 프랑스에 이롭지 못했다고 적고 있다. 적절한 행동은 세력관계 속에서 정해짐을 지적하는 것이다. 타인의 세력을 약화시키고 자신의 세력을 키우는 것은 관계 속에서 규정되는 것이다. 권력관계에 대한 이해와 그것에의 개입, 이것이 바로 2장의 마지막 부분에서 전쟁을 이해하지 못한다고 이탈리아를 비판한 루앙의 추기경에 마키아벨리가 응수하면서 프랑스인들이 이해하지 못한 것의 핵심으로 언급한 국가통치술인 것이다.

제4장 알렉산드로스 대왕이 정복했던 다리우스 왕국은 왜 대왕이 죽은 후 그의 후계자들에게 반란을 일으키지 않았는가

4장에서는 역사상 알려진 모든 군주국들의 두 가지 통치 형태가 먼저 언급된다. 하나는 군주의 은혜와 선임을 통해 지명된 가신들이 군주를 보좌하는 경우이고, 다른 하나는 군주와 제후가 같이 통치하는 경우이다. 이 경우에 제후는 군주에 의해 임명된다기보다는 귀족 가문이 오랫동안 지녀온 권리와 재산 등을 통해 그 지위가 유지되는 경우이다. 가신들이 군주를 보좌하는 첫 번째 경우는 군주만이 절대적 권력을 소유하며 후자의 경우는 군주와 제후들이 거의 동등할 정도의 권력과 신민 등을 소유한다. 투르크의 술탄이 첫 번째의 경우이고, 프랑스가 두 번째의 예에 해당된다.

이러한 설명 후에 마키아벨리는 투르크 유형의 국가는 정복하기는 어렵지만 정복하기만 하면 유지하기는 쉽다고 말하며, 프랑스 같은 나라는 그 반대임을 언급한다. 투르크 유형의 국가를 정복하기 어려운 이유는 우선 귀족, 즉 신하들이 모반이나 분란을 일으킬 가능성이 적기 때문이다. 그들은 군주의 은혜를 입어 신하가 되었기 때문이다. 설사 반란을 도모해 외세를 끌어들이려고 해도 신민들이 군주에게만 충성해왔기 때문에 신하들 편을 들기란 여간 어렵지 않다는 것이다. 하지만 강한 군사력을

IV.

CUR DARII REGNUM, QUOD ALEXANDER OCCUPAVERAT, A SUCCESSORIBUS SUIS POST ALEXANDRI MORTEM NON DEFECIT[1].

[1] Considerate le difficultà le quali s'hanno a tenere uno stato occupato di nuovo, potrebbe alcuno maravigliarsi

giorno dopo il 4 novembre 1500; ebbe colloqui con Roano almeno l'1 e il 2 novembre (cfr. *Introduzione*, p. XV).

[2] *Valentino*: Cesare Borgia (1475-1507), figlio di Rodrigo; questi, appena divenne papa, lo nominò arcivescovo di Valencia (1492); cardinale dal '93, nell'agosto 1498 lasciò le cariche ecclesiastiche e ricevette dal re di Francia il ducato del Valentinois: entrambi i titoli, prima quello chiesastico, poi il laico, davano l'aggettivo di *Valentino*. – Il Valentino è protagonista del capitolo settimo.

[3] *popularmente*: 'comunemente'.

[4] *Romagna*: cfr. VII.15.

[49] [1] *la grandezza ... da loro*: Luigi ha aiutato il papa e Ferdinando ad acquistare potenza in Italia, e da questi stessi è stato vinto e scacciato.

[50] [1] *regula generale*: vale anche, infatti, nei rapporti fra individui (*Capitolo dell'ingratitudine*, vv. 172-77: «... quando uno stato mutar fai | dubita chi tu hai principe fatto | tu non li tolga quel che dato gli hai; | e non ti osserva poi fede né patto, | perché li è piú potente la paura | che li ha di te che l'obbligo contratto»).

[2] *raro*: avv., 'di rado'.

[3] *industria*: 'prudenza, abilità'.

[IV] [1] Per quale cagione el regno di Dario, il quale da Alessandro fu occupato, non si rebellò da' sua successori dopo la morte di Alessandro.

통해 일단 승리를 거두면 이러한 군주국은 쉽게 지배할 수 있게 된다. 기존 군주의 가문을 단절시켜버리면 권력의 구심점이 사라지기 때문이다. 신하들은 신민들로 하여금 군주가 받았던 것 같은 신망과 복종을 기대할 수 없기 때문이다. 한편 프랑스 같은 경우는 반대가 된다. 왕과 경쟁관계에 있는 제후들이 많기 때문에 그러한 나라를 침략하려고 하면 쉽게 동조세력을 구할 수 있을 것이다. 그리고 그러한 나라의 문은 침략자에게 쉽게 열릴 것이다. 하지만 문제는 그러한 나라에 들어가고 나서 발생한다. 군주를 손에 쥐고 그 가문을 단절시키더라도 그에 버금가는 권력과 자원을 소유한 제후들이 남아 있기 때문이다. 역사상 다리우스 왕국은 투르크 왕국과 비슷한 나라였으며, 스페인과 그리스 지역은 프랑스와 비슷한 구조였다. 알렉산드로스 대왕이 다리우스 왕국을 확실히 지배할 수 있었던 것도 위와 같은 이유 때문이며, 스페인과 프랑스 그리고 그리스 지역에서 로마에 대한 반란이 수없이 일어났던 것도 앞서 설명했던 것에 그 원인이 있었던 것이다.

다리우스(Darius I) 왕

이렇게 볼 때 정복자는 자신의 능력도 중요하지만 정복지의 구조를 잘 살펴야 한다는 결론이 도출된다. 어떤 정복자는 어떤 지역을 쉽게

알렉산드로스 대왕(Alexander the Great)

유지하지만 다른 정복자는 어려움을 겪어야 했던 이유는 "정복자의 역량(virtù) 여하에 따른 것이 아니라 정복된 지역들의 특성 차이에서 기인한 것"이라는 것이다. 여기서 우리는 마키아벨리가 생각하는 비르투,

즉 군주의 뛰어난 역량은 무에서 유를 창조하는 초인적인 능력이라기보다는 상황의 특수성에 제한받는 극히 인간적인 역량이라는 것을 감지할 수 있는 것이다.

제5장 점령되기 이전에 자신들의 법에 따라서 살아온 도시나 군주국을 다스리는 방법

5장은 『군주론』에서 자유와 법이 가장 많이 언급되는 장이다. 4장에서 정복지가 군주국일 경우 군주국의 두 가지 통치 형태가 언급되었다면, 5장에서는 공화국에 대해 언급한다. 정복지가 주민들이 만든 법과 자유 속에서 살아온 국가, 즉 공화국일 경우, 그것을 통치하는 방법에 대해 말하는 것이다. 이것에는 세 가지가 있는데, 우선 그 나라를 파괴하는 것, 둘째는 그 나라에 직접 가서 사는 것, 셋째는 그들 자신의 법과 관습에 따라 살게 하되 공물을 바치게 하고 정복자에 우호적인 소수의 사람들로 구성된 과두정을 세우는 것이다. 하지만 마키아벨리는 공화국이었던 나라를 지배하는 최선의 방법은 그 나라를 파괴시키는 것이라고 이야기한다. 왜냐하면 그들은 자신들이 누렸던 자유를 잊을 수 없기 때문이다. 그것은 정복자가 제공하는 어떤 이익도 자유에 대한 기억을 능가할 수 없기 때문이다. 그렇기 때문에 공화국이었던 나라를 정복한 경우는 그 지배를 유지하기 위해서 국가를 파멸시키거나 거기에 직접 가서 사는 수밖에 없는 것이다.

반면 군주의 지배에 익숙한 나라는 타국에 복속되어 기존 군주의 혈통이 끊기더라도 한 군주에 복종하는 습성이 남아 누구를 군주로 추대할지에 대해서 합의를 할 수 없을 뿐더러 자유 속에서 살아본 경험도 없기 때문에 결국은 새로운 군주에 쉽게 복종할 것이다.

V.

QUOMODO ADMINISTRANDAE SUNT CIVITATES VEL PRINCIPATUS QUI ANTE QUAM OCCUPARENTUR SUIS LEGIBUS VIVEBANT[1].

[1] Quando quelli stati, che si acquistano come è detto, sono consueti a vivere con le loro leggi e in libertà, a volergli tenere ci sono tre modi: [2] il primo, ruinarle[1]; l'altro[2], andarvi ad abitare personalmente[3]; il terzo, lasciàgli[4] vivere con le sua legge, traendone una pensione[5] e creandovi dentro uno stato di pochi[6], che te lo conservino amico: [3] per-

vittoria di Ottaviano nel 30 a. C.; di volta in volta, le province presero partito per l'uno o l'altro dei contendenti.

[21][1] *Pirro*: re d'Epiro dal 307 al 303 e dal 297 al 272 a. C.; conquistò per breve tempo parti della Macedonia e della Tessaglia e in seguito mosse guerra senza successo ai romani, in Italia meridionale, e a Sparta. Cfr. Giustino XVI 2-3, XVIII 1-2, XXV 3-5 (qui anche il giudizio sintetico: «Tanto melius studebat adquirere imperia quam retinere»).

[2] *disformità del subietto*: 'differenza di situazione'. Pirro è presentato dalle fonti come un valentissimo generale (cfr. Plutarco, *Pirro* 8): M. lo equipara, di fatto, ad Alessandro, e spiega come la diversa fortuna dei due greci si debba alla diversa qualità degli avversari, persiani e romani; è implicita la conclusione che il grande Alessandro non avrebbe superato i romani, se li avesse affrontati (cfr. Livio IX 17-19). Cfr. anche la nota a XVII.16.

[V][1] In che modo si debbino governare le città e principati li quali, inanzi fussino occupati, si vivevano con le loro legge.

[2][1] *ruinarle*: 'distruggerle', come Cartagine e Numanzia; il femminile si rif. a *civitates* della rubrica.

[2] *l'altro*: per dire 'il secondo', è latineggiante.

[3] *personalmente*: cfr. III.12-13.

[4] *lasciàgli*: 'lasciargli, permettere loro di'; alcuni mss, piú pianamente, leggono *lasciarle*.

[5] *una pensione*: 'un tributo'.

[6] *uno stato di pochi*: 'un governo ristretto, una oligarchia'.

이 장에서도 마키아벨리는 전(前) 장에서와 같이 국가의 서로 다른 습성과 상황에 따른 지배 방법의 차이에 대해 이야기한다. 군주국과 공화국의 서로 다른 특성이 그것이다. 우선, 군주국은 군주가 권력을 독점하고 있기 때문에 상하 명령과 복종의 관습이 명확하다. 복종하는 이들은 일을 처리하는 데 있어서 명령이 내려오기만을 기다리기 십상이다. 스스로 알아서 하는 능력이 부재할 수밖에 없는 이유이다. 따라서 명령권자가 없어지면, 즉 군주가 사라지면 군주국의 사람들은 이미 그들의 몸과 마음을 사로잡고 있는 복종의 습관으로 인해 자발적인 행동을 하기가 어렵다는 것이다. 반면 주민들 스스로가 만든 법과 그 속에서 자유롭게 살아온 사람들은 그 어떤 이익을 주어도 그 법과 자유를 대가로 살 수 없다는 것이다. 그렇기에 파멸시키거나 직접 거기 가서 살면서 지배하는 수밖에 없는 것이다. 그렇지 않고 자신의 지지자들로 이루어진 과두 대리정부를 세웠을 때는 언제든지 고래의 제도와 자유에 대한 향수로 인해 위험에 처할 수 있다는 것이다. 복종에 익숙한 군주국과는 달리 공화국에는 더 많은 활력과 더 많은 증오 및 복수에 대한 강렬한 집념이 내재되어 있기 때문에 군주국과는 다른 방법으로 지배해야 하는 것이다. 5장에서도 지배 방식은 상황구속적일 수밖에 없음을 지적하고 있는 것이다.

제6장 자신의 무력과 역량에 의해서 얻게 된 신생 군주국

6장은 역량(virtù)이라는 단어가 『군주론』에서 가장 많이 등장하는 곳이다. 여기서는 자신의 뛰어난 역량에 의해 신생 군주국을 건설하는 이들에 대한 언급이 주를 이룬다. 이 장에서는 초반부에 역량이라는 단어를 사물, 즉 활에도 적용시켜 활의 객관적 능력, 즉 위력을 뜻하는 용어로 사용하기도 한다. 한편 역량이 나오면 그것과 쌍으로 등장하는 단어가 바로 행운(fortuna)이다. 마키아벨리는 군주가 된다는 것은 역량과 행운 둘 중 어느 하나는 누린다는 것을 의미한다고 말한다. 그렇다면 행운보다는 역량에 의존해야 군주의 지위를 더 잘 보존할 수 있음을

VI.

DE PRINCIPATIBUS NOVIS QUI ARMIS PROPRIIS ET VIRTUTE ACQUIRUNTUR[1].

[1] Non si maravigli alcuno se, nel parlare che io farò de' principati al tutto nuovi[1] e di principe e di stato, io addurrò grandissimi esempli. [2] Perché, camminando gli uomini sempre per le vie battute da altri e procedendo nelle azioni loro con le imitazioni, né si potendo le vie d'altri al tutto tenere né alla virtú di quegli che tu imiti aggiugnere[1], debbe uno uomo prudente entrare sempre per vie battute da uomini grandi, e quegli che sono stati eccellentissimi[2] imitare: acciò che, se la sua virtú non vi arriva, almeno ne renda qualche odore[3]; [3] e fare come gli arcieri prudenti, a' quali parendo[1] el luogo dove desegnano ferire[2] troppo lontano, e conoscendo fino a quanto va la virtú del loro arco, pongono la mira assai piú alta che il luogo destinato, non per aggiugnere con la loro freccia a tanta altezza, ma per potere con lo aiuto di sí alta mira pervenire al disegno[3] loro.

[4] Dico adunque che ne' principati tutti nuovi, dove sia uno nuovo principe, si truova a mantenergli piú o meno difficultà secondo che piú o meno è virtuoso colui che gli ac-

«si vede essere vero che con maggiore impeto si vendica una libertà che ti è suta tolta che quella che ti è voluta tòrre».

[VI][1] De' principati nuovi che s'acquistano con l'arme proprie e virtuosamente.

[1][1] *al tutto nuovi*: i capp. II-V formano un blocco che ha per ideale protagonista il principe «antico»; nei capp. VI-IX si considera, invece, l'azione del principe «nuovo».

[2][1] *aggiugnere*: 'giungere, pervenire'; secondo il Fornaciari, ripreso dal Lisio, *a.* farebbe «meglio notare lo sforzo dell'avvicinarsi a qualche cosa».
[2] *eccellentissimi*: sarà superl. relativo.
[3] *ne renda qualche odore*: 'emani qualche sentore del suo profumo' (la virtú dell'imitante assomigli in qualche cosa alla virtú imitata). Bembo, *Prose* I 7: «una nuova [lingua], la quale alcuno odore e dell'una e dell'altra ritenesse».

[3][1] *a' quali parendo... pongono*: invece di 'i quali, parendo loro..., pongono', per attrazione del relativo da parte del verbo piú vicino.
[2] *desegnano ferire*: 'vogliono colpire'.
[3] *disegno*: 'progetto', ma qui per metonimia 'obiettivo'.

언급하고 있다. 그런데 여기서 주목할 점은 마키아벨리가 '유지'의 관점을 더 강조하면서 말하고 있다는 점이다. 권력의 유지를 위해서는 그의 행운보다는 역량이 중요하다고 말하면서 지위의 유지를 위해 역량이 있어야 하며, 자신의 국가나 정복지에 직접 거주해야 자신의 권력을 유지하는 데 더 효과적임을 말하고 있다.

마키아벨리는 자신의 역량으로 군주가 된 인물들의 대표적인 예로 모세, 키로스, 로물루스 그리고 테세우스를 들고 있다. 그런데 이들의 역량을 설명함에 있어서 마키아벨리는 '질료'와 '기회'라는 단어를 사용하고 있다. 역량은 질료를 본인이 생각한 최선의 상태로 만들어낼 수 있는 능력이지만 그것은 그렇게 할 수 있는 상태, 즉 기회가 제공되지 않으면 무용지물이 된다. 역량이 없으면 기회는 그냥 지나가는 것이고, 기회가 없으면 역량은 쓸데가 없는 것이 되는 것이다. 모세의 기량이 발휘될 수밖에 없었던 기회는 유대인들이 이집트인들의 노예 상태에서 탄압받아 신음하고 있는 때였다. 유대인들은 누군가가 자신들의 해방자로 나타나기를 갈망하고 있었던 것이다. 테세우스 또한 아테네인들이 분열되어 있었기 때문에 자신의 역량을 발휘할 수 있는 절호의 기회를 맞이할 수 있었던 것이다. 이러한 기회들이 그들에게 왔을 때 그것을 파악하고 자신의 목적을 위해 활용할 수 있는 능력이 바로 뛰어난 신군주의 역량인 것이다.

이렇게 볼 때 흔히 뛰어난 역량을 활용할 수 있는 기회는 평온한 상태가 아니라 아주 열악한 상태가 대부분이다. 기회란 대개 어떤 일을 위한 조건이 무르익었을 때이기 때문이다. 그렇기에 비범한 역량을 통해 신군주가 되는 사람들은 시련을 겪게 된다. 하지만 마키아벨리는 이들이 권력을 일단 잡게 되면 그것을 쉽게 유지한다고 말한다. 여기서 우리는 다시 한 번 마키아벨리가 권력을 '얻는' 단계와 '유지'하는 단계를 구분함을 볼 수 있다. 마키아벨리는 신군주가 권력을 잡아 국가를 세우는 것은 그것을 유지하는 단계와의 연속성 속에서 생각하고 있는 것이다. 다시 말해 권력을 잡고 그것을 확고히 하기 위해 새로운 제도와 통치양식을 도입해야 함을 역설하고 있는 것이다. 구제도의 몰락 속에서 새 제도를 만들어야 하는 신군주는 그 제도 속에서 살아온 사람들과의 관계에 봉착하게 된다. 다시 말해 구질서로부터 이득을 누리던 사람들에게 신군주는 개혁자로서 적대적이 될 것이며, 새로운 질서를 통해 이득을 볼 사람들은 아직 실현되지 않은 이익으로 인해 신군주를 지지하는 데 미온적일 수밖에 없는 것이다. 따라서 새 질서에 반대하는 이들은 적극적인 반면, 그 지지자들은 반신반의하기에 신군주는 언제나 실패에 처할 가능성이 높아지는 것이다. 여기에 인민들은 잘 변하기 때문에 그들의 마음을 붙잡아두기란 여간 어려운 것이 아니다. 따라서 때로는 힘으로라도 그들을 강제할 수 있는 수단이 필요한 것이다.

이러한 의미에서 마키아벨리는 신군주 혹은 개혁자는 타인에 의지하지 말고 자신의 힘에 의존해야 함을 역설한다. 타인의 힘에 좌지우지되는 것이 아니라 자신의 힘에 기반할 때 개혁을 주도할 수 있다는 것이다. 여기서 무력은 자신의 의지를 관철시킬 수 있는 효과적인 수단이자 본인의 힘으로서 작용한다. 모세, 키로스, 테세우스 그리고 로물루스는 모두 무력을 가지고 있었기에 자신들이 세운 정치질서를 유지할 수 있었다. 하지만 '무장하지 않은 예언자'였던 사보나롤라(Savonarola)는 다중이 그에 대한 믿음을 잃자마자 자신이 세운 새로운 질서와 함께 몰락한 것이다.

여기서 마키아벨리는 사보나롤라라는 피렌체 정체 개혁을 이끌었던 수도사와 이집트에서 유대민족을 이끌어낸 예언자 모세를 비교하고 있다. 사보나롤라는 페라라(Ferrara) 태생의 도미니크 수도회(Dominican

Order) 수사였다. 그는 피렌체의 산 마르코(San Marco) 수도원에 머물면서

사보나롤라(Savonarola)

샤를 8세(Charles VIII)

피렌체의 타락상과 교황청의 부패를 지적하는 설교를 했다. 또한 몇몇 예언적인 설교를 통해 명성이 올라갔는데 그 대표적인 것이 프랑스 왕 샤를 8세의 이탈리아 침입을 예언한 것이었다. 프랑스의 침입으로 메디치 정부가 무너지자 혼란에 빠진 피렌체 시민들은 사보나롤라에게 정권을 맡기게 된다. 사보나롤라는 자신의 신정 정치이념에 따라 민주적인 공화정을 수립한다. 하지만 사보나롤라는 피렌체 정청(政廳)에 머무는 것이 아니라 수도원에 기거하면서 강론과 설교를 통해 자신의 입장을 설파하였다. 기존 권력인 교황청과 피렌체 내의 반대세력과 갈등을 겪으면서 사보나롤라와 그 지지자들은 점차 어려움에 빠져들게 된다. 결정적인 사건은 사보나롤라를 미워하는 한 프란체스코 수도사의 '불의 심판'을 사보나롤라의 열정적인 제자가 받아들이게 된 것이다. 불의 심판은 구약성경에도 나오는 것으로 불 위를 맨발로 지나거나 불에 달군 도구를 통해 하느님의 사람인지 여부를 가리는 것이다. 신체의 일부에 화상이 남으면 하느님의 사람이 아닌 것이고, 아무 흔적도 남지 않으면 하느님의 축복과 선택을 받은 사람이라는 것이다. 사보나롤라는 정작 반대했던 이 불의 심판이 열리지 않게 되자 사보나롤라의 기적을 보고 싶어 했던 피렌체 시민들은 실망과 분노에 휩싸이게 되고 반대파의 주도로 사보나롤라와 그 제자들은 붙잡혀 화형에 처하게 된다.

반면 모세는 사보나롤라와는 달랐다. 그는 성경에 의하면 여러 기적을 통해 이집트에서 핍박받고 있던 유대인들을 해방시켜 가나안 땅으로 데려가는 임무를 수행하게 된다. 광야를 건너 가나안 땅으로 유대인들을 인도하던 모세는 몇 가지 위기에 처하게 되는데 그중 하나가 바로 유대인들의 반란이다. 모세는 시나이 산에 올라가 10계명을 받게 되는데 그 기간이 길어지자 산 아래에 있던 유대인들이 모세의 형인 아론을 필두로 금송아지를 만들어 섬기었던 것이다. 이것을 본 모세가 한 일중의 하나는 그들 중 3천 명가량을 죽인 것이다. 40일 동안 모세가 보이지 않자 그에 대한 의심과 회의를 통해 모세의 질서를 따르지 않게 된 이들을 무력으로 죽인 것이다. 이를 통해 모세는 나머지 유대인들을 무사히 가나안 땅으로 인도할 수 있었던 것이다.

이러한 모세와 사보나롤라와의 비교를 통해 마키아벨리는 정치와 종교의 논리는 다름을 설명하고 있다. 정치권력을 잡았으면서도 정치 영역의 전면에 나서 그 논리를 따르지 않은 사보나롤라는 수도원에서 설교를 통해 자신의 정치적 비전을 설명하려 하였고, 정치권력이 약화되어 갈 때조차도 종교적인 방법에 의존했던 것이다. 반면 모세는 자신의 질서에 반기를 든 사람들을 용서나 설교 등의 방법으로 깨우치려고 했던 것이 아니라 죽임으로써 타인들을 이끌 수 있었던 것이다. '무장한 예언자'와 '무장하지 않은 예언자'라는 표현은 바로 정치와 종교라는 두 영역의 논리가 서로 다름을 언급한 것이다. 무장은 정치 영역의 핵심이며, 예언은 종교 영역의 핵심인 것이다. 사보나롤라와 모세는 둘 다 예언이라는 종교 영역의 힘을 통해 정치권력을 잡을 수 있었다. 하지만 종교적 수단을 통해 종교권력이 아니라 정치권력을 잡았다면 정치적 수단을 통해 정치권력을 유지할 준비가 되어있어야 하는 것이다. 종교와 정치는 엄연히 다른 논리와 방법을 통해 움직이기 때문이다. 하지만 사보나롤라는 종교 영역의 논리를 끝까지 포기하지 않았다. 무력이라는 정치논리를 외면함으로써 그는 종교 영역에서는 루터(Luther)의 선구자라는 명칭을 얻을 수는 있었지만 정치권력은 잃을 수밖에 없었다.

여기서 마키아벨리는 유연함이 필요함을 강조하고 있는 것이다. 비록 예언과 설교라는 종교적 힘을 통해 생각지도 못한 정치권력을 얻었지만 일단 정치권력을 얻게 되면 그것을 유지하기 위해서는 종교가 아니라 정치 영역의 논리를 간파해야 했던 것이다. 하지만 사보나롤라는 경직되어 있었기에 실패할 수밖에 없었던 것이다. 마키아벨리가 유능한 개혁자들이 겪는 시련을 극복할 수 있는 뛰어난 역량은 무장(武裝) 같은 물질적인 것뿐만 아니라, 바로 이러한 상황 변화와 그것에 유연하게 대처할 수 있는 능력 또한 포함하는 것이다. 이에 대해서는 다음 장인 7장에서 체자레 보르지아의 예를 통해 자세히 언급하고 있다.

6장의 마지막 부분에서 마키아벨리는 시라쿠사의 히에론 왕의 예를 들고 있다. 덜 중요한 사례임에도 마지막에서 언급하고 있는 것은 그 다음 장들에서 전개될 핵심 지점들을 지적하는 중요한 부분이기 때문이다. 그것은 '토대'(fondamento)에 대한 언급이다. 히에론은 기회를 잘 활용하여 일개 시민에서 군주가 된 인물이다. 그는 위기의 상황에서 장군으로 뽑혔는데 그 기회를 이용하여 기존의 용병대를 없애고 자국군을 조직했으며, 예전의 동맹을 해체하고 새로운 동맹을 결성하였다. 자신의 군대와 신뢰할 수 있는 동맹, 이것을 기반으로 그는 자신이 원하는 국가를 건설할 수 있었던 것이다. '자국군'과 '믿을 만한 동맹', 이것이 바로 굳건한 국가의 토대인 것이다. 6장의 대미를 장식하는 "그에게 어려운 일이란 권력을 얻는 것이었지, 유지하는 것이 아니었"다라는 말은 바로 이 '토대'와 관련된 것이다. 굳건한 국가의 토대는 자국군과 믿을 만한 동맹인데, 그것을 만드는 것은 지난(至難)한 일이라는 것이다. 하지만 그것을 이루기만 하면 권력을 유지하는 것은 그 토대에 기반해 용이하다는 것이다. 문제는 굳건한 권력의 토대를 어떻게 쌓는가라는 것이다. 또한 그것을 할 수 있는 능력이 바로 신군주의 역량인 것이다.

제7장 타인의 무력과 호의로 얻게 된 신생군주국

7장은 『군주론』의 장들 중에서 가장 긴 장 중의 하나이다. 1장부터 강조되는 역량의 중요성을 생각해볼 때, 스스로의 역량과 무력에 의해 신군주가 된 이들을 설명하는 6장보다 타인의 무력이나 호의로 군주가

VII.
DE PRINCIPATIBUS NOVIS QUI ALIENIS ARMIS
ET FORTUNA ACQUIRUNTUR[1].

[1] Coloro e' quali solamente per fortuna diventano di privati principi, con poca fatica diventono, ma con assai si mantengono; e non hanno alcuna difficultà fra via[1], perché vi volano[2]: ma tutte le difficultà nascono quando e' sono posti. [2] E questi tali sono quando[1] è concesso ad alcuno uno

[27] [1] *di privato*: «ex ancilla natus» (Giustino).
[2] *né ancora lui*: 'e anch'egli non'.
[3] *conobbe*: 'dovette riconoscere' (di avere avuto).
[4] *occasione*: Polibio scrive qualcosa di simile («si procurò il dominio sui siracusani ... senza avere avuto dalla sorte né ricchezza né fama») in un frammento (VII 8) che fu, per altro, reso noto in occidente soltanto nel XVII secolo (*Excerpta de virtutibus et vitiis*).
[5] *oppressi*: 'molestati' dai Mamertini, guerrieri campani che avevano occupato Messina.
[6] *capitano ... principe*: «consentiente omnium civitatium favore dux adversus Karthaginienses primum, mox rex creatur» (Giustino).

[28] [1] *etiam in privata fortuna*: 'anche quando era un privato cittadino'.
[2] *quod... regnum*: 'che niente gli mancava, a essere principe, altro che il titolo'; da Giustino: «prorsus ut nihil ei regium deesse praeter regnum videretur» (Polibio I 8 parla di «una natura straordinariamente adatta al regno e al governo» [trad. C. Schick]). Cfr. anche la Dedica dei *Discorsi*.

[29] [1] *della ... delle*: sono art. partitivi.
[2] *edificare ogni edifizio*: riprende la metafora di II.6 (e cfr. poi VII.8).

[VII] [1] De' principati nuovi che s'acquistano con le arme e fortuna di altri.

[1] [1] *fra via*: cfr. VI.24.
[2] *vi volano*: 'volano al principato'.

[2] [1] *sono quando* ecc.: prop. temporale con valore esplicativo; la Bladiana scioglie: «sono quelli a chi è concesso».

된 이들을 설명하는 7장이 더 긴 것은 의문의 여지가 충분히 있다. 하지만 이는 당시의 상황을 생각해보면 충분히 이해가 가는 일이다. 마키아벨리가 『군주론』을 저술할 당시 메디치 가문은 이탈리아 중부의 거대한 영토를 손에 쥐고 있었다. 교황국의 수장인 교황 레오 10세가 메디치 가문의 일원인 데다가 피렌체 영토를 메디치가가 지배하고 있었으니,

이탈리아 중부의 영토가 메디치 가문의 지배하에 있었던 것이다. 우르비노 공이 된 로렌초는 교황의 힘 덕분에 우르비노를 차지할 수 있었던 것이며, 교황국도 자신의 무력이 아니라 우연히 메디치 가문의 통치 아래 들어온 것이었다. 『군주론』의 독자인 메디치 가문에겐 자신의 무력이나 역량에 의해 신군주가 된 경우보다는 운이 좋은 군주가 어떻게 행동해야 하는지를 다룬 이 장이 더 직접적으로 연관되었던 것이다. 이것은 7장의 주인공으로 서술되는 체자레 보르지아(Cesare Borgia)의 예에서도 분명히 드러난다. 그는 교황 알렉산더(Alexander) 6세의 아들로 아버지 덕택에 교황군의 수장이 되었던 인물이다. 그는 운이 좋아 높은 위치에 오르고 군주가 되었지만 그것에 머물지 않고 자신의 능력을 통해 영토를 확장하고 권력 기반을 확충한 인물로 그려진다. 메디치 교황의 비호 하에 영토를 확장하고자 했던 메디치 가문에게 이보다 더 흥미 있는 인물은 없었을 것이다.

7장의 시작에서 마키아벨리는 운이 좋아 군주가 된 인물은 군주에 오르는 단계는 쉽지만, 권력을 유지하는 단계는 어려움을 겪게 된다고 말한다. 이런 경우는 대개 "국가나 영토를 돈으로 사거나 타인의 호의로 얻게 되었을 때" 일어나게 된다. 그것은 군주의 지위에 오를 때 그것을 유지하기 위해 쌓아야 하는 기반을 닦지 못했기 때문이다. 따라서 자신의 능력을 통해 토대를 쌓지 못하고, 준비되지 않은 채 운 좋게 갑자기 나라를 얻은 군주는 권력의 유지를 위한 기반을 쌓아야 하는 것이다. 이를 위해 마키아벨리가 모범적인 사례로 든 것이 바로 체자레 보르지아의 예이다. 마키아벨리는 보르지아가 비록 아버지의 후광을 통해 발렌티노 공이라는 지위를 얻었지만 "위대한 역량"(gran virtù)을 가지고 권력의 토대를 구축한 인물로 평가한다. 보르지아의 행적들은 크게 두 가지 사건을 통해 대표된다. 첫째는 시니갈리아(Sinigaglia) 사건이며, 두 번째는

교황 알렉산더(Alexander) 6세

체자레 보르지아(Cesare Borgia)

레미로 데 오르코(Remirro de Orco) 사건이다. 시니갈리아 사건을 통해 보르지아는 자신의 군대를 조직하여 신뢰할 만한 무력을 갖추게 된다.

레미로 데 오르코 사건을 통해서는 인민의 지지를 확보할 수 있게 된다.

당시 이탈리아의 정세는 혼란 상황에 있었다. 교황의 입장에서 보았을 때 교황과 그의 아들 발렌티노 공은 아무것도 제대로 할 수 없는 상황이었다. 우선 베네치아와 밀라노는 교황국을 포함하여 어떤 나라든지 힘이 성장하는 것을 꺼려하고 있었다. 여기에 교황국의 군사력은 로마의 군벌 귀족가문들인 오르시니(Orsini) 가문과 콜론나(Colonna) 가문이 지니고 있었다. 이들은 자신들의 권력을 유지하고자 교황의 힘이 세지는 것을 견제하고 있었다. 이에 알렉산더 교황은 프랑스 세력에 의지하기 시작한다. 프랑스의 루이 12세가 밀라노를 점령하자 그의 군대를 이용해 로마냐를 점령하였던 것이다. 로마냐 지역을 점령하고 콜론나 파까지 제압하였지만 보르지아에게는 근본적인 문제가 해결되지 않고 남아 있었다. 그것은 자신의 군사력을 이루고 있던 이들을 믿을 수 없다는 것이었다. 자신이 고용한 오르시니 가문의 군대나 자신을 돕고 있는 프랑스군은 여전히 자신보다는 오르시니 가문이나 프랑스 왕에 충성하는 것 같았으며, 나아가 자신이 정복한 영토마저 강탈해갈 것처럼 보였던 것이다. 그런데 이러한 심증은 곧 물증을 확보하게 된다. 오르시니 군대는 파엔차 점령이나 볼로냐 진격에서 적극적이지 않고 소극적이었으며, 프랑스 왕은 토스카나로 진격하는 것을 허용하지 않았던 것이다. 이에 보르지아는 더 이상 타인의 힘이 아니라 자신의 힘에 의존하기로 결정한다.

우선 로마의 강력한 군벌들이었던 콜론나 가문과 오르시니 가문의 추종자들을 회유하고 상을 내림으로써 자신의 휘하에 들어오도록 획책하였다. 나아가 콜론나 가문의 지도자들을 제압한 후 오르시니 가문의 지도자들을 제거하고자 하였다. 이에 오르시니 가문은 교황과 체자레 보르지아의 의도를 눈치 채고 반란과 소요를 일으키지만 보르지아는 프랑스의 도움을 얻어 그것을 제압하게 된다. 하지만 프랑스의 힘 또한 자신의 힘이 아니기에 보르지아는 프랑스의 힘이 아니라 자신의 힘에 의지하고자 하였다. 그러나 아직은 부족한 자신의 힘 때문에 보르지아는 속임수에 의존하게 된다. 그는 파올로 오르시니를 통해 오르시니 가문과 겉으로 화해를 한 다음에 그들을 시니갈리아에 초청한다. 보르지아의 환대와 뇌물 공세 등에 마음을 놓은 오르시니 가문 지도자들은 시니갈리아로 가서 공작이 파놓은 함정에 빠져 모두 목숨을 잃게 된다. 마키아벨리는 이 부분을 서술하면서 보르지아는 "그[오르시니 가문: 필자] 지도자들을 죽이고 그 추종자들을 포섭함으로써 [……] 매우 확고한 권력 기반을 마련하게 되었"다라고 적고 있다. 이것은 바로 자신의 군대를 만든 것이다. 자신의 군대를 새로 조직한 후 거기에 지도자들이 죽고 우왕좌왕하던 용병들을 흡수하여 더 강력한 군대를 만든 것이다. 이러한 체자레 보르지아의 행적은 군대에 대해 설명하는 13장에 좀 더 자세히 설명되어 있다. 처음에는 프랑스의 원군에 의존하고 이어서 이탈리아의 용병대에 의존한 보르지아는 이 두 군대가 모두 신뢰할 수 없는 군대라는 것을 알게 되자 자신의 힘이 사상누각에 지나지 않음을 깨달았던 것이다. 이러한 나약한 권력 기반을 극복하고 강력한 토대를 세우고자 보르지아는 자신의 힘이 미약했기에 비록 속임수를 써서라도 자기 군대를 만들었던 것이다.

마키아벨리는 시니갈리아 사건을 서술한 다음 레미로 데 오르코 사건을 서술한다. 이것은 특히 마키아벨리가 모방할 가치가 있는 것이라고 강조하고 있다. 그런데 그것의 핵심은 체자레 보르지아가 귀족들의 전횡으로 도탄에 빠져 있던 인민들을 구해내고 그들의 지지를 얻어내는 것이다. 이것은 보르지아가 로마냐 지역을 점령한 후 행한 정책들에서 잘 드러난다. 로마냐를 정복한 후 보르지아가 발견한 것은 영주들이 신민들을 제대로 다스리기는커녕 "약탈의 대상"으로 삼았다는 것이다. 이로 인해 영주들은 "질서보다는 무질서의 근원"이 되었으며 "그 지역은 도둑질,

싸움 그리고 온갖 불법적인 행위가 횡행"하고 있다고 적고 있다. 영주의 전횡으로 피폐해진 이러한 로마냐 지역에 대한 언급은 마키아벨리의 『로마사 논고』에 더 자세히 나와 있다. 그는 3권 29장에서 "가장 사악한 삶의 방식을 보여주는 전형적인 사례"로 로마냐 지역을 들고 있다. 특히 그는 이러한 황폐화의 원인을 영주들의 사악함에서 찾았고 그것이 인민들의 성품까지 전염시켰다는 것이다. 마키아벨리가 예로 든 것은 영주들이 가난했지만 부유하게 살기 위해 인민들을 수탈하였는데, 특히 그 방법이 아주 비열했다는 것이다. 특정 행동을 금지하는 법을 만들어놓고 영주 자신들이 복종하지 않고 인민들이 그것을 따라하는 것 또한 방기하였다. 하지만 많은 수가 법을 위반하게 되자 처벌하게 되었는데 그 이유는 법치의 확립이 아니라 더 많은 벌금을 징수해서 영주 자신의 배를 채우기 위해서였다. 이로 인해 인민들은 더 피폐해지고, 법치가 무너진 상황에서 사람들은 수단과 방법을 가리지 않고 약자를 수탈하여 자기의 사적 이익을 챙기려고 하게 되었다는 것이다.

이렇게 사악하고 강력한 영주들이 버티고 있던 로마냐 지역을 평정하기 위해 보르지아가 썼던 방법은 레미로 데 오르코라는 잔인한 인물을 파견한 것이다. 그에게 전권을 주어 단기간에 영주들을 제어하고 질서를 회복하였다. 하지만 잔인한 방법은 비록 그것이 자신을 위해 하는 일일지라도 보는 이들로 하여금 불안에 떨 수 있게 만든다. 인민들은 자신들을 수탈하던 영주들이 레미로 데 오르코의 잔인하고 대담한 방법에 의해 제거되자 처음에는 희열을 느꼈을 수도 있을 것이다. 하지만 잔인함이 반복되면 그것이 자신들에게로 언제 향할지 모른다는 불안감을 느꼈을 것이다. 그리고 그것은 불만과 미움으로 변할 수 있는 것이다. 이러한 분위기를 감지한 보르지아는 우선 시민재판소를 설치한다. 이것은 그 지역의 저명한 재판장의 감독 하에 각 도시들에서 파견한 법률가들이 모여 일하게 한 것이다. 이것을 통해 보르지아는 법을 통한 통치의 의지를 보여준다. 그런데 그러한 행위는 인민들의 마음을 향하고 있었다. 다시 말해 인민들은 레미로 데 오르코의 잔인함에 불만과 미움을 품고 있었고 그것은 레미로를 파견한 보르지아로 향하고 있었던 것을 그는 잘 알고 있었기 때문이다. 시민재판소의 설치를 통해 보르지아는 적어도 레미로의 잔인함은 자신과는 상관없는 레미로 자신의 문제임을 보여주려고 하였던 것이다. 하지만 레미로를 보냈던 것은 보르지아였기에 인민들의 의심이 완전히 사라진 것은 아니었다. 마지막으로 보르지아가 해야 했던 것은 레미로와 자신의 관계를 끊는 것이었다. 따라서 보르지아는 기회를 보다가 레미로 데 오르코를 참수하여 체세나의 광장에 모든 사람이 볼 수 있도록 그의 시체를 전시하였다. 이로써 인민들은 보르지아를 믿을 수 있었고 그에게 전폭적인 지지를 보내게 되었던 것이다.

시니갈리아 사건을 통해서 자신의 군대를 가질 수 있었으며, 레미로 데 오르코 사건을 통해서는 인민의 확고한 지지를 얻어낼 수 있었던 것이다. 자기 군대와 인민의 지지라는 권력의 확고한 기반을 마련할 수 있었던 보르지아는 또한 정치는 권력의 관계라는 것을 잘 알고 있었다. 다시 말해 3장에서 마키아벨리가 프랑스 루이 왕이 이해를 하지 못했다고 언급한 국가통치술의 핵심으로서 권력관계이다. 주변 세력들을 강화시키지 않으면서 동맹을 통해 자신의 힘을 배가시키는 것, 나아가 위협 세력은 단호히 제압하여 자신의 힘을 강화시키는 것 등을 말하는 것이다. 이런 의미에서 마키아벨리는 체자레 보르지아의 모범적 행적을 다음과 같이 정리한다. "첫째로 적에게 효과적으로 대처, 둘째로 동맹 맺는 것, 셋째로 정복하는 것, 넷째로 인민들로부터 충성과 공포심을 확보하는 것, 다섯째로 군대로부터 복종과 존경을 확보하는 것, 여섯째로 당신에게 해를 가하거나 가할 수 있는 자들을 무력화시키거나 말살하는 것, 일곱째로 낡은 제도를 새로운 제도로 개혁하는 것, 여덟째로 엄격하면서도 친절하고 고결하면서도 관대하게 처세하는 것, 아홉째로 불충한 군대를 해체하고 새로운 군대를 조직하는 것, 열째로 왕이나 다른 지배자들과 동맹을 맺어 호의를 베풀게 하거나 피해를 입히는 것을 주저하게 만드는 것." 이것은 국외적으로는 동맹을 잘 맺는 것과 관련되며, 국내적으로는 자국군의 건설과 인민의 지지 확보와 관련되는 것이다. 새로운 제도의 개혁이나 처세에 관한 것은 인민의 지지를 확보하는 것과 관련이 있다. 물론 자신에게 해를 끼칠 수 있는 세력의 무력화 등은 군주 자신의 권력 강화를 위해 반대자의 권력을 약화시키는 것과 관련된다. 국내외적으로 국가를 어떻게 튼튼한 반석 위에 세울 것인가의 관점에서 체자레 보르지아를 통해 마키아벨리가 말하고자 한 것은 권력은 '관계적인 것'이기에 혼자 힘만으로는 부족하다는 것이다. 동맹이 필요하고, 인민의 지지가 필요하며 그들로 이루어진 자국군이 필요하다는 것이다. 물론 아버지의 죽음과 자신의 갑작스런 병환으로 보르지아는 권좌에서 물러나게 된다. 하지만 마키아벨리가 보기에 그는 자신의 힘이 다 떨어진 상황 속에서도 권력의 토대가 얼마나 견고했는지를 보여주었다. 로마냐의 인민들이 "한 달 이상이나 그를 기다렸고", 로마에서 "그가 거의 반죽음의 상태였는데도 안전"했던 것은 바로 그가 쌓았던 권력의 안정된 기반을 반증하는 것이었다.

제8장 사악한 방법을 사용하여 군주가 된 인물들

8장에서는 전적으로 운이나 역량에 의한 것이 아닌 다른 두 가지 방법들을 언급한다. 그것은 전적으로 사악한 수단을 통해 군주가 되는 경우와 동료 시민들의 지지를 통해 군주가 되는 경우이다. 8장의 주제는

VIII.

DE HIS QUI PER SCELERA AD PRINCIPATUM PERVENERE[1].

[1] Ma[1] perché di privato si diventa principe ancora in dua modi, il che[2] non si può al tutto o alla fortuna o alla virtú attribuire, non mi pare da lasciarli indreto, ancora che dell'uno[3] si possa piú diffusamente ragionare dove si trattassi[4] delle republiche. [2] Questi sono quando o per qualche via scelerata e nefaria[1] si ascende al principato, o quando uno privato cittadino con el favore degli altri sua cittadini diventa principe della sua patria. [3] E parlando del primo modo si mosterrà con dua esempli, uno antico, l'altro moderno, sanza entrare

[49] [1] *cagione ... sua*: 'causa della propria definitiva sconfitta'. – Il Valentino e Giuliano sottoscrissero un vero e proprio accordo: i cardinali spagnoli concedevano il loro voto al Della Rovere, e questi prometteva di nominare Cesare gonfaloniere della Chiesa e di lasciarlo nei suoi stati. Dopo l'elezione, Giulio continuò per qualche tempo a «intrattenere» (scrive M.) il Duca, forse anche pensando di servirsene contro i veneziani. Ma quando, alla fine di novembre, quello si portò a Ostia, con l'intenzione di imbarcarsi e raggiungere la Romagna, il papa lo fece arrestare e riportare a Roma: la vicenda del «principe nuovo» si era conclusa. «Cosí la potenza del duca Valentino, cresciuta quasi subitamente non manco con la crudeltà e con le fraudi che con l'armi e con la potenza della Chiesa, terminò con piú subita ruina, esperimentando in sé medesimo di quegli inganni co' quali il padre ed egli avevano tormentati tanti altri» (Guicciardini, *St. d'It.* VI 6). Cesare poté barattare la consegna delle fortezze rimastegli fedeli in Romagna con un salvacondotto per Napoli, dove giunse il 28 aprile del 1504; imprigionato a tradimento, fu trasferito (28 agosto, secondo il Buonaccorsi) in Spagna; riuscí a liberarsi e a rifugiarsi presso il cognato Giovanni d'Albret, re di Navarra, combattendo per il quale – contro un feudatario ribelle – morí il 12 marzo 1507 con la spada in pugno.

[VIII] [1] Di quelli che per scelleratezze hanno acquistato principati.

[1] [1] *Ma*: l'avversativa si potrebbe rif. a VI.5: «...diventare di privato principe ... presuppone o virtú o fortuna»; se non si tratta soltanto di una forma di transizione (cfr. IX.1).

[2] *il che*: 'il quale duplice modo'.

[3] *dell'uno*: ossia del secondo menzionato al par. sg. («quando uno privato cittadino con il favore» ecc.); si può confrontare l'esempio di Clearco in *Disc.* I 16 (ma Clearco presenta anche tratti di efferatezza).

[4] *trattassi*: imperfetto potenziale ('eventualmente si discorresse'); cfr. Dante, *Inf.* IX 56: «ché se 'l Gorgòn si mostra e tu 'l vedessi...»

[2] [1] *nefaria*: lat., 'abominevole', peggio che *scelerata*.

전자로 아가토클레스(Agathocles)와 올리베로토(Oliverotto)의 예를 통해 설명하고 있다.

아가토클레스는 보통 시라쿠사의 폭군으로 알려진 인물이다. 그는 평범하고 미천한 가문에서 일약 시라쿠사의 군사령관에 오를 정도로 "심신의 기백"(virtù di animo e di corpo)이 특출했던 인물이다. 그는 사령관이 되고 나서 무력을 통해 권력을 잡고자 결심하였고, 전쟁 중에 음모를 꾸미게 된다. 시라쿠사의 인민들과 원로원을 소집하여 중요한 결정을 해야 할 것처럼 속인 다음에 속속 모여든 시라쿠사의 지도층을 자신이 매복해둔 군사를 동원해 죽인 것이다. 이후 카르타고와의 전쟁 속에서 많은 어려움을 겪었지만 결국 시라쿠사를 지켜내게 된다. 이러한 아가토클레스의 행적을 언급한 후 마키아벨리는 그가 오로지 자신의 힘을 통해 역경을 극복했음을 언급한다. 그러나 마키아벨리는 "동료 시민을 죽이고, 친구를 배신하고, 신의가 없이 처신하고, 무자비하고, 반종교적인 것을" 비르투(virtù)라고 부를 수 없다고 말하고 있다. 왜냐하면 이런 행동은 권력, 즉 지배권(imperio)은 가져다줄 수 있겠지만 영광(gloria)은 가져다줄 수 없기 때문이다. 이러한 언급을 한 후 마키아벨리는 아가토클레스가 온갖 역경과 위기를 극복한 역량(virtù) 면에서는 뛰어났음을 인정한다. 하지만 온갖 악행을 저지르고 비인간적인 행위를 한 그는 훌륭한 인물로 여겨질 수 없다고 말한다. 그러기에 그가 행한 업적은 운이나 역량 중 어느 것에 의존한 것이 아니라고 말한다. 여기서 우리는 마키아벨리의 역량 개념에 있어서 중요한 한 가지 사실을 발견할 수 있다. 그것은 역량이 오로지 개인의 목적을 위해 수단과 방법을 가리지 않는 비열한 능력은 아니라는 것이다. 그것은 영광과 관련이 되는데 영광은 개인적인 것이 아니라 지극히 공적인 것이다. 영광은 국가나 공동체를 위해 희생을 하거나 큰 업적을 거두었을 때 주어지는 것이기 때문이다. 자신의 권력을 장악하고 유지하기 위해 아가토클레스가 저질렀던 "비인간적인 행동"과는 전혀 다른 것이다.

이어서 마키아벨리는 페르모의 올리베로토에 대해 설명한다. 그는 어려서 부친을 여의고 외삼촌인 조반니 폴리아니에 의해 양육되었다. 그는 비텔리 가문에 보내져 군무를 익히게 되는데 그 뛰어남으로 인해 곧 장군이 된다. 하지만 그는 페르모의 군주가 될 음모를 꾸미게 된다. 자신을 키워준 조반니 폴리아니를 속여 페르모에 자신의 군대를 데려간 올리베로토는 페르모의 저명한 인사들을 꾀어 연회를 베풀고 거기서 그들을 모두 죽이게 된다. 이러한 음모와 참살을 통해 올리베로토는 페르모의 권력을 잡게 된다. 마키아벨리는 올리베로토 또한 역량을 가지고 있음을 언급한다.

하지만 이러한 언급보다 더 비중 있게 다루어지는 것은 아가토클레스나 올리베로토 같은 인물들이 비인간적인 행위들을 저지르고도 어떻게 자신의 권력을 유지할 수 있었나 하는 물음이다. 왜냐하면 어떤 이들은 잔인하고 비인간적인 행위를 저지를 경우 권력을 잃었기 때문이다. 이에 마키아벨리는 그것은 "잔인한 조치들이 잘 이루어졌는가, 또는 잘못 이루어졌는가"에 따른 것이라고 말한다. 여기서 "잘"의 의미는 시의적절하게 단번에 이루어졌는가의 의미이다. 그렇지 않고 계속해서 반복적으로 그런 악행들이 저질러진다면 그것은 패망을 초래하게 될 것이다. 다시 말해 권력의 장악을 위해서는 어쩔 수 없는 폭력행위가 필요할 수 있는데 그 경우 적절한 시기에 단번에 집중적으로 행해져야 한다는 것이다. 그리고 그것이 끝나면 바로 시혜행위, 즉 선행이 베풀어져야 한다는 것이다. 그렇지 못했을 경우, 즉 우유부단한 폭력의 사용으로 계속해서 칼을 들거나 그것을 사용해야 하는 경우가 생기면 인민들은 등을 돌리게 될 것이기 때문이다.

능력만 있다고 그것을 비르투(virtù)라고 부를 수 없는 것이다. 역경과 위기를 헤쳐 나갈 수 있는 능력은 칭송받아 마땅하나 그것이 비인간적인 행위와 연계될 때 그것은 마키아벨리적 의미에서 비르투(virtù)는 아닌 것이다. 영광이 없기 때문이다. 영광은 공동체 내에서만 의미가 있는 것이고 그것은 공적인 것이다. 혼자만 생각하는 사적인 것이 아니라 타인과의 관계 속에서 공동의 것을 생각할 때 나올 수 있는 것이다. 이런 의미에서 비르투(virtù)는 공적인 것이라고 할 수 있다. 하지만 악행을 저질렀던 이들에게도 배울 것은 있다. 그들은 권력을 쟁취했고 나아가 그것을 지켜냈기 때문이다. 악행을 저지르고 실패했던 이들과 달리 그들이 가지고 있었던 능력은 바로 폭력을 효율적으로 사용할 수 있는 법을 알고 있었던 것이다. 권력의 쟁취와 유지를 위해 기존의 권력자들에게 사용되어야만 하는 폭력이라면 그것은 필요할 때 시의적절하게 단번에 사용되어야 하는 것이다. 그렇게 해야 폭력의 항상화를 막을 수 있는 것이다. 나아가 시혜를 베풀 상황이 되는 것이다. 폭력의 일상화를 막고 시혜를 베풀어야 하는 이유는 그것을 통해 인민들의 지지를 얻을 수 있기 때문이다. 잔인함을 반복적으로 행할 경우 그것은 두려움을 양산하고 인민들의 분노를 사게 될 것이라는 것은 앞장의 레미로 데 오르코의 경우에서 본 바와 같다. 폭력의 시의적절한 효율적 사용이라는 문제는 군주가 아무 때나 하고 싶은 대로 하는 것이 아니라, 바로 그를 둘러싸고 있는 인민들과의 관계에서 결정되는 것이다. 문제는 군주가 아니라 인민인 것이다.

그런데 가해행위는 단번에, 시혜행위는 천천히 베풀어야 한다는 주장은 인간관계의 변화와 역동성을 잘 보여주는 말이다. 조삼모사(朝三暮四)라는 말이 있다. 이것은 알려져 있듯이 원숭이한테 아침에 도토리를 3개, 저녁에 4개 주겠다고 하니까 원숭이가 화를 내서 아침에 4개 저녁에

3개를 주겠다고 했더니 원숭이가 좋아하더라는 말이다. 일반적으로 어리석은 사람을 비유해서 쓰는 말이다. 똑같이 7개인데 그것을 어떤 때는 좋아하고 어느 경우는 싫어하기 때문이다. 그러나 조삼모사가 진정 표현하고 있는 의미는 똑같은 자원을 가지고 어떻게 구성하는가에 따라 효용과 만족의 양, 나아가 에너지를 늘릴 수 있다는 것이다. 아침에 3개를 주고 저녁에 4개를 주면 화를 내는 반면, 아침에 4개를 주고 저녁에 3개를 주겠다고 하니 기뻐한다는 것은 똑같은 7개의 자원으로 전자처럼 하면 7개의 효용을 반감시키는 것이며, 후자처럼 하면 그 효용을 배가시키는 것이다. 일정한 자원의 에너지는 그 관계나 구성을 어떻게 맺음으로 해서 산출되는 양이 달라질 수 있다는 것이다. 똑같은 사람들도 관계에 따라 그 구성체의 에너지가 배가 되기도 하고 반감되기도 하는 것이다. 공동체의 에너지는 그 국민의 수에 따라 물리적으로, 그리고 객관적으로 고정되어 있는 것이 아니라, 관계의 구성에 따라 달라진다는 것이다. 관계적 힘의 역동성을 지적한 것이다. 제한된 혹은 주어진 자원을 가지고 최대한의, 혹은 가장 효율적인 산출물을 만들어낼 수 있는 것이 군주 혹은 리더의 능력인 것이다.

이것은 한 조직이나 공동체를 통치하는 법에 대한 혜안을 보여준다. 그 조직이나 공동체의 역량은 정해져 있는 것이 아니라는 것이다. 관계를 어떻게 구성해내는가에 따라 달라진다는 것이다. 이것은 관계적 권력관을 보여주는 것이다. 관계를 어떻게 맺는가에 따라 권력을 배가 혹은 반감시킬 수도 있는 것이다. 열 번 잘못한 사람이 한 번 잘 해준 경우와 열 번 잘 해준 사람이 한 번 잘못하는 경우를 비교해보자. 수량적으로는 전자는 한 번 잘해준 것이고, 후자는 아홉 번 잘 해준 것이지만, 사람들은 일반적으로 전자의 경우, '와~ 그 사람이 그랬어!' 하고 호감을 가지고, 후자의 경우는 '아니, 이 사람이 겨우 이거였어!' 하고 비호감을 가지게 된다. 산술적인 계산으로 설명되지 못하는 관계의 논리가 있는 것이다. 그리고 그것에 착목했을 때, 주어진 자원으로 산출할 수 있는 결과물은 고정된 것이 아니게 된다. 관계 속에서 반감되기도 하고 배가되기도 하는 그러한 살아 있는 존재로서 공동체 전체의 에너지에 대한 관점이 숨어 있는 것이다.

제9장 시민형 군주국

동료 시민들의 지지에 의해 군주가 되는 것을 논하는 9장은 '관계의 정치'를 논하는 『군주론』의 핵심 문제를 드러내는 장이라고 볼 수 있다. 그것은 공동체 구성의 핵심세력들을 언급하고 그들과의 관계 설정이 어떻게 되어야 권력을 유지하는 데 이로운가를 설명하고 있기 때문이다.

우선 마키아벨리는 동료 시민들의 지지에 의해 군주가 된 경우를 '시민형 군주국'이라고 명명한다. 그리고 시민형 군주국의 군주가 되기 위해서는 역량이나 행운보다는 행운을 잘 이용할 줄 아는 영리함이 필요하다고 말한다. 그런데 이러한 영리함이란 바로 누구에 기대어 자신의 권력 기반을 마련해야 하는가를 파악할 줄 아는 능력을 의미하는 것이다. 이것을 설명하기 위해 마키아벨리는 공동체를 구성하는 핵심세력을 언급한다. 그들은 바로 인민(popolo/populo)과 귀족(grandi)이다. 그런데 이들은 서로 대립하고 긴장관계에 있다. 귀족은 지위와 부 등을 이용하여 인민들을 지배하고 억압하고자 한다. 반면 인민들은 억압받지 않고 자유롭게 살기를 원한다. 이들의 대립관계 속에서 정치체제가 구성되는데 그것으로부터 가능한 세 가지의 정치체제는 군주정(principato), 공화정(libertà) 그리고 무정부상태(licenza)이다. 군주정은 『군주론』의 대상이고, 공화정은 『로마사 논고』의 서술 대상이다. 무정부상태는 군주정과

IX.

DE PRINCIPATU CIVILI[1].

[1] Ma[1] venendo all'altra parte, quando uno privato cittadino, non per sceleratezza o altra intollerabile violenzia, ma con il favore delli altri sua cittadini diventa principe della sua patria[2], – il quale[3] si può chiamare principato civile: né a

[29] [1] *Per che*: ossia 'per la qual cosa', meglio che *Perché* (nelle edizioni precedenti), causale o pseudocausale.

[30] [1] *uno principe ... tu...*: cfr. III.13 e nota.
[2] *o di male o di bene*: parrebbe riferirsi alla qualità dell'*accidente* (cosí Carli, ecc.), ma la frase seguente lega l'alternativa piuttosto al segno del *variare*, o verso la crudeltà o verso il beneficio, – inefficace l'una, inutile l'altro, se imposti dai *tempi avversi*.
[3] *forzato*: 'non spontaneo'.
[4] *non te n'è saputo grado alcuno*: 'di ciò non sentono i sudditi alcuna gratitudine verso di te'. Cfr. lett. al comune di Marradi, 24 gennaio 1512: «questa signoria, pagando gli uomini, vuole che gliene sia saputo grado»; lett. a F. Vettori, 10 dicembre 1513: «chi lascia e' sua commodi per li commodi d'altri, so perde e' sua, et di quelli non li è saputo grado». – Per il concetto, cfr. *Disc.* I 32 («Una republica o uno principe non debbe differire a beneficare gli uomini nelle sue necessitadi»); in *Ist. fior.* II 37: «Il Duca [d'Atene] ... tentò se poteva con qualche umano atto guadagnarsi il popolo ... le quali cose, fatte tardi ..., perché erano forzate e senza grado gli giovorono poco». In Erodiano II II,7-8, si racconta la fine dell'imperatore Giuliano: questi, per acquistare il favore dei soldati, distribuí loro le proprie ricchezze, ma non ottenne con ciò alcuna riconoscenza.

[IX] [1] Del principato civile.

[1] [1] *Ma*: con valore di transizione discorsiva, piú che avversativo.
[2] *quando ... patria*: esplica l'*altra parte* (cfr. VIII.2).
[3] *il quale*: rif. all'idea di «principato» insita nella precedente definizione, ovvero «trascinato da *principato* che segue» (Lisio).

공화정에서 질서가 무너졌을 때 나타나는 것이기 때문에 『군주론』과 『로마사 논고』에서 공히 다루어진다. 이렇게 볼 때 마키아벨리는 정치체를 인민과 귀족 간의 관계 속에서 바라본다고 할 수 있다. 특히 마키아벨리는 인민과 귀족을 설명할 때 우모리(umori)라는 용어를 사용한다.[7] 이것은 체액을 의미하는 말로 고대로부터 전래되어온 의학인 4체액설의 핵심 개념이다. 인간의 몸은 네 가지 체액, 즉 혈액(blood), 점액(phlegm), 황담즙(yellow bile), 흡담즙(black bile)으로 구성되어 있다는 것이다. 이들의 관계에 따라 인간의 체질과 성향이 결정된다는 것이다. 나아가 이 체액 간의 균형이 건강의 척도가 되고 불균형을 이룰 때 병이 발생한다는 것이다. 이렇게 인간의 몸의 구성과 관련되는 umori라는 용어를 정치에 사용할 때 umori는 정치체를 구성하는 계층 혹은 세력의 의미를 지니게 된다. 그리고 마키아벨리도 명확히 밝히고 있듯이 이들 세력의 관계에 따라 서로 다른 정치체가 구성되는 것이다.

마키아벨리에 의하면 군주정은 인민과 귀족의 대립이 균형점을 넘어섰을 때 발생하게 된다. 다시 말해 "인민의 압력을 감당할 수 없을 때" 귀족은 자신의 이익을 대변해줄 한 사람의 군주를 세우게 된다. 한편 인민은 "귀족에게 대항할 수 없음을 깨달을 때" 자신들의 보호를 위해 한 사람의 군주를 추대하게 된다. 서로를 감당할 수 없을 때 더 큰 권력자를 옹립하여 자신들의 이익을 지키려고 하는 것이다. 이렇게 볼 때 귀족들이 옹립한 군주와 인민들의 지지를 통해 군주가 된 이가 있게 된다. 마키아벨리는 이들 중 인민의 도움으로 군주가 된 이가 더 안전하며 권력을 유지하는 데 유리함을 밝히고 있다. 그 이유는 크게 두 가지인데 첫째는 그들의 성향이며 두 번째는 그들의 수(數) 때문이다. 성향에 대해 말하자면 귀족은 본래 지배하고자 하는 성향과 야망을 가지고 있기 때문에 군주를 자신과 동등하게 여긴다는 것이다. 따라서 군주는 귀족을 쉽게 다룰 수가 없으며, 나아가 잠재적인 경쟁자나 적이라는 것이다. 반면 인민들은 자유롭게 살고자 하는 욕구를 지니고 있기 때문에 군주에게 덜 위협적이라는 것이다. 또한 귀족과 인민을 만족시킬 수 있는 군주의 행동에 있어서도

7 우모리의 개념에 대해서는 이 책의 2장 1절 참조.

큰 차이가 있다는 것이다. 군주가 "타인을 해치지 않고 명예롭게 행동할" 경우 그것은 귀족들을 만족시킬 수는 없지만 인민들은 만족시킬 수 있다는 것이다. 귀족들은 지배하고 억압하고자 하는 기질과 특징을 가지고 있지만 인민은 지배받는 것에서 벗어나 자유롭게 살기를 원하기 때문이다. 두 번째는 숫자 문제이다. 어느 곳에서나 귀족은 소수이고, 인민은 다수이다. 따라서 다수의 미움을 받으면 그 권력을 지키기 어렵지만 소수의 미움은 극복하기 쉽다는 것이다.

이렇게 볼 때 귀족의 도움으로 군주가 된 이든, 인민의 지지로 군주가 된 이든 인민의 지지를 확보해야 함은 권력을 유지하기 위해 필수적인 사항이 되는 것이다. 하지만 인민의 지지는 쉽게 얻을 수도, 그리고 지켜질 수 있는 것도 아니다. 이를 설명하기 위해 마키아벨리는 당시의 격언 하나를 예로 들면서 시작한다. "인민 위에 서 있는 자는 진흙 위에 서 있는 것과 같다"라는 격언이다. 이것은 인민의 역할을 강조하는 이들을 비판하는 이들이 자주 의지하였던 것이다. 하지만 마키아벨리는 이것은 단지 역경에 처해 인민들이 구하러 올 것이라고 믿는 이들에게나 적용 가능한 것이라고 말한다. 모세나 사보나롤라의 경우에서 보듯이 인민들은 자주 변하기에 그들의 지지를 유지하는 법을 알고 있어야 한다. 역경에 처해 굴하지 않는 강인한 정신력과 자신의 정책과 질서를 통해 인민들의 사기를 유지할 수 있는 법을 알아야 하는 것이다. 이럴 때만이 인민은 군주 권력의 확고한 토대가 되는 것이다. 역경에 대처하는 유일한 방책(remedio)은 어떻든 인민과 그들의 호의라는 것이다. 그것을 부여잡기 위해서는 군주 개인의 능력이 필요하다. 인민이라는 객관적 힘과 토대의 필요성을 언급한 것으로 군주 개인만으로는 역경에 대처할 수 없음을 지적한 것이다.

앞 장에서 말한 전체 공동체의 자원을 어떻게 최적화 혹은 최대화시킬 것인가의 문제의식은 당연히 그 가용 자원에 대한 분석을 필요로 한다. 그것이 바로 9장에서 다루어지는 귀족과 인민에 관한 것이다. 공동체를 몸체에 비유하여 그 구성요소로서, 즉 umori로서 귀족과 인민을 언급하고 있는 것이다. 그리고 그 속에서 인민에 기반해야 함을 언급하고 있다. 즉, 인민에 기반하여 자원을 재구성할 때, 한 나라의 힘을 최적화시킬 수 있다는 것을 말하는 것이다. 이러한 한 나라의 자원에 대한 언급 이후 10장에서는 자연스럽게 그 국력의 측정에 대해 이야기하고 있다.

제10장 군주국의 국력은 어떻게 측정되어야 하는가

인민에 기반할 때만이 군주의 권력은 더 안정적이라는 설명을 한 후 새로 시작되는 이 장에서 마키아벨리는 군주국의 국력은 어떻게 측정될 수 있는가라는 질문을 던진다. 그런데 그 핵심 요소는 바로 스스로 방어할 힘을 가지고 있는가이다. 이것에 대한 구체적인 예로 마키아벨리는 적의 침입에 맞서 야전에서 전쟁이나 전투를 수행할 충분한 능력, 즉 군대를 소유하고 있는지 아니면 그럴 수가 없어서 성벽 안으로 피신해야 하는지를 들고 있다. 전자의 경우는 자신의 힘으로 충분히 싸울 수 있는 경우이지만 후자의 경우는 항상 다른 누군가가 자신을 도와주어야 되는 경우이다. 충분한 힘을 가지고 있는 경우는 앞의 장들에서 논했으며, 그리고 뒤에 올 장들에서 논할 것이기 때문에 마키아벨리는 두 번째 경우를 논하고자 한다. 그 핵심은 비록 나가서 싸울 힘은 없어서 성벽으로 피신해 방어해야 하지만 성벽 안의 정치를 질서가 잘 잡힌 정치로 이끌어 간다면 충분히 자신을 방어할 수 있다는 것이다. 이것을 위해 마키아벨리는 독일의 예를 든다.

독일의 도시들은 영토를 확장할 거대한 힘을 가지고 있지는 않았다.

X.

QUOMODO OMNIUM PRINCIPATUUM VIRES PERPENDI DEBEANT[1].

[1] Conviene avere, nello esaminare le qualità di questi principati, un'altra considerazione[1]: cioè se uno principe ha tanto stato[2] che possa, bisognando, per sé[3] medesimo reggersi, o vero se ha sempre necessità della defensione[4] d'altri. [2] E per chiarire meglio questa parte, dico come io iudico coloro potersi[1] reggere per sé medesimi che possono, o per

[26] [1] *chi*: «complemento indiretto nella reggente e nella relativa, a condizione che la preposizione richiesta sia la stessa» (Serianni VII.242).
[2] *simile principe*: 'un p. che comanda per mezzo di magistrature' (ma, in realtà, ogni principe).
[3] *per lui*: 'per il principe'.
[4] *discosto*: 'lontano'.

[27] [1] *uno modo ... di lui*: 'una forma e una condotta di governo tali che il popolo si senta sempre direttamente interessato alla difesa del principe'; ritorna il tema conduttore del capitolo.

[X] [1] In che modo si debbino considerare le forze di tutt'i principati.

[1] [1] *avere ... un'altra considerazione*: 'considerare un altro aspetto'.
[2] *tanto stato*: 'uno stato tanto forte'.
[3] *per sé*: con valore di agente.
[4] *defensione*: latinismo letterario, usato anche da Dante (*Inf.* VII 81: «oltre la difension d'i senni umani»), ecc.

[2] [1] *coloro potersi*: costrutto lat., acc. + infinito. Nota il parallelismo fra «coloro potersi reggere ... che possono» ecc., e, nel par. sg., «coloro avere ... che non possono» ecc.

하지만 황제 및 주변 세력들을 두려워하지 않을 정도의 충분한 힘을 지니고 있었다. 그 이유는 내부의 질서로 인해 방어를 굳건히 할 수 있었기 때문이다. 그 내부의 질서는 인민들의 삶이 사치스럽지는 않되, 풍요로웠던 것이다. "평민들이 공적인 비용 없이도 1년 동안 도시 생활의 유지에 필수적인 직종에 종사하며 생활할 수" 있었으며, "이를 통해서

평민들이 생계를 유지할" 수 있었던 것이다. 여기에 군사훈련이 중요시되어 충분한 훈련이 실시되었던 것이다. 다시 말해 식량과 무기가 충분하였고 그것을 운용할 인민과 군인들이 잘 훈련되어 있었던 것이다. 다시 말해 인민의 삶을 윤택하게 하고 그들의 지지가 핵심이라는 것이다. 비록 공격 전쟁을 수행할 충분한 힘이 없더라도 한 국가의 핵심적 기반인 인민을 그 삶의 풍요와 훈련이라는 측면에서 강화시킬 때, 한 국가의 힘은 자신을 방어하기에 충분할 정도로 강한 것이 되는 것이다.

제11장 교회형 군주국

군주국 유형의 마지막 형태로서 교회형 군주국을 언급하는 이 장에서 마키아벨리는 이탈리아 내의 교회형 군주국인 교황국이 어떻게 힘을 확장하게 되었는지를 설명한다. 우선 교회국가는 그것을 얻는 데는 어렵지만 일단 쟁취하면 그것을 유지하는 데는 아무런 어려움도 없음을 언급한다. 역량이나 또는 행운을 통하여 교회국가를 얻을 수 있는데 이전에 설명되었던 것과 같이 유지의 관점이 여기에 개입될 필요는 없다. 왜냐하면 고래의 종교적 제도에 의해 자연적으로 유지되기 때문이다. 종교는 그 믿음 체계와 그 제도로 인해 인간의 마음과 생활을 전체적으로 규율하게 된다. 이 때문에 군주는 애써 노력하지 않아도 국가는 지배되어지는 것이다. 그런데 마키아벨리는 그 구체적인 내용에 들어가는 것을 꺼려한다. 그것은 신의 영역이기 때문이다. 인간의 영역에만 관심을 쏟는 마키아벨리는 신의 권능과 제도를 구체적으로 분석하려고 하지 않는다. 단지 그것이 현실에 나타난 구체적 양상에 대해서만 언급할 뿐이다. 이러한 의미에서 마키아벨리는 이탈리아 각 국가 내에서 교황국의 위치와 그 권력의 양상에 대해 언급하기 시작한다.

XI.

DE PRINCIPATIBUS ECCLESIASTICIS[1].

[1] Restaci[1] solamente al presente a ragionare de' principati ecclesiastici, circa quali[2] tutte le difficultà sono avanti che si posseghino; perché s'acquistano o per virtú o per fortuna, e sanza l'una e l'altra si mantengono: perché sono sustentati da li ordini antiquati nella religione[3], quali sono stati tanto potenti e di qualità[4] ch'e' tengono e' loro principi in stato in qualunque modo si procedino[5] e vivino. [2] Costoro soli hanno[1] stati e non gli difendono; hanno sudditi e non li governano. [3] E gli stati, per essere[1] indifesi, non sono loro tolti; ed e' sudditi, per non essere governati, non se

[XI] [1] De' principati ecclesiastici.

[1] [1] *Restaci*: sarà 'resta a noi' (cfr. XII.1: «mi resta ora...»), piuttosto che 'resta qui'. – Lisio fa osservare, a questo punto, la sopravvivenza della cosiddetta «legge Tobler-Mussafia», ossia della norma antica sulla collocazione enclitica del pron. atono in principio di frase (e dopo *e* e *ma*).

[2] *circa quali ... quali sono ...*: cfr. Dedica, par. 2.

[3] *antiquati nella religione*: 'da lungo tempo riveriti come sacri'.

[4] *di qualità*: 'tali, talmente efficaci'.

[5] *si procedino*: 'procedano, si portino'.

[2] [1] *hanno*. L'anafora (*hanno ... e non gli ...*; *hanno ... e non li ... E gli stati, per essere ... non sono ...*; *ed e' sudditi, per non essere ... non se ne curano...*) ha qui una intonazione sarcastica, fin troppo percepibile nonostante le solenni formule (cfr. par. 4) che dovrebbero dissimularla. Si rammenti il feroce giudizio depositato in *Disc.* I 27: «Giovampagolo [Baglioni] ... non ardí ... fare una impresa [ossia, mettere le mani addosso a Giulio II incautamente entrato in Perugia] dove ... avesse di sé lasciato memoria eterna, sendo il primo che avesse dimostro a' prelati quanto sia da stimare poco chi vive e regna come loro». In *Disc.* I 12, M. parla dei «rei costumi» della corte romana (che hanno reso gli italiani «sanza religione e cattivi») e dell'impedimento che lo stato ecclesiastico ha sempre frapposto alla unificazione d'Italia sotto un unico «capo». Francesco Guicciardini, che non condivideva il senso di quest'ultimo pensiero machiavelliano, non era però meno aspro nella condanna della corte di Roma: «Io ho sempre desiderato naturalmente la ruina dello stato ecclesiastico, e la fortuna ha voluto che sono stati dua pontefici tali che sono stato sforzato desiderare e affaticarmi per la grandezza loro. Se non fussi questo rispetto, amerei piú Martino Luther che me medesimo, perché spererei che la sua setta potessi ruinare, o almanco tarpare le ale a questa scelerata tirannide de' preti» (*Ricordi* B 124).

[3] [1] *per essere ... per non essere ...*: la costruzione con *per* + inf. ha un valore concessivo ('per quanto siano'), eccezionale in M., ma attestato per es., in Dante (*Par.* IX 45: «né per esser battute ancor si pente») (Puppo). Ma qui M. vuol far proprio notare come il regime della causalità politica sia paradossalmente sospeso, trattandosi di principati «retti da cagione superiore».

교황국의 힘이 강해진 원인을 서술하기에 앞서 마키아벨리는 이탈리아 내의 세력관계에 대해 언급한다. 1494년에 프랑스의 샤를 8세가 침입하기 전까지 이탈리아는 다섯 개의 중강국들이 지배하고 있었다. 교황국, 베네치아 공화국, 밀라노 공국, 나폴리 왕국 그리고 피렌체 공화국이 그들이다. 이들은 크게 두 개의 '자유'를 유지하려고 하였다. 하나는 이탈리아 밖의 세력에 대해 이탈리아의 자유를 지키는 것이었고, 다른 하나는 이탈리아 내에서의 자유였다. 즉 다섯 개의 나라 중 어느 한 나라의 힘이 커져 그 나라에 종속되는 것을 막고자 한 것이었다. 이에 가장 위협적인 것은 베네치아와 교황국이었다. 베네치아 세력은 여타 다른 나라들의 동맹을 통해 제어하였고, 교황국은 로마의 귀족세력을 이용하여 제어하려고 하였다. 특히 콜론나와 오르시니는 로마의 제일 유력한 가문들로서 이들은 서로 반목하고 경쟁하기도 하였지만 교황에 대해서는 그의 권위를 인정하지 않고 저항도 하였던 것이다. 교황의 권한이 이렇게 제한되어 있을 때 알렉산더 6세와 그의 아들 체자레 보르지아는 로마의 귀족세력을 제압하였고 교황국의 힘을 키웠던 것이다. 이들에 이은 교황 율리우스 2세 또한 "볼로냐를 점령하고, 베네치아 세력을 파괴하고, 프랑스군을 이탈리아에서 몰아"내는 등 교황국의 권력 확대를 위해 혁혁한 전과를 세우게 된다. 이러한 일들을 통해 교황국은 강한 권력을 만들어낼 수 있었는데 마키아벨리가 보기에 그 핵심에는 교황국 내의 귀족세력의 제어에 있었다. 이미 언급했던 콜론나나 오르시니 가문 같은 귀족세력뿐만 아니라 그들을 등에 업고 교회 내에서 반목과 분열을 일삼았던 추기경들을 제압했기 때문이다.

여기서 마키아벨리는 교회 권력을 강화한 알렉산더 6세와 율리우스 2세를 비교한다. 그 비교의 기준은 공과 사의 구분이다. 알렉산더의 경우에 교회가 아니라 자신의 세력 확장이 목표였던 반면, 율리우스는

교황 율리우스 2세

"특정 개인을 위한 것이 아니라 교회의 권력을 확대"하고자 했다는 것이다. 이 점에서 마키아벨리는 율리우스를 칭송하고 있다.

2. 『군주론』 12장에서 14장까지

12장에서 14장까지는 군대 문제를 중점적으로 다루고 있다. 군주국의 유지를 위해서는 자주 국방이 핵심이며 그것을 위해서는 자국군의 건설이 필수적이라는 것이다. 나아가 14장에서는 군주가 군무를 어떻게 익혀야 하는가를 언급함으로써 장차 15장에서부터 본격적으로 논의될 군주의 사고와 행동방식으로 이끌어주는 역할을 하고 있다.

제12장 군대의 다양한 종류와 용병

마키아벨리는 12장의 첫머리에서 그전까지 군주국의 유형에 대해 언급하고 그 번영과 쇠퇴의 이유에 대해 논하였음을 언급한다. 그것은 군주국의 획득과 유지에 관련된 것이었으며 그 핵심은 바로 "권력의 확고한 토대"에 관한 것이었음을 밝히고 있다. 이것이 없으면 군주는 몰락할 수밖에 없는 것이다. 그렇다면 그것은 무엇일까? 마키아벨리는 모든 국가의 주된 토대는 좋은 법과 좋은 군대라고 말한다. 그런데 좋은 군대가 없으면 좋은 법이란 불가능하기 때문에 법 문제보다는 군대 문제를 이야기하겠다고 말한다. 『군주론』에서 법에 대한 언급은 다른 중요한 개념에 비해 드물게 등장한다. 3장, 5장, 12장 그리고 14장에서 등장하는데, 특히 5장과 12장에서 여러 번 언급된다. 5장에서는 자신들의

XII.

QUOT SUNT GENERA MILITIAE ET DE MERCENARIIS MILITIBUS[1].

[1] Avendo discorso particularmente tutte le qualità di quelli principati de' quali nel principio[1] proposi di ragiona-

di Alessandro VI, il giudizio di M. risulta, in ogni caso, sostanzialmente corretto.

[16] [1] *quelli termini*: 'quelle condizioni' di debolezza.
[2] *le trovò*: solita ellissi del relativo (« in cui », o meglio il solo « che », leggibile in alcuni codici).

[17] [1] *capo*: 'personaggio autorevole' (Carli), meglio che 'cagione' (cfr. Puppo); cfr. la lettera di M. ai Dieci, 11 novembre 1503: « Circha le cose de' baroni, non ci si trovando e' capi di scandolo, dura el Papa poca fatica ad intractenerli, perché per la parte orsina ci è l'arcivescovo vostro et el signore Iulio, et per la parte colonnese el Cardinale et certi spicciolati che non importano ».
[2] *alterazione*: 'disordine, contesa'.
[3] *non avere ... cardinali*: soltanto il 1° luglio 1517 furono creati cardinali Pompeo Colonna (SS. Apostoli) e Franciotto Orsini (S. Giorgio al Velabro).

[18] [1] *Leone*: Giovanni de' Medici, eletto il 21 febbraio 1513 (Leone X).
[2] *il quale*: 'e questo (pontificato)', poi ripreso, come spesso accade, con « *lo* farà... »
[3] *si spera ... questo*: 'si spera che ... questo papa'. – In tale forma, di mera aspettazione, l'encomio non può essere stato scritto, e mandato in giro, troppo tempo dopo l'elezione di Leone (come del resto indicano tutti gli altri dati a disposizione).

[XII] [1] Di quante ragione sia la milizia e de' soldati mercennari.

[1] [1] *nel principio*: cfr. il cap. I.

법에 의해 통치되어온 나라를 언급할 때 자주 등장하며, 12장에서는 군대와 법의 관계를 언급한다. 이러한 법, 질서 그리고 군대의 상호연관 문제는 10장에서 독일의 훌륭한 정치 상황을 언급할 때도 나타난다. 군사훈련과 그것을 가능케 했던 많은 규정들에 관한 것이 바로 그것이다. 독일의 질서 잡힌 내정 상황이나 그 시민들을 질서 있게 훈련시키는 예 등을 통해 보았을 때 법이나 질서는 자국인들을 규율하는 체계를 의미하고, 그것은 자의적이거나 사적인 것이 아니라 객관적이고 공적인 것이 된다. 자의적이고 사적인 지배가 횡행하는 나라가 아닌 공적인 법질서가 확립된 나라에서 좋은 군대가 나올 수 있다는 것이다.

마키아벨리는 군대의 종류를 네 가지로 구분한다. 자신의 군대, 용병, 외국의 원군 그리고 이들이 합쳐진 혼성군이다. 이들 군대 각각에 대한 평가를 내리기도 전에 마키아벨리는 용병의 해악성에 대해 장황하게 설명을 시작한다. 용병을 사용하게 되면 나라의 안전을 보장할 수 없다는 것이다. 왜냐하면 "용병이란 분열되어 있고, 야심만만하며, 기강이 문란하고, 신의가 없기 때문이다." 이들은 평시에는 용감한 척하지만 전쟁에서는 그들 특유의 "비겁"함을 드러내게 된다. 이 모든 것들은 바로 그들이 고용된 군대라는 데 있다. 그들은 돈을 받고 전쟁을 수행하기로 한 군대이기 때문이다. 다시 말해 전쟁을 업(業)으로 하는 직업군인들이다. 따라서 이들은 근대인의 특징을 지니게 된다. 다시 말해 최대의 이익을 산출해내기 위해 수단과 방법을 가리지 않는 것이다. 더군다나 계약은 한시적이고 자신의 건강한 육체는 계약의 연장이나 또 다른 계약을 위해 필수적인 조건이다. 때문에 이들은 전장에서 죽기를 각오하고 싸울 수 없는 존재론적 위치에 있는 것이다. 마키아벨리가 용병의 폐해를 지적하고 그 이유를 설명한 다음의 말은 바로 이러한 용병의 상황에 대한 정확한 통찰을 보여주는 것이다: "그들이 당신에게[고용 군주 혹은 고용국: 필자] 아무런 애착도 느끼지 않으며, 너무나 하찮은 보수 이외에는 당신을 위해서 전쟁에 나가 생명을 걸고 싸울 어떤 이유도 없기 때문입니다."

자신이 목숨을 바쳐 지킬 조국이 없는 용병들은 오직 자신들의 이익만을 위해 싸우는 것이다. 하지만 그것도 싸우다가 자신의 생산 기반인 몸이 상하면 안 되기에 적당히 싸우거나 싸움을 회피하는 것이다. 겨울에는 전투를 하지 않거나 야간에 공격을 하지 않는 행위 등을 하는 것이다.

이러한 용병에 전쟁을 일임한 이탈리아가 노예 상태로 빠질 수밖에 없었던 것은 마키아벨리의 눈에는 당연한 귀결이었다. 이러한 사익 추구의 정신을 가진 용병에 의지하게 된 것은 이탈리아 역사에서 교황의 세속권력이 상승한 것과 관련이 있다. 이탈리아에 강력한 영향력을 행사하던 황제의 권력이 약해지자 각 도시들과 나라들은 황제권에 기대어 권력을 행사하던 귀족들에게 반항을 하게 된다. 여기에 자신의 권력을 확대하고자 했던 교황청은 그 반항과 반란을 돕게 되고 결국 황제권과 전통 귀족들을 대신해 상인 계층의 시민들과 교회세력이 주도권을 잡게 된다. 하지만 이들은 군무에 대한 경험이 없기에 군사 업무에 대해서는 용병에 의지하게 되는 것이다. 상인 계층은 손익계산을 통해 자신이 직접 무기를 드는 것보다는 돈을 주고 맡기는 것이 낫다고 생각했으며, 용병은 비슷한 손익계산 속에서 고용국의 이익보다는 자신의 이익을 위해 행동했던 것이다. 손익계산을 위주로 하는 정치행위자들 속에서 국가는 목숨을 바쳐 자신을 지킬 사람을 하나도 가질 수 없게 된 것이다.

따라서 마키아벨리는 자국군의 중요성을 강조한다. 자국군을 가진 나라들은 독립과 번영을 누렸다. 로마와 스파르타가 그랬고, 당시 스위스가 강한 군사력을 기초로 독립과 영화를 누렸던 것이다. 반면 베네치아는 귀족과 인민들을 무장시켰을 때는 전쟁에서 승리를 거두었지만 용병을 고용하자 그들의 힘은 쇠약해지고 결국 확장했던 영토도 빼앗기게 되었던 것이다. 이를 마키아벨리는 베네치아인들이 "그들의 용맹(virtù)을 포기하고 이탈리아의 전쟁 관습", 즉 용병을 이용하는 관습을 따르기 시작했다고 말하고 있다. 자국군은 용맹을 그 특징으로 가질 수 있는 것이다. 왜냐하면 그들은 손익계산을 통해 최대의 이익을 산출하려는 것이 아니라, 그들의 삶의 터전과 가족을 지키기 위해 목숨을 바쳐 싸우기 때문이다.

제13장 원군, 혼성군, 자국군

앞 장에 이어 13장에서도 군대에 대한 설명이 이어진다. 앞 장에서 언급했던 군대의 네 가지 종류에 대한 평가가 이어지는데, 그중에 가장 해로운 것은 원군이라고 마키아벨리는 설명한다. 원군은 "외부의 강력한 통치자에게 도움을 요청했을 때 당신을 돕고 지켜주기 위해 파견된 군대"이다. 하지만 이들에 대한 명령권은 도움을 받은 나라에 있는 것이 아니라 도움을 준, 즉 원군을 파견한 나라에 있다. 따라서 이러한 원군은 도움을 요청한 나라에 항상 유해한 결과를 가져온다. 왜냐하면 그 원군이 약하여 전쟁에 패배하면 도움을 청한 나라는 패망할 것이며, 그들이 강하여 승리한다손 치더라도 그들의 손에 도움을 구한 나라의 운명이 놓아질 것이기 때문이다.

이러한 원군에 비해 용병은 상대적으로 덜 위험하다. 왜냐하면 그들은 원군이 가진 일사분란함을 가지고 있지 못하기 때문이다. 용병은 고용국에 의해 보수를 받고 일을 하기 때문에 어느 정도의 의존성을 지니고 있는 것이다. 따라서 마키아벨리는 "용병의 경우에는 그들의 비겁함이나 전투를 기피하는 태도가 위험하고, 원군의 경우에는 그들의 능숙함과 용맹(virtù)이 위험합니다"라고 적고 있는 것이다.

한편 혼성군을 언급하면서 마키아벨리는 일부는 용병으로 일부는 자국군으로 구성된 프랑스의 혼성군을 예로 든다. 루이 11세는 스위스군을 고용하여 보병으로 사용하게 된다. 하지만 이는 프랑스 기병을 스위스 보병에 의존하게 하는 결과를 초래하게 된다. 스위스 보병 없는 프랑스군은 오합지졸로 보이게 만든 것이다.

이렇게 볼 때 가장 안 좋은 군대의 순서를 정하자면 원군, 용병 그리고 혼성군의 순서가 되는 것이다. 따라서 마키아벨리는 자국군의 양성을

XIII.

DE MILITIBUS AUXILIARIIS, MIXTIS ET PROPRIIS[1].

[I] Le arme ausiliarie, che sono l'altre arme inutili, sono quando[1] si chiama uno potente che con le sua arme ti venga a difendere, come fece ne' prossimi tempi papa Iulio[2]: il quale, avendo visto nella impresa di Ferrara la trista pruova delle sue arme mercennarie, si volse alle ausiliarie e convenne con Ferrando[3] re di Spagna che con le sua gente ed eserciti

di il testo crit. – hanno *in uno exercito* ecc. Cfr. XV.10. – Quanto al contenuto, cfr. *Ist. fior.* VIII 26: «viniziani... si erano ridotti con seimila cavagli e cinquemila fanti e avèno all'incontro tredicimila cavagli e seimila fanti» (nel 1484).

[33] [1] *non si ammazzando*: per la collocazione del pron., cfr. III.3 e nota. – Il Burd ha dimostrato che il giudizio di M. è confermato da altri osservatori contemporanei (e aggiungi Biondo Flavio, *Decadi* XXI 1) e risponde in sostanza alla realtà; esagera in parte quando dice che i mercenari non si ammazzavano fra di loro: dalla zuffa di Molinella (1467), per esempio, non uscirono tutti salvi (come si legge in *Ist. fior.* VII 20), parlando le cronache di un migliaio di morti.

[2] *sanza taglia*: 'senza obbligo di riscatto'. Ha in mente il Carmagnola che, dopo Maclodio, liberò tutti i prigionieri.

[3] *traevano*: 'andavano (all'assalto)', oppure 'lanciavano (proiettili)'; le *terre* sono, come si è già visto, città cinte da mura.

[4] *campeggiavano el verno*: 'uscivano in campo durante la stagione invernale'; cfr. per es. *Ist. fior.* VIII.26.

[34] [1] *condotta*: 'ridotta',– secondo Lisio nel senso di «trascinare adagio adagio guidando».

[2] *stiava*: 'schiava, serva' (cfr. *Disc.* II 18,12 cit.; anche il ms di Monaco porta *serva*).

[XIII] [1] De' soldati ausiliari, delli ausiliari e propri insieme, e de' propri soli.

[I] [1] *sono quando*: cfr. VII.2 e nota.

[2] *papa Iulio*: cfr. II.4.

[3] *Ferrando*: come membro della 'lega santa' (4 ottobre 1511), si impegnò ad aiutare il papa a conquistare Ferrara. Cfr. III.6 e nota 4.

적극적으로 옹호한다. 원군을 통한 정복보다는 차라리 자국군을 통한 패배가 더 낫다고 말한다. 전자의 승리는 승리가 아니기 때문이다. 이런 점을 깨달은 이로 마키아벨리는 체자레 보르지아를 들고 있다. 그는 처음에 자신의 군대가 없을 때 원군을 이용했다. 하지만 그들이 자신의 군대가 아니고 그들에게 의존적이 됨을 알자 용병을 고용하였다. 하지만 이들도 자신들만의 이익을 위해 일하고, 전장에서 용맹보다는 비겁함을 보여주자 그들을 제거하고 자신의 군대를 만들었던 것이다. 이로 인해 체자레 보르지아는 큰 명성과 권력을 누릴 수 있게 되었다고 말한다. 자국군의 중요성을 입증하기 위해 마키아벨리는 또한 다윗 왕의 예를 든다. 그는 이스라엘군을 두려움에 몰아넣은 골리앗과 싸우려고 사울 왕에 나서게 된다. 사울 왕은 다윗을 돕기 위해 자신의 튼튼한 갑옷과 좋은 무기를 주려고 하지만 다윗은 이를 시험해본 후 거절을 하게 되는 것이다. 왜냐하면 그것은 자신의 몸에 잘 맞지도 않을뿐더러 사용해본 경험이 없기 때문에 능숙하게 사용할 수 없었기 때문이다. 즉 "타인의 무기와 갑옷은 당신의 힘을 떨어뜨리거나, 몸을 압박하거나, 아니면 움직임을 제약할 뿐"이기 때문이다.

문제는 한 국가는 자신의 역량에 의존해야 한다는 것이다. 자신의 역량은 바로 자국의 인민들로 구성된 군대를 말하는 것이다. 로마제국이 쇠퇴하게 된 것은 고트족을 용병으로 쓰기 시작하면서부터였다고 마키아벨리는 적고 있다. 이로부터 로마의 힘(virtù)을 고트족이 흡수하게 되었다는 것이다. "자신의 무력에 근거하지 않은 권력의 명성처럼 취약하고 불안정한 것은 없"기 때문이다.

제14장 군주는 군무에 관해서 어떻게 처신해야 하는가

14장에서는 군주의 가장 중요한 업무로서 전쟁, 전술 및 훈련을 들고 있다. 권력을 얻고 잃게 되는 것은 바로 군무에 대한 능통 정도에 달려 있다는 것이다. 그런데 마키아벨리는 이러한 군무에 관한 것을 통치자에 적합한 "기예"(arte)로 표현한다. 이러한 기예를 습득하기 위한 방법으로

XIV.

QUOD PRINCIPEM DECEAT CIRCA MILITIAM[1].

[1] Debbe dunque uno principe non avere altro obietto né altro pensiero né prendere cosa alcuna per sua arte, fuora della guerra[1] e ordini e disciplina di essa: perché quella è sola arte che si aspetta[2] a chi comanda, ed è di tanta virtú che non solamente mantiene quelli che sono nati principi, ma molte volte fa gli uomini di privata fortuna salire a quello grado. [2] E per avverso[1] si vede che, quando e' principi hanno pensato piú alle delicatezze[2] che alle arme, hanno perso lo stato loro[3]: e la prima cagione che ti fa perdere quello è negligere[4] questa arte, e la cagione che te lo fa acquistare è lo essere professore[5] di questa arte. [3] Francesco Sforza, per essere armato, di privato diventò duca di Milano; e' figliuoli[1],

[4] *Filippo*: cfr. XII.15.

[XIV] [1] Quello che s'appartenga a uno principe circa la milizia.

[1] [1] *guerra*: Burd segnala un riscontro con Aristotele, *Politica* 1313b, la cui intonazione è opposta a quella machiavelliana («il tiranno è un guerrafondaio, affinché i cittadini siano impegnati e vivano sottoposti a un capo»). Cfr., piuttosto, Plutarco, *Pirro* 8: «sembrava dedito unicamente all'arte militare, né mai ragionava di altro, ritenendola sola adatta ad un re sopra tutte le altre» (trad. A. Ribera). Si tratta, in ogni caso, di un *tòpos* piuttosto diffuso.
[2] *si aspetta*: 'spetta'.

[2] [1] *per avverso*: 'al contrario'.
[2] *delicatezze*: 'dolcezze del vivere'.
[3] *perso ... loro*: cfr. cap. XXIV.
[4] *negligere*: 'trascurare' (lat.)
[5] *professore*: 'esperto, profondo conoscitore'. In alcuni mss., fra cui il Laurenziano, è la variante sinonimica *professo*, forse piú dotta.

[3] [1] *e' figliuoli*. Francesco ebbe tre figli maschi: Galeazzo Maria, che gli successe e fu ucciso da congiurati nel 1476; Ludovico, detto il Moro, il solo, in effetti, che divenne «di principe, privato», nel 1499-1500; e Ascanio, che fu cardinale e morí nel 1505. Gian Galeazzo, figlio e successore di Galeazzo Maria, divenne duca a otto anni sotto la tutela della madre Bona di Savoia e poi dello zio Ludovico; morí nel '94, senza avere mai esercitato il potere. Nel 1513, quando M. scriveva il *P.*, il ducato di Milano si trovava, almeno nominalmente, nelle mani di Ercole Massimiliano, primogenito del Moro, e vi rimase fino alla vittoria dei francesi a Marignano, sugli svizzeri (13 settembre 1515). Nell'ed. del 1924, Chabod annotò, tra i *figliuoli* (nel senso di 'discendenti') di

마키아벨리는 두 가지를 제시한다. 하나는 훈련이고, 다른 하나는 연구이다. 훈련은 군대의 훈련을 통해 병사들을 단련시키는 것을 포함하여 군주 자신이 사냥 같은 것을 통하여 군사훈련을 하는 것을 말한다. 이러한 군사훈련은 무기를 잘 다룰 줄 아는 능력의 향상 및 신체 단련 외에도 자연 지형에 대한 익숙함을 높이는 것도 포함된다. 전투가 벌어질 수 있는 자국 영토의 자연 지형에 대한 익숙함을 배가시킴으로써 전혀 다른 지역에 들어갔을 때도 자연 지형에 대한 파악을 빠르게 할 수 있는 적응력 훈련에 의미가 있는 것이다. 이러한 훈련의 이점을 마키아벨리는 "첫째, 자국의 지형을 잘 알게 되어 국방에 도움이 되고, 둘째, 지리에 밝게 되어 처음 접하는 지방의 새로운 지형의 특징도 용이하게 파악할 수 있게" 된다고 적고 있다. 왜냐하면 한 지역의 지형은 다른 지역의 지형과 대체로 비슷하기 때문이다. 즉 한 지역의 지형에 정통할 때 다른 지역의 지형에 접해도 능히 적응가능하다는 것이다.

이렇게 훈련의 필요성을 강조하고 나서 마키아벨리는 연구, 즉 '역사서'를 읽어야 함을 강조한다. 역사서를 통해 과거 위대한 승리를 거둔 위인들의 예를 모방해야 한다는 것이다. "알렉산드로스 대왕은 아킬레스를 모방했고, 카이사르는 알렉산드로스를 모방했으며, 스키피오는 키로스를 모방했다"는 것이다.

이렇게 훈련과 연구를 통해 군주는 "운명이 변하더라도 운명에 맞설 만반의 태세"를 갖추는 것이다. 훈련과 연구를 통해 군주가 체득해야 하는 것은 유연성의 획득이라고 말할 수 있다. 이것은 마키아벨리가 인간 몸의 특징을 잘 이해한 것으로 파악될 수 있다. 우리나라 사람이라면 어렸을 때 한 번이라도 배워본 태권도의 예를 들어보자. 처음 태권도장에 들어가 배우는 것은 품새이다. 태권도 교본에 나와 있듯이 정확한 동작을 그려 넣은 것이다. 손동작이나 발동작을 어떻게 해야 하는지 정확한 각도와 모양 등이 서술되어 있다. 하지만 품새 훈련이 끝나고 이어지는 태권도 연습은 바로 대련이다. 대련은 일대일로 배운 태권도 품새를 실전에 응용하여 실력의 향상을 꾀하는 데 목적이 있다. 하지만 우리는 대련에 들어서자마자 바로 전에 배웠던 품새의 정확한 각도와 모습은 잊어버리고 맞지 않기 위해 즉자적으로 행동한다. 마키아벨리가 말한 연구가 바로 품새에 해당한다. 과거 위인의 모범적인 사례가 적힌 역사서는 올바른 정권지르기나 발차기 동작을 이상적으로 묘사해놓은 태권도 교본과 같은 것이다. 반면 훈련은 대련에 해당된다. 대련은 품새 동작을 통해 배운 태권도 동작을 실전에 적용해보는 것이다. 하지만 대련에서는 언제 어디서 날아올 줄 모르는 상대방의 주먹과 발을 피하고 기회를 봐서 자신이 효과적인 공격을 하는 데 집중된다. 품새의 동작을 그대로 적용했다가는 맞아서 대련에서 지기 십상이다. 문제는 품새의 동작을 어떻게 응용하는가이다. 따라서 반복적인 대련은 품새를 자신의 몸에 맞게 맞추어가는 과정이 된다. 품새를 배우지 않고 대련만 한다면 변칙적인 태권도나 태권도가 아닌 막싸움이 될 것이다. 또한 대련이 없는 품새만을 배운다면 그것은 무술이 아니라 각도만 정확한 태권도 동작이 될 것이고, 품새를 자신의 몸에 익숙하게 체득하지 못하여 타인과의 대결에서 쉽게 패배하고 말 것이다.

품새와 대련으로 이루어진 태권도 연마의 과정은 인간의 몸으로 익히는 대부분의 것들과 비슷한 과정을 가지고 있다. 교본의 연습과 훈련을 통한 체득이 그것이다. 이상적인 모범을 몸으로 해보지 않으면 그것을 체득할 수 없고 나아가 그것을 다른 상황에 응용할 수 없게 된다. 하지만 이상적인 모범을 배우지 않고 무조건 몸만 움직인다면 하나의 것에만 익숙해져 발전을 할 수 없게 된다. 연구와 훈련의 과정이 결합되어야 한다는 마키아벨리의 언급은 체득력과 응용력을 증가시켜 언제 어느 상황에도 대처 가능할 수 있는 몸을 만드는 유연성의 획득을 지시한 것이다. 나아가 이러한 훈련과 연구의 강조는 문무(文武)의 통합을 꾀한 것이다. 즉 지식과 지혜의 통합적 단련을 꾀한 것으로 군주는 이를 통해 유연성이라는 능력의 극대화를 꾀해야 함을 역설한 것이다.

3. 『군주론』 15장에서 23장까지

15장부터 23장까지는 군주에 대한 조언을 담고 있다. 앞서 14장에 대한 설명에서 언급했듯이 군주는 어떠한 역경에도 유연하게 대처할 수 있는 능력을 키워야 한다. 15장부터는 왜 군주는 그래야만 하는지를 군주가 행동해야 하는 세상과 그 세상을 이루고 있는 인간들에 대한 설명으로 이어지고 있다. 정치는 인간들과의 관계에서 이루어지는 것이기 때문이다. 혼자서 하는 것이 아니라, 같이 하는 것이 정치라는 것이다. 따라서 군주가 좋은 정치를 하기 위해서는 인간들을 이해해야만 한다는 것이다.

제15장 사람들이, 특히 군주가 칭송받거나 비난받는 일들

15장은 군주가 어떻게 행동해야 하는가에 대해 말하고 있는 장이다. 이 장은 마키아벨리가 그의 현실주의를 노골적으로 말하고 있는 장으로 유명하다. "이론이나 사변보다는 사물의 실제적인 진실에 관심을 기울이는 것이 낫다"라고 말하는 것이나, "인간이 어떻게 살고 있는가"와 "인간이 어떻게 살아야 하는가"는 너무도 다르다는 언급은 도덕보다는 실제를

XV.

DE HIS REBUS QUIBUS HOMINES ET PRAESERTIM PRINCIPES LAUDANTUR AUT VITUPERANTUR[1].

[1] Resta ora a vedere quali debbino essere e' modi e governi di uno principe o co' sudditi o con li amici. [2] E perché io so che molti[1] di questo hanno scritto, dubito, scrivendone ancora[2] io, non essere tenuto prosuntuoso, partendomi massime[3], nel disputare questa materia, da li ordini[4] delli altri. [3] Ma sendo l'intenzione mia stata scrivere cosa che sia utile a chi la intende, mi è parso piú conveniente andare dreto alla verità effettuale[1] della cosa che alla immaginazione di essa. [4] E molti[1] si sono immaginati republiche e principati che non si sono mai visti né conosciuti in vero essere. [5] Perché gli è[1] tanto discosto da come si vive a come si dover-

[XV] [1] Di quelle cose che li òmini e spezialmente principi sono laudati o biasimati.

[2] [1] *molti*: l'allusione è volutamente indeterminata, e non giova allegare, a questo punto, autori e titoli della trattatistica *de principe* (alcuni saranno, in ogni modo, citati nel seguito) o, piú in generale, della politica utopica. Di sicuro, un libro scritto – come dice Cicerone – «non ad historiae fidem ... sed ad effigiem iusti imperii», è proprio quella *Ciropedia* che M. ha appena menzionato.

[2] *ancora*: 'anche'.

[3] *partendomi massime*: 'soprattutto perché io mi allontano'.

[4] *ordini*: 'metodi, modi di ragionare'.

[3] [1] *effettuale*: 'attuale, concreta' (lat.).

[4] [1] *molti*: vedi la nota al par. 2; ma si rammentino gli espliciti riferimenti a Platone in Matteo Palmieri (*Vita civile*, proemio: «diliberai non volere fignere la immaginata bontà de' non mai veduti in terra cittadini, i quali da Platone et piú altri nobilissimi ingegni considerati et fincti di virtú et sapientia perfecti, piú tosto sono per specie et figura dipincti che mai in carne veduti»); in Guicciardini (*Reggimento*, p. 99: «non abbiamo a cercare di uno governo immaginato e che sia piú facile a apparire in su' libri che in pratica, come fu forse la republica di Platone»); e in Vettori (*Sommario*, p. 145: «chi facesse una di quelle republiche scritte e imaginate da Platone, o come una che scrive Tommaso Moro inghilese essere stata trovata in Utopia, forse quelle si potrebbono dire non essere governi tirannici»). L'*Utopia* del More fu pubblicata nel 1516.

[5] [1] *gli è*: 'egli è', con pron. pleonastico; il sogg. di *è tanto discosto* (= lontano) *da* ... sarebbe *come* (= il modo in cui) *si doverrebbe vivere*: ma alla costruzione fondamentale si è sovrapposto il contrasto «da come ... *a* come». La causale (*Perché*...) va legata a *mi è parso*... del par. 3.

더 중요시하는 마키아벨리 사상의 진수를 보여주고 있는 것이다. 하지만 현실주의를 강조하는 것이 도덕이 필요 없다는 것은 아니다. 흔히 『군주론』을 읽어보지도 않고 마키아벨리에 '대해서' 하는 말을 듣고, 그는 도덕의 무용성을 주장한다고 말하는 이들이 있다. 하지만 진정한 현실주의자는 현실이 어떤지를 먼저 살펴보는 이들이다. 현실이 어떠해야 한다고 말하는 이들은 오히려 도덕주의자들인 것이다. 이런 의미에서 마키아벨리는 도덕이 필요 없다고 말하지는 않는다. 도덕으로 현실을 재단하는 도덕주의에 반대하는 것이다. "권력을 유지하고자 하는 군주는 상황의 필요에 따라서 선하지 않을 수 있는 법을 배워야만 합니다"라는 구절은 이를 잘 보여주고 있다. 덕을 실천하면서 사는 것이 할 수만 있다면 좋다는 것이다. 하지만 그것으로 안 될 때는 그렇게 하면 안 된다는 것이다. 그런데 인간의 상황은 도덕적인, 그리고 덕 있는 삶을 항상 허락하지는 않기 때문에 선덕과 악덕을 필요에 따라 사용해야 한다는 것이다.

여기에는 의도와 결과의 근본적인 불일치가 인간사회에서는 항상 존재한다는 사고가 깔려 있다. 다시 말해 덕이 덕이나 선을 낳는 것이 아니라 악을 낳기도 하고, 악이 선을 낳기도 한다는 것이다. 이런 의미에서 도덕주의적 일방주의는 위험하다. 마키아벨리는 일방주의적 사고방식의 위험성을 지적하고 있다. 선이 선을 낳고, 악이 악을 낳는다고 보는 것이 도덕적 일방주의이다. 이것은 당시 고대 로마의 인문주의 사상, 특히 키케로의 영향을 받은 인문주의 사상가들의 생각이기도 하였다. '정직은 곧 유용하다'(*honestum est utile*)라는 사고방식에 기초한 것이다.[8] 이것에 의거해 군주는 덕으로만 다스려야 한다는 주장을 담은 저술들이

8 이러한 키케로의 사상을 이어받은 인문주의 사상가들의 주장에 대해서는 Skinner(2004), 285~302쪽 참조. 그리고 박상섭(2002), 124~131쪽 참조.

나타났던 것이다. 하지만 마키아벨리는 15장의 마지막에서 다음과 같이 적고 있다: "일견 미덕으로 보이는 일을 하는 것이 자신의 파멸을 초래하는 반면, 일견 악덕으로 보이는 다른 일을 하는 것이 결과적으로 자신의 안전을 확보하고 번영을 가져오는 경우가 있기 때문이다." 덕을 행했는데 흥하는 것이 아니고 파멸을 가져오는 것! 반면 악덕을 행했는데 망하지 않고 번영을 누리는 것! 여기에 인간사회 속의 행동의 아이러니가 있는 것이다. 왜 그런 일이 일어날까? 그리고 그렇다면 군주는 어떻게 행동해야 할까? 이것들이 다음 장들의 문제의식이다.

제16장 관후함과 인색함

이 장에서는 덕목이 현실에서 어떻게 작용하는지에 대해 좀 더 구체적으로 언급을 하고 있다. 마키아벨리는 덕목이 현실에서 구현될 때, 그 원래의 뜻이나 의도와는 전혀 다른, 반대의 방향으로 움직이는 것을 보여준다. 이를 통해 덕목은 말이나 의도가 아니라, 결과 혹은 현실에서 구체적으로 일어나는 것을 살펴야 함을 역설하고 있다. 그것을 위해 예로 드는 것이 바로 관후함과 인색함의 덕목이다.

원문인 이탈리어로 liberalità이며, 영어로는 liberality인 관후함은 '너그럽고 후덕하다'라는 뜻이다. 인색한 사람보다는 관후한 사람을 덕 있는 사람이라고 하는 것은 동서고금을 통해 일반적이었던 것 같다. 하지만 마키아벨리는 관후함의 덕이 자원을 필요로 하고 있음을 지적한다. 그런데 자원은 유한하다. 따라서 관후함의 덕을 계속 유지하기 위해서는 자원의 도를 넘는 사용이 전제되어야 하고, 그 결과는 자원의 고갈이다. 자원이 고갈될 경우, 일반인들은 그것을 중지하거나 어디서 차용을 해야 하지만, 군주의 경우는 인민들을 수탈하게 된다는 것이다. 그 수탈의

XVI.

DE LIBERALITATE ET PARSIMONIA[1].

[1] Cominciandomi[1] adunque alle prime soprascritte qualità, dico come e' sarebbe bene essere tenuto liberale. [2] Nondimanco la liberalità, usata in modo che tu sia tenuto[1], ti

[10][1] *confesserà*: 'ammetterà'.
[2] *uno principe trovarsi*: 'che un p. si trovi ad avere' (cfr. XII .32); in questo punto, i mss. Monacense e Gothano (quindi anche il testo crit.) presentano la lezione piú facile *in uno* ecc.

[11][1] *guardarsi*: retto da *sappi*.
[2] *respetto*: 'scrupolo'.

[12][1] *seguendola sarebbe*: 'se la seguisse, se vi si attenesse sarebbe'. – Nota che il successivo *seguendola ne nasce* è un periodo ipotetico reale (se la segue, ne nasce), perché allude appunto a ciò che il principe deve fare.

[XVI][1] Della liberalità e della parsimonia.

[1][1] *Cominciandomi*: 'rifacendomi'; in *Arte d. guerra* I: «Io mi voglio cominciare dalle parole vostre» (= *Opp.* 305a).

[2][1] *sia tenuto*: 'sia considerato tale, abbia chiara fama di liberale'.

방법은 무거운 세금의 부과일 수도 있으며, 직접적인 약탈이 될 수도 있다. 물론 여기에 '적당히 여러 사람에게나 아니면 제한된 수의 사람에게 관후함을 베풀면 되지 않는가?'라는 질문을 할 수 있을 것이다. 하지만 많은 사람에게 적당히 하는 것은 관후하다는 평판을 들을 수 없게 될 뿐이며, 제한된 수의 사람에게만 베풀 때는 관후함의 평판을 다수의 사람에게 들을 수는 없게 된다. 오히려 차별한다는 원성을 들을 수도 있는 것이다. 따라서 군주가 관후하다는 평판을 제대로 듣기 위해서는 앞서 설명했듯이 자신의 자원의 고갈을 넘어서 인민의 재산까지도 빼앗는 결과를 가져올 수밖에 없는 것이다.

관후함의 미덕은 그것을 진정으로 실행하게 되면 결국은 인민을 착취하게 되는 악평을 얻게 된다는 것이다. 따라서 마키아벨리는 현명한 군주는 관후함의 미덕을 통해 관후함이라는 평판을 얻을 수 없음을 알고, 오히려 인색하다는 평판에 개의치 말아야 한다고 말한다. 왜냐하면 그 인색함이 검약함 때문에 나온 것이고 그것으로 인해 재정이 튼튼해진다면, 전쟁이나 위기 때 인민들을 수탈할 필요가 없어져 결국은 앞서 언급했던 관후한 군주보다 더 관후함을 인정받게 될 것이기 때문이다. 다시 말해 인색함은 관후함의 결과를 가져올 것이라는 것이다. 물론 마키아벨리는 나올 수 있는 반론에 대해 답하고 있다. 우선 카이사르(Caesar) 외 많은 사람들이 넉넉한 씀씀이로 권력을 얻었다는 것이다. 이에 대해 마키아벨리는 '지배자가 되고자 하는 자'와 '지배자가 된 자'를 구분하고 있다. 전자의 경우는 넉넉한 씀씀이 혹은 관후가 필요하다고 한다. 하지만 후자의 경우는 그것이 위험하다고 한다. 관후함으로 민심을 얻어 권력을 잡았으면, 그 다음에는 인색해져야 한다는 것이다. 그 다음은 군주가 되고 나서의 경우에 대한 반론에 대답한다. 이것은 "무척 관후하다고 생각된 많은 군주들이 괄목할 만한 군사적 승리"를 거두었다는 반론이다. 이 경우에도 마키아벨리는 경우를 나누고 있다. 자신의 자원이나 신민들의 것을 사용할 때는 인색해야 하지만, 타인의 것, 즉 전리품이나 약탈물 등을 쓸 때는 관후해야 한다는 것이다. 후자의 경우, 인색해질 때 군주는 탐욕스럽게 비추어져 병사나 인민들의 지지를 받을 수 없기 때문이다.

관후함의 덕을 살펴볼 때, 어떤 미덕은 그것을 행할수록 그 미덕으로부터 멀어져간다는 것이다. 따라서 고금을 통해서 좋다고 인정되어온 덕을 통한 정치에 대해 심각하게 살펴보아야 한다는 것이다. 그렇다고 악덕의 정치가 좋은 것은 아니다. 하지만 덕이 정치 영역에서 행해질 때 그것은 덕치가 될 수 없는 것을 군주는 알아야 한다는 것이다. 덕을 투입했을 때, 덕이 나올 수 없는 그곳이 바로 정치의 영역이다. 군주가 그것을 모르고 덕이 좋은 것이니 무조건 행해야 한다면 그것은 파멸을 초래할 수 있는 것이다. 정치에서 의도와 결과는 전혀 다른 것이다. 의도의 선함이 결과의 선함을 담보할 수 없다는 것이 덕치의 아이러니라는 것이다. 이것을 근대 독일의 대학자인 막스 베버(Max Weber)는 그의 『소명으로서의 정치』(*Politik als Beruf*)에서 신념 윤리와 책임 윤리에 대해 설명하면서 보여주었다. 신념윤리(Gesinnungsethik)는 말 그대로 정치인이면 본인의 신념이 있어야 한다는 것이다.[9] 하지만 정치는 신념만으로는 할 수 없는 것이다. 책임윤리(Verantwortungsethik)가 필요한 것이다. 결과를 책임지려고 하는 자세가 책임윤리이다. 결과에 대한 책임을 생각하는 자세는 결과를 염두에 둔다는 것이다. 본인만 옳다고 생각하는 것이 아니라, 그리고 자신의 신념이 당시의 윤리와 도덕에 적합하다면 무조건 옳은 것이라고 믿고 행동하는 것이 아니라 정치는 자신과 많은 사람들이 관계를 맺고, 그 관계 속에서 변화해가는 것이기 때문에 그 추이와 귀결을 생각하고 행동해야 한다는 것이다. 독단적(獨斷的)인, 그리고 독존적(獨尊/獨存的)인 사고가 아니라 관계적이고 공존적인 사고를 해야 한다는 것이다. 그리고 그것이 정치라는 것이다.

또한 이러한 관계적인 정치관 속에서 덕목은 그 의미를 달리 가지게 된다. 인색은 사적으로 남을 때는 악덕이지만 공동체를 위해 사용될 때, 즉 공적으로는 덕목이 되는 것이다. 여기서 말하는 것은 군주의

---

9 물론 막스 베버가 말하는 신념윤리는 신념에 대한 절대적 믿음을 말하는 것으로, 결과는 안중에도 없고 자신의 신념만을 밀고 나가는 것이다. 그리고 결과는 신의 영역에 맡기는 것이다. 신념윤리와 책임윤리에 대한 우리나라의 연구로는 김성호(2003) 참조.

공공성 그리고 그의 덕목의 공공성을 강조하는 것이다. 관후함은 개인적으로는 덕이나 공공적으로는 악덕이 된다. 인색함은 개인적으로는 악덕이지만 공공적으로는 덕목이 된다는 것이다. 이것은 이전의 '군주 귀감서' 저서들의 '군주의 덕목이 공적 덕목이고 그것은 유용하다'라는 논리를 정면으로 반박하는 것이다.[10] 이런 의미에서 군주 귀감서는 사람들 혹은 계층들 간의 관계를 전혀 주목하지 못하였다고 볼 수 있다. 군주의 귀감서에 나오는 군주 덕목의 칭송은 관계를 고려하지 않는 사고에 기반한 것이다. 다시 말해 군주만 도덕적이면 그 다음은 만사형통이라는 것이다. 즉 그러한 덕목이 퍼져 태평성세를 누릴 것이라는 말이다. 하지만 그것은 관계를 사고하지 못하는 일방주의적 사고를 나타내고 있다. a라는 도덕을 투입하면 A라는 결과가 나올 것이라는 사고를 반영하는 것이다. 하지만 관계라는 정치 영역에서 a라는 도덕은 B라는 전혀 다른 결과를 가져올 수 있는 것이다.

제17장 잔인함과 인자함, 그리고 사랑을 느끼게 하는 것과 두려움을 느끼게 하는 것 중 어느 편이 더 나은가

17장에서는 16장에 이어서 잔인함과 인자함 그리고 사랑과 두려움, 각각 중 어느 것이 더 나은가에 대해 언급하고 있다. 일견 생각하면 잔인함보다는 인자함이, 그리고 두려움 받는 것보다는 사랑받는 것이 훨씬 더 나을 것이다. 하지만 앞 장과 동일하게 여기서도 마키아벨리는 당시 아니 고금의 일상적인 사고를 뒤집고 있다. 인자함보다는 잔인함이, 그리고 사랑받는 것보다는 두려움의 대상이 되는 것이 더 낫다는 것이다.

10 이에 대해서는 이 책의 2장 3절 참조.

XVII.

DE CRUDELITATE ET PIETATE; ET AN SIT MELIUS AMARI QUAM TIMERI, VEL E CONTRA[1].

[1] Scendendo appresso alle altre qualità preallegate[1], dico che ciascuno principe debbe desiderare di essere tenuto piatoso e non crudele: nondimanco debbe avvertire[2] di non usare male questa pietà. [2] Era tenuto Cesare Borgia[1] crudele: nondimanco quella sua crudeltà aveva racconcia la Romagna, unitola, ridottola[2] in pace e in fede[3]. [3] Il che se si considera bene, si vedrà quello essere stato molto piú piatoso che il populo fiorentino, il quale, per fuggire il nome di

[19] [1] *contennendo e odioso*: cfr. cap. XIX.

[20] [1] *con odio*. Rovescia la conclusione tradizionale, quale può leggersi in Beroaldo, *De optimo statu*: «ante omnia princeps, si vult laudari probarique perinde ac optimus principum, sit munificus ac liberalis»; in Patrizi, *De regno*: «Concludamus igitur maximam in regibus ... virtutem esse magnificentiam»; ecc. Da un punto di vista realistico, invece, già Diomede Carafa, *Doveri del principe*: «defecto ei la avaricia et defecto ei la prodigalità ... Ma ei men male la avaricia ... resta la utilità a casa, che non va mendicando robbe de altrui» (in A. H. Gilbert, pp. 89 sgg.).

[XVII] [1] Della crudeltà e pietà, e s'elli è meglio essere amato che temuto o piú tosto temuto che amato.

[1] [1] *preallegate*: 'già indicate', nel cap. XV.
[2] *avvertire*: 'badare'.

[2] [1] *Cesare Borgia*: cfr. VII.24-28.
[2] *unitola ... ridottola*: participi non accordati.
[3] *in fede*: 'fedele'.

우선 잔인함과 인자함을 비교할 때, 마키아벨리는 체자레 보르지아와 피렌체가 행한 일을 비교한다. 보르지아는 결단력 있고, 잔인한 정책을 통해 무질서로 혼란스러웠던 로마냐 지역에 질서를 회복시켰다는 것이다. 반면 피렌체는 피스토이아에 분란이 일어났을 때, 결단력 있게 개입하지 못함으로써 분란을 조장하고 혼란과 피해만을 더 키웠을 뿐이라고 말하고 있다. 즉, 잘 사용된 잔인함은 진정한 자비가 되는 것이고, 잘못 사용된 자비는 실제로는 잔인한 처방이 되는 것이다. 전자는 보르지아가, 후자는 피렌체가 저질렀던 것으로 보르지아는 일부를 처단함으로써 전체를 살릴 수 있었던 반면, 피렌체는 잔인하다는 평판을 두려워하여, 결국은 전체를 혼란에 몰아넣는 결과를 가져왔던 것이다. 이렇게 잔인함과 자비의 구분은 양적인 측면에서도 언급된다. 그것은 전체와 소수에 대한 언급을 통해서이다. 시범적으로 소수에게 잔인하고 엄하게 대한다면 그것을 통해 전체의 기강을 잡을 수 있기 때문에 궁극적으로는 더 자비로울 수 있다는 것이다. 이러한 예를 우리는 학창시절에 많이 겪어보았을 것이다. 한없이 착하시고 자비로우신 선생님이 학급의 담임을 맡으신 경우, 면학 분위기를 해치는 몇몇 학생들을 못 잡는 경우가 있다. 그때 그 학급의 수업 분위기는 완전히 망치게 되어 있다. 하지만 엄하신 선생님의 경우, 그 몇몇의 학생들을 제어하심으로써 전체적인 면학 분위기를 좋게 하는 경우를 볼 수 있다. 이는 소수를 희생함으로써 전체를 구할 수 있다는 마키아벨리의 논리가 정확히 적용되는 사례라고 볼 수 있다.

하지만 여기서도 마키아벨리는 소위 중용지도(中庸之道)와 시중(時中)의 지혜를 요구한다. 즉, 신생 국가의 군주는 그 상황에서 잔인한 행동을 피할 수 없는 경우가 있다는 것이다. 이때도 역시 너무 과단성 있게 잔인해서도, 그렇다고 그 반대로 우유부단해서도 안 된다는 것이다. 왜냐하면 전자와 후자 모두 공히 인민들의 미움과 비난을 받기 때문이다. 전자는 그 잔인함의 과도함으로 인해 인민들은 그것이 자신들에게 향할 수 있을 것이라는 불안 속에서 두려움과 미움을 느끼게 될 것이며, 후자의 경우는 인민들에게 불편한 일을 해결하지 못함으로써 인민들의 미움을 받게 될 것이다. 따라서 '적당히' 그리고 '잘' 일을 처리하는 것이 중요하다. 그런데 이 '적당히'와 '잘'은 바로 인민들과 관련이 있는 것이다. 인민들과의 관련성을 설명하기 전에 마키아벨리는 그렇다면 '두려움'과 '사랑'받는 것 중에는 어떤 것이 더 나은지에 대해 이야기한다.

사랑받는 것과 두려움 받는 것 중 어느 것이 나은지에 대해서는 당시에도 논쟁거리였다.[11] 여기에 마키아벨리는 가장 좋은 것은 사랑받으면서 동시에 두려움도 느끼게 하는 것이라고 말한다. 하지만 이 둘이 통합되어 나타나는 것은 거의 불가능하기 때문에 둘 중 하나를 선택해야 한다면 사랑보다는 두려움을 느끼도록 하는 것이 낫다고 말한다. 여기서 '낫다'는 것은 바로 '안전'하다는 것이다. 그런데 이 안전은 사람들과의 관계에서 나오는 것이다. 인간들은 일관되지 않고 변덕스럽다는 것이다. 정의나 윤리 같은 가치보다는 자신의 '이익'에 약하다는 것이다. 따라서 인간들의 말이나 태도를 전적으로 신뢰하고 그것에 의지하다가는 사상누각이 되기 십상이라는 것이다. "사랑이란 일종의 감사의 관계에 의해 유지"되기에 이익의 냉정한 상황 앞에서는 사라져버리기 일쑤라는 것이다. 그래서 "효과적인 처벌에 대한 공포로 유지되는" 두려움에 의존하는 것이 인간을 자신의 편에 붙들어둘 수 있다는 것이다. 그러나 여기서도 '적당히 잘' 해야 하는 것이 필요하다. '두려움'이 '미움'으로 변하는 것은 피해야 하기 때문이다. 두려움의 대상이 되면서 미움을 받지 않을 수 있는 방법은 군주가 시민들의 재산과 그 부녀자들에게 손을 대지 않는 것이다. 이것은 군주가 폭군으로 변하는 것이다. 다시 말해 군주가 폭군처럼 행동하면 그는 미움을 받는 것이다. 자신의 사욕을 위해 시민들의 재산이나 그 부녀자들을 빼앗게 된다면 그는 미움을 받게 된다는 것이다. 더구나 마키아벨리는 처형이나 재산 몰수 같은 경우에 있어서 '적절한 명분'과 '명백한 이유'가 반드시 전제되어야 함을 강조하고 있다. 다시 말해 군주의

11 Gilbert(1938), 98~117쪽 참조.

자의적 권력행사를 제어해야 한다는 것이다. 군주가 자신의 사익을 위해 권력을 자의적으로 행사할 때 우리는 그를 폭군이라고 부른다. 폭군이 되면 인민은 그를 미워하기 때문에 군주는 폭군이 되는 것을 피해야 한다는 것이다.

한니발(Hannnibal)

이 장의 마지막 부분에서 마키아벨리는 한니발과 스키피오를 비교하고 있다. 군대를 통솔해야 할 때 군주는 한니발처럼 잔인하다는 평판을 두려워해서는 안 된다는 것이다. 한니발은 외국에서 그것도 용병들을 데리고 혁혁한 전과를 올릴 수 있었다. 이는 그의 엄격함과 잔인함으로 인해 군대의 복종을 유지하였기에 가능했던 것이다. 따라서 그의 성공의 원인은 잔인함에 있었다는 것이다. 반면 스키피오는 그 자비로움으로 스페인 등지에서 많은 실수를 저질렀다고 말한다. 그는 적절히 자비로웠으면 좋았는데, '너무' 자비로웠던 것이 문제였다. 너무 많은 자비심은

스키피오(Publius Cornelius Scipio)

군대의 기율을 유지하기에는 과도했기에 문제를 발생시켰다는 것이다. 하지만 다행히도 그는 로마 제도 덕택에 그의 명성과 영광에 해가 미치는 것을 막을 수 있었다. 다시 말해 원로원의 통제 아래 있었기에 그의 과도한 자비가 제어될 수 있었고 그의 명성이 높아질 수 있었다는 것이다. 한니발은 그 상황의 특수성으로 인해 자신의 잔인함이 그의 성공을 가져올 수 있게 되었던 반면, 스키피오는 그의 과도한 자비가 원로원이라는 공적 제도를 통해 제어될 수 있었기 때문에 명성을 얻을 수 있었던 것이다.

제18장 군주는 어디까지 약속을 지켜야 하는가

18장의 주제는 신의의 준수와 군주의 처신에 관한 것이다. 18장을 시작하면서 마키아벨리는 15장에서 이미 언급했던 도덕과 현실의 차이에 대해 언급한다. 신의를 지키고 정직하게 사는 것이 칭송받을 만한 일이라는 것은 누구나 다 아는 일이라는 것이다. 하지만 경험적으로 볼 때, 성공을 하고 위대한 업적을 거둔 군주들은 신의보다는 기만책에 능숙했다. 신의를 지키는 사람들이 오히려 실패를 더 자주 경험했다는 것이다.

이러한 구분 아래에서 마키아벨리는 싸움의 두 가지 방법을 구분한다. 하나는 인간에 합당한 것으로 '법'이며, 다른 하나는 짐승에 합당한 것으로 '힘'이라는 것이다. 그런데 인간의 방법만으로는 불충분하기에 두 가지를 다 사용해야 한다고 말한다. 이것은 고대에 수많은 군주들을 가르쳤던 케이론(Chiron)의 경우에서 볼 수 있다. 그는 반인반마(半人半馬)였던 켄타우로스 족의 일원으로 반인반수(半人半獸)였던 것이다. 숱한 영웅과 군주들을 교육했던 이가 반인반수였던 것은 인간적인 것과 짐승적인 것을 모두 습득해야 하는 군주의 모습을 그리고 있었던 것이다. 그런데 마키아벨리는 여기서 인간의 방법인 법은 제쳐두고 짐승의 방법에 대해 설명을 이어간다.

XVIII.

QUOMODO FIDES A PRINCIPIBUS SIT SERVANDA[1].

[1] Quanto sia laudabile in uno principe il mantenere la fede[1] e vivere con integrità e non con astuzia, ciascuno lo intende; nondimanco[2] si vede per esperienza ne' nostri tempi quelli principi[3] avere fatto gran cose, che della fede hanno tenuto poco conto e che hanno saputo con l'astuzia aggirare[4] e' cervelli delli uomini: e alla fine hanno superato quelli che si sono fondati in su la realtà[5].

[2] Dovete adunque sapere come e' sono dua generazioni di combattere[1]: l'uno, con le leggi; l'altro[2], con la forza. [3] Quel primo è proprio dello uomo; quel secondo, delle bestie. [4] Ma perché el primo molte volte non basta, conviene ricorrere al secondo: pertanto a uno principe è necessario sapere bene usare la bestia e lo uomo. [5] Questa parte è suta insegnata alli principi copertamente[1] da li antichi scrittori, e' quali scrivono come Achille e molti altri di quelli principi antichi furno dati a nutrire[2] a Chirone[3] centauro, che sotto la

[XVIII] [1] In che modo e' principi abbino a mantenere la fede.

[1] [1] *fede*: 'parola data'.

[2] *nondimanco*: il ms Barberiniano e alcuni affini dànno l'avverbio latino *tamen*, forse originale.

[3] *quelli principi*: Osimo nomina, per esempi, Francesco Sforza, il Valentino, Ferdinando il Cattolico.

[4] *aggirare*: 'raggirare'.

[5] *realtà*: 'sincerità', dal francese; i mss. del gruppo *y* offrono il quasi sinonimo *lealtà*.

[2] [1] *dua ... combattere*: «cum sint duo genera decertandi, unum per disceptationem, alterum per vim; cumque illud proprium sit hominis, hoc beluarum, confugiendum est ad posterius, si uti non licet superiore» (Cicerone, *De officiis* I 34).

[2] *l'uno ... l'altro*: accordati non grammaticalmente (a *generazioni*), ma a senso (a 'generi': cfr. il testo di Cicerone).

[5] [1] *copertamente*: sotto il velo del mito.

[2] *nutrire*: 'allevare'; come in Dante, *Inf.* XII 70-71: «il gran Chiron, il qual nodrí Achille».

[3] *Chirone*: savio centauro, figlio di Filira e del dio Crono (che la possedette dopo aver preso forma di cavallo); nella mitologia greca, come si sa, i cen-

짐승의 방법에도 또한 두 가지가 있다. 그것은 여우와 사자의 방법이다. 여우는 영리하지만 늑대를 제압할 수 없는 반면, 사자는 강하지만 자신의 힘을 과신하기에 함정에 빠지기 쉽다. 따라서 군주는 기만과 함정에 빠지지 않으면서 강한 적을 제어하기 위해서는 여우와 사자의 방식을 둘 다 가지고 있어야 한다는 것이다. 그런데 일반적으로 여우와 사자를 비교해보았을 때, 군주의 반열에 든 인물들뿐만 아니라 일반인들도 여우보다는 사자를 닮고 싶을 것이다. 여우보다는 사자를 모범으로 삼을 것이며, 사자를 따르려고 하는 이들은 여우의 행동을 경멸할 것이다. 그것은 힘 있고 명예로운 자가 할 행동이 아니라고 생각할 것이기 때문이다. 하지만 마키아벨리는 여우의 방법을 이해해야 함을 강조하고 있다. 신의와 약속 파기는 어쩌면 자연스러운 것이라는 것이다. 왜냐하면 모든 인간들이 선하지만은 않기 때문이다. 많은 이들이 그들의 이익을 위해 약속을 언제나 파기할 준비가 되어 있고, 그것은 당시 현실에서는 비일비재한 일이었기 때문이다. 다시 말해 당시 이탈리아 현실에서는 사자보다는 여우처럼 행동했던 이들이 성공을 거두었기 때문이다.

그렇다면 이렇게 신뢰가 무너진 세상에서 어떻게 행동해야 할까? 이에 대해 마키아벨리는 유연한 행동방식을 지닌 사람이 될 것을 강조한다. 신의를 지키고 도덕적인 성품을 지니고 있는 사람이 되면 좋겠지만, 그렇게 도덕적인 사람인 경우 비도덕적인 행위가 요구될 때 그것에 대처하기 어렵다. 그렇다고 비도덕적인 사람만이 되는 것도 문제이다. 따라서 도덕적인 사람처럼 보이면서 그것과는 달리 행동하는 것이 필요할 경우 비도덕적으로 행동할 수 있는 사람이 되어야 한다는 것이다. 군주, 특히 신생 군주는 사람들이 "좋다고 생각되는 방식으로 처신할 수 없다는 점을 분명히 명심해야" 함을 강조한다. 자신의 권력이나 국가를 유지하기 위해서는 "종종 신의 없이, 무자비하게, 비인도적으로 행동하고 종교의 계율을 무시하도록 강요당하기 때문"이다. 상황이 비도덕적인 행위를 강요할 때 군주는 기꺼이 그것을 할 준비가 되어 있어야 한다는 것이다. 비도덕적인 인간이 되라는 것이 아니라 국가와 권력의 유지를 위해서 필요한 경우에 행하라는 것이다. 그렇지 못하면 실패는 불 보듯 뻔하다는 것이다. 군주와 공적 업무를 담당하는 사람은 "운명의 풍향과 변모하는 상황이 그를 제약함에 따라서 자신의 행동을 그것에 맞추어 자유자재로 바꿀 태세가 되어 있어야" 한다는 것이다. 서로 다른 인간과 짐승의 모습을 같이 가지고 있어야 하며, 짐승의 모습도 하나가 아닌 서로 너무나도 다른 사자와 여우의 모습을 한 몸에 지니고 있어야 하는 것이다. 성공을 가져오고 그것을 유지할 수 있는 유연함이란 이렇게 극명하게 서로 다른 상황에서도 그것에 맞게 다른 모습을 보여줄 수 있을 정도가 되어야 한다는 것이다.

제19장 경멸과 미움은 어떻게 피해야 하는가

19장은 경멸과 미움을 군주가 어떻게 피해야 하는가를 논하면서 인민의 중요성을 재차 강조하는 장이다. 예나 지금이나 군주나 한 국가의 리더는 크게 두 가지 걱정거리를 가지고 있다. 하나는 대외적인 것으로 외세와 관련된 것이며, 다른 하나는 대내적인 것으로 인민에 관한 것이다. 대외적인 문제는 좋은 군대와 믿을 만한 동맹만 있다면 별 걱정이 없다고 마키아벨리는 말한다. 특히 좋은 군대는 믿을 만한 동맹을 자연히 동반하기에 국내 정치만 안정을 유지한다면 큰 문제가 발생하지 않는다고 말한다. 대내적인 문제에 있어서는 인민의 지지와 호의를 유지하는 것이 가장 큰 문제이다. 이를 위해 군주는 무엇보다도 미움과 경멸받는 것을 피해야 한다. 미움 받는 것을 피하려면 군주는 자신의 탐욕을 억제해야

XIV.

QUOD PRINCIPEM DECEAT CIRCA MILITIAM[1].

[1] Debbe dunque uno principe non avere altro obietto né altro pensiero né prendere cosa alcuna per sua arte, fuora della guerra[1] e ordini e disciplina di essa: perché quella è sola arte che si aspetta[2] a chi comanda, ed è di tanta virtú che non solamente mantiene quelli che sono nati principi, ma molte volte fa gli uomini di privata fortuna salire a quello grado. [2] E per avverso[1] si vede che, quando e' principi hanno pensato piú alle delicatezze[2] che alle arme, hanno perso lo stato loro[3]: e la prima cagione che ti fa perdere quello è negligere[4] questa arte, e la cagione che te lo fa acquistare è lo essere professore[5] di questa arte. [3] Francesco Sforza, per essere armato, di privato diventò duca di Milano; e' figliuoli[1],

[4] *Filippo*: cfr. XII.15.

[XIV] [1] Quello che s'appartenga a uno principe circa la milizia.

[1] [1] *guerra*: Burd segnala un riscontro con Aristotele, *Politica* 1313b, la cui intonazione è opposta a quella machiavelliana («il tiranno è un guerrafondaio, affinché i cittadini siano impegnati e vivano sottoposti a un capo»). Cfr., piuttosto, Plutarco, *Pirro* 8: «sembrava dedito unicamente all'arte militare, né mai ragionava di altro, ritenendola sola adatta ad un re sopra tutte le altre» (trad. A. Ribera). Si tratta, in ogni caso, di un *tòpos* piuttosto diffuso.

[2] *si aspetta*: 'spetta'.

[2] [1] *per avverso*: 'al contrario'.

[2] *delicatezze*: 'dolcezze del vivere'.

[3] *perso ... loro*: cfr. cap. XXIV.

[4] *negligere*: 'trascurare' (lat.)

[5] *professore*: 'esperto, profondo conoscitore'. In alcuni mss., fra cui il Laurenziano, è la variante sinonimica *professo*, forse piú dotta.

[3] [1] *e' figliuoli*. Francesco ebbe tre figli maschi: Galeazzo Maria, che gli successe e fu ucciso da congiurati nel 1476; Ludovico, detto il Moro, il solo, in effetti, che divenne «di principe, privato», nel 1499-1500; e Ascanio, che fu cardinale e morí nel 1505. Gian Galeazzo, figlio e successore di Galeazzo Maria, divenne duca a otto anni sotto la tutela della madre Bona di Savoia e poi dello zio Ludovico; morí nel '94, senza avere mai esercitato il potere. Nel 1513, quando M. scriveva il *P.*, il ducato di Milano si trovava, almeno nominalmente, nelle mani di Ercole Massimiliano, primogenito del Moro, e vi rimase fino alla vittoria dei francesi a Marignano, sugli svizzeri (13 settembre 1515). Nell'ed. del 1924, Chabod annotò, tra i *figliuoli* (nel senso di 'discendenti') di

한다. 다시 말해 인민들의 재산과 그 부녀자들을 강탈하지 말아야 하는 것이다. 경멸을 받지 않기 위해서 군주는 자신의 처신에 위엄과 신중함을 담고 있어야 한다. "변덕이 심하고 경박하며, 여성적이고 소심하며, 우유부단한 인물"로 보이게 되면 그는 인민들로부터 경멸을 받을 것이다. 미움과 경멸을 피하고 인민의 지지를 받는 군주는 음모와 내란의 위험으로부터 벗어날 수 있는 것이다. 왜냐하면 음모는 항상 조력자를 필요로 하기 마련인데 인민이 현 군주를 지지한다면 음모를 폭로하거나 음모가 성공했다고 하더라도 음모자들의 편에 서지 않기 때문이다. 반면에 인민이 적대적이면 군주는 늘 음모의 위험에 노출되게 되며 아무도 믿을 수 없는 고립무원(孤立無援)의 위치에 놓이게 되는 것이다.

이제 9장에서 언급되었던 귀족과 인민 간의 관계 조절이라는 주제가 다시 등장한다. "질서가 잘 잡힌 국가"(*stati bene ordinati*)와 현명한 군주는 바로 귀족과 인민의 관계를 잘 조절한 경우이다. 다시 말해 귀족들의 분노를 사지 않고, 인민들을 만족시킨 것이다. 마키아벨리는 당시 이러한 나라의 대표적인 예로 프랑스를 들고 있다. 프랑스는 여러 가지 좋은 제도를 가지고 있었는데 그 중에서도 '고등법원'(*parlement*)이 최고라는 것이다. 이 고등법원은 중립적인 제3의 심판기관이었다. 이 공적인 기관을 통해 군주는 인민과 귀족들의 대립을 해소하였다. 권력을 가지고 인민들을 억압하고자 했던 귀족들은 이 고등법원을 통해 그들의 야망과 탐욕이 제어되었고, 이러한 귀족들을 미워하고 두려워하였던 인민들은 고등법원을 통해 자신들을 귀족들로부터 보호할 수 있었던 것이다. 이러한 제도를 통해 귀족을 견제하고 인민을 보호함으로써 군주는 물론 군주국의 안전이 확실히 보장될 수 있다는 것이다.

다시 말해, 프랑스의 고등법원을 통해 나타나는 군주의 '능력'은 갈등관계를 슬기롭게 해결할 수 있는 '제도'를 만들어내는 데 있다. 군주는

마르쿠스 아우렐리우스(Marcus Aurelius Antoninus)

귀족과 인민의 관계 속에서 인민을 보호하되 귀족을 제어하는 방법으로 제3의 공적 기관을 택하는 것이다. 이것은 관계의 단절이 아니라, 관계 그리고 그 속에서 나오는 긴장의 유지와 조절을 의미하는 것이다. 그러나

세베루스(Publius Cornelius Scipio)

그 긴장관계에 군주가 개인적으로 직접 개입하는 경우 귀족과 개인의 관계 속에 휘말려 들어갈 수 있다. 따라서 마키아벨리는 제3의 중립적인 공적 기관을 통해 긴장을 객관적으로 '관리'해야 함을 언급하고 있다.

귀족을 제어하고 인민을 보호해야 하는 것이 정치의 핵심임을 마키아벨리는 로마 황제들의 사례를 통해 보여주고자 한다. 마르쿠스 아우렐리우스(Marcus Aurelius)로부터 막시미누스(Maximinus) 황제까지를 간단히 살펴보면서 마키아벨리가 말하고자 했던 것은 국가의 구성세력들을 잘 다루어야 권력을 획득하고 유지할 수 있으며 국가의 안정을 가져올 수 있다는 것이다. 이러한 설명을 위해 마키아벨리는 우선 로마의 구성에 대해 이야기한다. 로마는 다른 군주국들과 달리 귀족과 인민 외에 또 하나의 세력이 중요하였다. 그것은 군인들이었다. 정복 국가로 성장한 로마제국에 있어서 군대는 정치의 핵심세력으로 성장했던 것이다. 따라서 로마 황제는 "귀족의 야심"과 "인민의 무례함" 외에 "군인들의 잔임함과 탐욕"에 대처해야 했던 것이다. 하지만 군인과 인민을 동시에 만족시키는 것은 매우 난해한 일이었다고 마키아벨리는 적고 있다. 왜냐하면 인민은 평화로운 삶과 거기서 나오는 이익을 선호하는 반면, 군인들은 전쟁과 그 전리품에 관심이 있었기 때문이다. 따라서 인민은 온화한 군주를, 군인은 호전적이며 탐욕스런 군주를 좋아했던 것이다. 평화와 전쟁이라는 너무나도 다른 선호를 가진 두 계층을 동시에 만족시키는 것은 매우 어려운 일이었기에 대부분의 황제들은 무기를 가진 군인들의 비위를 맞추었다. 하지만 그것이 질곡으로 작용하여 군인들을 계속해서 만족시키지 못한 황제는 몰락할 수밖에 없었다. 앞에 언급했던 시기의 황제들 중 마르쿠스, 페르티낙스(Pertinax), 그리고 알렉산데르(Alexander)는 인자하고 자비로운 성품의 사람들이었다. 반면 콤모두스(Commodus), 세베루스(Severus), 안토니누스 카라칼라(Antoninus Caracalla) 그리고 막시미누스는 잔인하고 탐욕스러웠다.

잔혹함과 탐욕을 피하고 절제된 삶을 살았던 전자의 황제들 중 마르쿠스만을 제외하고 나머지는 모두 군인들의 지지를 얻지 못하고 몰락하고 만다. 마르쿠스는 세습으로 제위를 이었기 때문에 군인들에 의지할 필요가 없었을 뿐만 아니라 그의 훌륭했던 성품들이 미움과 경멸을 피했다는 것이다. 따라서 그는 몰락하지 않았다. 하지만 페르티낙스와 알렉산데르는 그의 선량함과 유약함으로 인해 몰락하였다. 이에 마키아벨리는 "악행은 물론 선행도 미움을 초래할 수 있다"라는 지적을 한다. 어떤 집단이 부패해 있으면 그 속에서 선행은 미움을 초래하고, 악행은 만족을 준다는 것이다. 선행이 항상 좋은 결과를 가져오지는 않는다는 것이다. 선행과 악행은 절대적인 것이 아니라 맥락 속에서 서로 다른 결과를 가져온다는 것이다. 맥락적이며 관계적인 사고와 행동 속에서만 사태의 올바른 파악이 가능하다는 것이다. 다시 말해 선하지 않도록 강제되는 상황 속에서는 그것에 순응해야 국가와 권력을 유지할 수 있음을 말하는 것이다.

악행을 일삼던 후자의 황제들의 경우, 군인들을 만족시키기 위해 인민들을 등한시했기에 많은 황제들이 비참한 최후를 맞게 된다. 그러나 그 중에서도 예외적인 인물이 있었는데 그가 세베루스이다. 마키아벨리는 세베루스를 여우와 사자의 기질을 가진 이로, 신생 군주의 모범이 될 만한 인물로 평가하고 있다. 그가 황제의 지위에 오르는 과정은 여우와 사자의 모습을 그대로 보여주고 있다. 당시 세베루스는 다른 두 명의 장군들과 함께 로마제국을 장악하고 있었다. 수도 로마에서 황제가 친위대에 의해 피살당하고 새로운 황제가 제위에 오르는 사태가 일어나자 세베루스는 로마로 진군하여 황제의 지위에 오르게 된다. 하지만 다른 두 명의 강력한 장군들이 버티고 있었기에 그의 지위는 불안전하였다. 이에 세베루스는 속임수와 결전의 두 가지 방식을 다 사용하기로 결심한다. 한 명의 장군에게는 공동 황제의 칭호를 부여하여 안심을 시키고 나서 다른 한 명의 장군은 신속히 진군하여 제압한 것이다. 이러한 승전의 결과로 세력이 더 커진 세베루스는 이제 안심시켰던 나머지 장군을 공격하여 그를 제거하고 명실상부한 황제의 지위에 오르게 된다. 이러한 행위들을 통해 그는 "매우 사나운 사자이자 매우 교활한 여우"였음을 보여주고 있다. 아울러 "모든 사람들에게 두려움의 대상이자 존경의 대상이었으며 군대의 미움을 받지 않았"기에 신생 군주로서 거대한 제국을 지배할 수 있었던 것이다. 세베루스 외에 안토니누스 카라칼라, 콤모두스 그리고 막시미누스는 도를 넘는 잔인함과 탐욕 그리고 유약함을 통해 인민이나 군인들의 미움과 경멸의 대상이 되었고, 그 결과는 그들의 몰락이었다.

자비롭고 절제된 삶을 살았던 황제들 중에서는 마르쿠스만이 성공을 거두었고, 잔인한 황제들 중에서는 세베루스만이 권좌를 유지할 수 있었다. 이제 그 실패와 성공의 이유를 살펴보자. 페르티낙스와 알렉산데르는 신생 군주와도 같았다. 하지만 마르쿠스처럼 세습 군주인 양 행동했기에 그들은 실패를 경험할 수밖에 없었다. 반면 카라칼라, 콤모두스, 막시미누스는 세베루스의 행위를 모방하고자 하였지만 세베루스만한 역량이 없었기에 몰락할 수밖에 없었다. 상황과 맥락 그리고 자신의 역량에 맞는 행동방식을 취해야 하는 것이다. 하지만 한 가지 말할 수 있는 것은 "자신의 국가를 세우기 위해서 필요한 조치를 취해야 할 때에는 세베루스를 모방해야 할 것이고, 이미 오랫동안 확립된 국가를 보존하기 위해서 적합하고 영광스러운 조치를 취해야 할 때에는 마르쿠스를 모방해야 할 것"이다. 이러한 마키아벨리의 언급은 앞에서도 강조되었듯이, 신생 군주는 권력을 확립해야 하기에 여러 가지 난관에 부딪힐 것이다. 따라서 악행도 저지를 뿐만 아니라 신뢰도 파기할 각오가 되어 있어야 한다는 것이다. 하지만 질서가 확립된 이후의 통치는 잔인함이나 악행보다는 자비와 덕행을 보여주는 것이 더 낫다는 것이다.

제20장 요새 구축 등 군주들이 일상적으로 하는 많은 일들은 과연 유용한가 아니면 유해한가

20장에서는 앞 장들에 이어 군주가 행해야 할 것들을 인민의 무장, 파벌의 조장 및 요새의 구축과 관련하여 언급한다. 당시에 일반적으로 군주들은 신민들에게 무장을 허용하지 않았다. 또한 정복한 도시에 파벌과 분열을 조장하면 더 잘 다스릴 수 있다고 보았으며, 요새의 구축이 최선의 행동인 것처럼 여겨졌다. 이러한 당시에 최선의 정책으로 알려진 것들을 비판하면서 마키아벨리는 다른 처방을 내리고 있다.

우선 피렌체의 경우, 인민들을 무장시키지 않고 용병을 고용하고 있었다. 용병을 고용했던 이유는 인민들에게 무기를 주었을 경우에 그것이 외세를 향하는 것이 아니라 귀족들과 군주에게 향할 것이라는 두려움이 있었기 때문이다. 다시 말해 인민들을 신뢰하지 못한 것이다. 하지만 마키아벨리는 인민에게 제공된 무기는 바로 군주 자신의 무기가 됨을 언급하고 있다. 무기를 준다는 것은 그들을 신뢰한다는 것이고 그것을 통해 인민들의 지지를 받게 될 것이라는 것이다. 반면에 무기를 제공하지 않고, 나아가 있는 무기마저도 빼앗는다면 그것은 군주가 인민을 불신한다는 것이고 이것은 그들의 마음을 상하게 만들어 군주에 대한 지지를 철회하도록 만든다는 것이다.

복속된 도시를 통치하는 경우, 피렌체 정치인들은 파벌 조성과 분열을 통해 통치해야 한다고 믿고 있었다. 그 예는 피스토이아의 통치에서 잘 드러난다. 그러나 이것은 상황에 따라 유효하지 않을 수도 있는 정책이라고 말한다. 평시에는 별 문제가 없을 수도 있지만, 혼란과 전쟁의 시기에 이러한 분열은 외세의 도움을 통해 힘을 확장하려는 파벌의

XX.

AN ARCES ET MULTA ALIA, QUAE QUOTTIDIE A PRINCIPIBUS FIUNT, UTILIA AN INUTILIA SINT[1].

[1] Alcuni[1] principi per tenere sicuramente lo stato hanno disarmati e' loro sudditi; alcuni hanno tenuto divise le terre subiette. [2] Alcuni hanno nutrito inimicizie contro a sé medesimo; alcuni altri si sono volti a guadagnarsi quelli che gli erano suspetti nel principio del suo stato. [3] Alcuni hanno edificato fortezze; alcuni le hanno ruinate e destrutte[1]. [4] E benché di tutte queste cose non si possa dare determinata sentenza[1], se non si viene a' particulari[2] di quegli stati dove si avessi a pigliare alcuna simile deliberazione, nondimanco io parlerò in quello modo largo[3] che la materia per sé medesima sopporta.

[5] Non fu mai adunque che uno principe nuovo disarmassi e' suoi sudditi: anzi, quando gli ha trovati disarmati, sempre gli ha armati; perché, armandosi[1], quelle arme diventano tua, diventano fedeli quelli che ti sono sospetti, e

[4] *a conservare*. Propriamente si lega al solo *convenienti*.

[XX] [1] Se le fortezze e molte altre cose che ogni giorno si fanno da' principi, per conservazione del loro stato, sono utili o no.

[1] [1] *Alcuni*. I primi tre paragrafi dànno l'indice del capitolo: l'armamento dei sudditi (5-9); le fazioni (10-14); le inimicizie verso il principe (15-16); i sostenitori dello 'stato' precedente (17-23); le fortezze (24-33).

[3] [1] *destrutte*: notevole la variante offerta dal ms. di Gotha: *deserte*, in dittologia sinonimica con *ruinate*.

[4] [1] *determinata sentenza*: 'giudizio compiuto'.
[2] *viene a' particulari*: 'discutono le condizioni proprie'.
[3] *largo*: 'generale'.

[5] [1] *armandosi*: 'se vengono armati da te' (sogg. *i sudditi*); non si tratta di dare armi ai sudditi, come privati, ma di inquadrarli militarmente (Sasso). – Nei *Ghiribizi*: «Lorenzo de' Medici disarmò el popolo per tenere Firenze; messer Giovanni Bentivogli, per tener Bologna, lo armò». Nota però come la 'logica' dei *Ghiribizi*, che parificava i due «modi» in funzione del «riscontro» con i tempi, sia superata nel *P.*, dove è presentato, come solo «modo» valido, quello di chi ha armato i popoli.

등장으로 파국을 맞을 수 있음을 언급한다. 분열의 조장으로 손해를 본 것은 피렌체뿐만 아니라 베네치아도 마찬가지였다. 강력한 통치를 통한 지배만이 유효한 것으로 결론을 맺고 있다. 자신의 강력한 힘을 통한 통제만이 가장 효과적인 지배 수단이라는 것이다. 반면 분열의 조장은 군주 자신의 나약함과 힘없음을 단적으로 보여주는 지표인 것이다.

요새의 구축은 당시 국가를 안전하게 지키기 위해 가장 필요한 장치로 인식되고 있었다. 하지만 일부 군주들은 요새를 파괴함으로써 자신의 지위를 더 공고히 할 수 있다고 믿었으며 실행에 옮기기도 하였다. 이를 보고 마키아벨리는 요새는 때에 따라 유용하기도 하지만 그렇지 않은 경우도 있다고 말한다. 하지만 그는 요새에 대해 정리하기를 "만약 군주가 외세보다도 인민을 더 두려워한다면, 그는 요새를 구축해야" 하지만, "인민보다 외세를 더 두려워한다면, 요새를 구축해서는 안 된"다고 말한다. 이것은 바로 최선의 요새는 '인민의 마음'이라는 것이다. 인민의 지지를 받지 못하면 아무리 견고한 요새라도 소용이 없다는 것이다. 오히려 견고한 요새를 너무 믿는 군주는 인민의 마음을 얻는 데 소홀해질 수 있다. 따라서 군주는 요새보다도 인민의 지지를 얻는 데 더 신경을 써야 하는 것이다. 요새는 부차적인 것이고, 인민의 마음이 무엇보다도 중요한 것이다.

제21장 군주는 명성을 얻기 위해서 어떻게 처신해야 하는가

21장에서도 역시 군주의 행동양식에 대해 조언하고 있는 마키아벨리는 일반적으로 옳다고 믿고 행해지고 있는 것의 함정들을 지적하고 있다. 그는 우선 대규모의 군사작전을 수행하고 유례없는 비범한 행동을 보여줌으로써 군주는 높은 명성을 얻을 수 있다고 말한다. 전자는 스페인의

XXI.

QUOD PRINCIPEM DECEAT UT EGREGIUS HABEATUR [1].

[1] Nessuna cosa fa tanto stimare uno principe, quanto fanno le grande imprese e dare di sé rari esempli [1]. [2] Noi abbiamo ne' nostri tempi Ferrando di Aragona [1], presente re di Spagna; costui si può chiamare quasi principe nuovo, per-

quando non difendessi le terre, per la perfidia de' popoli, le forteze si difenderanno ad ogni modo». E infatti i forlivesi si ribellarono a Caterina quattro giorni prima che, ai 19 di dicembre, arrivasse il Valentino: a lui restò di espugnare la fortezza (i cui difetti tecnici sono illustrati in *Arte d. guerra* VII).

[33] [1] *stimerà poco*: 'considererà cosa di poco conto'.

[XXI] [1] Quello che s'appartenga fare a uno principe per essere stimato e reputato.

[1] [1] *di sé ... esempli*: 'prove esemplari della propria virtú'; quasi le stesse parole in *Disc.* III 34: «nessuna cosa [i principi] fa tanto stimare quanto dare di sé rari esempli con qualche fatto o detto rado».

[2] [1] *Ferrando di Aragona*: Ferdinando il Cattolico (1452-1516), fondatore della Spagna moderna (già ricordato nel *P.*: I.3, III.39 ecc., XVI.10, XVIII.19), nel '79 divenne re d'Aragona, succedendo al padre Giovanni, proprio mentre la moglie Isabella acquisiva il trono di Castiglia, come eredità del fratello Enrico IV. In questi paragrafi sono ricordate le sue imprese piú importanti: 1481-1492, conquista del regno arabo di Granata; 1492, cacciata degli ebrei (vedi oltre); guerra in Nord Africa (conquiste di Orano [1509], Bugia [1510], Tripoli [1511]); guerre in Italia (cfr. III.39 ecc., XIII.1-4, XXVI.24); maggio-dicembre 1512, spedizione in territorio francese (Guyenne) e conquista della Navarra. – Questa pagina del *P.* ha il suo antecedente immediato nella lettera al Vettori, 29 aprile 1513: «questo re ... da poca et debole fortuna è venuto a questa grandeza et ha hauto sempre ad combattere con stati nuovi et subditi dubii; et uno dei modi con che li stati nuovi si tengono et li animi dubii o si fermano o si tengono sospesi et inresoluti, è dare di sé grande expectatione, tenendo sempre li huomini sollevati con lo animo nel considerare che fine habbino ad havere e' partiti et le 'mprese nuove. Questa necessità questo re la ha conosciuta et usatala bene; di qui sono nati li assalti d'Affrica, la divisione del Reame, et tucte queste altre intraprese varie, et sanza vederne el fine, perché el fine suo

페르난도(Fernando) 왕이 해당하는 경우이고, 후자는 밀라노 군주인 베르나보(Bernabo) 공작의 경우이다. 그런데 이러한 설명은 짧게 언급되어 있는 반면 중립에 대한 설명은 그 뒤를 이어 길게 행해지고 있다.

마키아벨리는 중립보다는 주저하지 않고 한쪽을 지지하는 것이 군주의 명성을 드높일 수 있다고 말한다. 우선 중립을 택하는 것은 자신 및 자국의 무력(無力)함을 보여주는 것이다. 따라서 이것은 어느 경우에도 도움이 되지 않는다. 즉 싸움을 벌인 양국 중 이긴 쪽은 전쟁의 상황에서 자신의 편을 들어주지 않은 중립국에 적의를 품게 될 것이며, 패한 나라 또한 자신을 도와주지 않은 나라에 호의를 보일 리가 만무하기 때문이다. 그리고 어느 한쪽에 서서 동맹을 맺는 경우 동맹이 승리를 하건 패배를 하건 중립을 택한 경우보다는 낫다는 것을 말하고 있다. 먼저 강력한 쪽을 지원해서 승리를 했을 경우, 승리를 통해 더 강해진 동맹국이 자신을 쳐서 몰락하게 할 정도로 악한 경우는 없다고 말한다. 동맹을 통해 우호관계를 맺었기에 더 그러할 것이다. 반면 약한 쪽의 편을 들어 패배한 경우라도 자신이 도왔기에 자신의 편을 들어줄 것이고 그 도움을 기억할 것이라는 것이다. 하지만 마키아벨리는 상황이 강요하지 않는 이상 타국을 공격하기 위해 자기보다 강한 나라와 동맹을 맺지 말 것을 경고하고 있다. 왜냐하면 그 강국이 승리를 하게 되면 힘은 배가 되어 자신이 그 강국의 힘에 굴복하게 될 수 있기 때문이다.

이어 마키아벨리는 항상 안전한 정책이 있다는 믿음을 가지고 행동해서는 안 됨을 충고하고 있다. "사물의 도리 상 하나의 위험을 피하려고 하면 으레 다른 위험에 직면하기 때문"인데 이는 마키아벨리의 세계관을 드러내고 있는 말이다. 급변하는 세계와 예측 불가능한 사건의 전개 속에서 군주가 갖추어야 할 지혜는 한 가지 위험만이 아니라 다양한 위험을 예측하고 파악할 수 있어야 한다는 것이다. 이러한 지혜를 가지고 있으면 군주는 최선보다는 차선을 추구하게 된다. 최선은 가장 좋은 것이 아니다. 가장 좋은 것을 택하면 바로 그 반대의 것에 대면할 수 있기 때문이다. 따라서 지혜란 바로 "가장 해악이 적은 대안"을 선택할 줄 아는 능력이다. 최선을 추구하면 무리를 하게 되고 그것은 곧 최악을 선택하게 할 수도 있는 것이다. 차악(次惡)이 최선인 것이다.

여기에 군주는 재능을 아끼고 장려하는 자임을 보여야 한다고 마키아벨리는 말하고 있다. 그럴 때만이 능력 있고 재능 있는 자들이 모이기 때문이다. 아울러 산업과 상업을 장려해야 한다. 이는 시민들이 자신의 재산이 빼앗길 것을 두려워하여 아무것도 못하는, 그런 것을 막아야 하는 것이다. 재능 있는 자를 아끼고, 산업과 상업의 자유를 보장하는 군주의 모습은 바로 자의적으로 권력을 행사하는 군주, 다시 말해 폭군의 모습을 제어할 때 나타나는 것이다. 폭군이 아닌 자애롭고 공정한 군주의 모습을 보여줄 때, 군주는 명성을 얻게 되는 것이다.

제22장 군주의 측근 신하들

22장에서는 군주가 자신의 신하를 어떻게 선임하고 다루어야 하는지에 대해 말하고 있다. 우선 신하를 잘 뽑는 것은 군주의 능력 여하에 달려 있다는 것을 강조하고 있다. 유유상종(類類相從)이라는 말과도 비슷하게 "군주의 지적 능력을 알기 위해서는 우선 그 주변의 인물들을 살펴볼 필요가 있습니다"라는 말을 하고 있는 것이다. 다시 말해 군주가 자신의 주변에 둘 사람을 뽑을 때는 신중에 신중을 기해야 함을 역설하고 있는 것이다.

이어서 마키아벨리는 인간의 두뇌에 관련되어 세 가지 종류가 있음을 말하고 있다. 첫 번째는 사물의 이치를 스스로 터득하며, 둘째는 남이 그 이치를 설명했을 때 깨우치고, 셋째는 전혀 그 이치를 이해하지 못하는 것이다. 이는 『논어』(論語) 계씨(季氏)편에서 사람의 자질을 나누는 언급과

XXII.

DE[1] HIS QUOS A SECRETIS PRINCIPES HABENT[2].

[1] Non è di poca importanza a uno principe la elezione[1] de' ministri[2], e' quali sono buoni, o no, secondo la prudenza del principe. [2] E la prima coniettura, che si fa[1] del cervello

[5] *taglie*: 'tasse'. – Questo genere di raccomandazioni non richiedono certo l'indicazione di specifiche 'fonti'; Burd cita, in ogni modo, Senofonte, *Gerone* IX 7-11.

[27] [1] *preporre*: 'offrire'.
[2] *ampliare*: 'ingrandire, arricchire'.

[28] [1] *dello anno*: per es., nel carnevale.
[2] *feste e spettaculi*: commenta, giustamente, il Burd che «such recommendations offered to the Medici seem almost superfluous».
[3] *ogni città*: mossa simile nel *Gerone* di Senofonte (IX 5: «poiché ogni città si divide in tribú [*katà phylàs*], in corpi [*katà mòras*] o in curie [*katà lòchous*] ...»), ma il seguito è diverso.
[4] *arte*: 'arti, corporazioni'.
[5] *tribi*: 'tribú, circoscrizioni' (M. avrà in mente i quartieri). – La cittadinanza romana era divisa in *t.*, che nel 241 a. C. raggiunsero il numero di 35. *Tribo* è volgarizzazione del lat. *tribus*; è usato da Dante, dal Villani, dal M. nell'*Arte d. guerra*; quanto al *P.*, il codice di Monaco legge *tribi*, gli altri *tribu* (verosimilmente ossitono).
[6] *università*: 'collettività'.
[7] *ragunarsi con loro*: 'partecipare alle loro adunanze'.
[8] *sua*. L'ultimo periodo del capitolo, è cosí completato dai mss. del gruppo *y*: «*perché questo non vuol mai mancare in cosa alcuna*».

[XXII] [1] De' secretari ch'e' principi hanno appresso di loro.
[2] *a secretis ... habent*: alla lettera, 'hanno al proprio servizio riguardo alle cose riservate'.

[1] [1] *elezione*: 'scelta'.
[2] *ministri*: il vocabolo conserva appieno il significato latino di 'subalterno, sottoposto'.

[2] [1] *coniettura che si fa*: 'cosa che si fa per congetturare'.

상당히 비슷하다. 즉 생이지지(生而知之), 학이지지(學而知之), 곤이지지(困而知之)를 말하는 것으로서 공자는 "태어나면서부터 아는 사람"을 최상으로, "배운 뒤에 아는 사람"을 그 다음으로, "노력을 한 뒤에야 아는 사람"을 또 그 다음으로, 그리고 마지막으로 "어리석으면서도 배우지 않는 이를"(困而不學) 가장 낮은 단계로 보고 있는 것이다. 마키아벨리는 군주는 적어도 '학이지지'는 되어야 함을 말하고 있다. 그래야 신하들의 "말과 행동의 선악을 식별"할 수 있고, 그에 따른 보상과 처벌을 수행할 수 있기 때문이다.

여기에 군주는 좋은 신하를 구별하는 방법으로서 신하의 행동양식을 살펴볼 것을 권하고 있다. 그가 자신의 사익을 추구하는지 아니면 군주와 국가의 이익을 먼저 추구하는지가 관건인 것이다. "국가를 다스리는 사람은 절대로 자신과 자신의 일이 아니라 항상 군주에 관해서 생각해야 하고 군주의 일에만 관심을 집중해야" 하는 것이다. 이러한 신하에게 군주는 항상 명예와 재부로 보상을 해주고 돈독한 신뢰관계를 유지해야 하는 것이다.

이 장에서도 마키아벨리는 군주에게 자신만을 생각하지 말 것을 주문하고 있는 것이다. 군주가 주변의 신하를 선택하고 그들을 자신과 국가에 충성하도록 하기 위해서는 자신보다는 항상 상대방과 주위를 살필 줄 알아야 함을 역설한 것이다. '학이지지자'는 배울 자세를 갖춘 사람이며 그러한 능력을 가지고 있는 사람인 것이다. 남의 이야기를 들을 수 있는 열린 귀를 가지고 있으며, 타인의 행동을 객관적으로 바라볼 수 있는 열린 눈을 가져야 하는 것이다. 자신의 권력과 이익에만 정신이 팔려 눈과 귀가 먼 군주는 '곤이지지자'를 넘어 '곤이불학자'가 되기 때문에 자신의 주변에 능력 있고 그에게 충성을 바치는 신하를 둘 수 없는 것이다.

제23장 아첨꾼을 어떻게 피할 것인가

22장에서 군주 주변의 신하와 관련해 군주가 어떻게 행동해야 하는가를

XXIII.

QUOMODO ADULATORES SINT FUGIENDI[1].

[1] Non voglio lasciare indreto uno capo[1] importante e uno errore dal quale e' principi con difficultà si difendono, se non sono prudentissimi[2] o se non hanno buona elezione[3]. [2] E questi sono[1] gli adulatori, de' quali le corte sono piene: perché li uomini si compiacciono tanto nelle cose loro proprie, e in modo vi si ingannano, che con difficultà si difendono da questa peste. [3] E a volersene difendere si porta periculo di non[1] diventare contennendo: perché non ci è altro modo a guardarsi da le adulazioni, se non che gli uomini intendino che non ti offendino[2] a dirti el vero; ma quando ciascuno ti può dire il vero, ti manca[3] la reverenza. [4] Pertanto uno principe prudente debbe tenere uno terzo modo, eleggendo nel suo stato uomini savi, e solo a quelli eletti dare libero adito[1] a parlargli[2] la verità, e di quelle cose sole che lui

[XXIII] [1] In che modo si abbino a fuggire li adulatori.

[1] [1] *capo*: 'argomento'. – La condanna degli adulatori è, come si può immaginare, comune nella trattatistica (cfr., per es., Castiglione, *Cortegiano* IV 6).

[2] *prudentissimi*: 'eccezionalmente abili'.

[3] *hanno ... elezione*: 'compiono una scelta oculata'; è il «terzo modo», descritto ai parr. 4 e sgg.

[2] [1] *E questi sono*: si rif., a senso, a *uno errore* ('e questo errore è quello che commette chi non fugge gli adulatori ecc.'); «ardita sillessi» (Lisio).

[3] [1] *periculo di non*: cfr. III.16.

[2] *offendino*: 'spiacciano, disgustino'.

[3] *manca*: 'viene a mancare'.

[4] [1] *libero adito*: 'facilità di accesso, opportunità'. Si tratta di una locuzione specializzata, come prova Castiglione, *Cortegiano* IV 9: «il cortegiano ... deve procurar d'acquistarsi la benivolenzia ed adescar tanto l'animo del suo principe, che si faccia *adito libero* e sicuro *di parlargli d'ogni cosa* senza esser molesto». – I mss. del gruppo *y* banalizzano: *l. arbitrio*.

[2] *parlargli*: costrutto transitivo largamente ammesso nella lingua letteraria, dalle origini al Carducci. – Quanto al concetto, il Burd allega un passo di Isocrate, *A Nicocle*: «Abbi per fidate non già quelle persone che lodano ogni tua parola e ogni tuo fatto quale si sia, ma quelle che ti ripigliano de' tuoi falli. Consenti che gli uomini gravi e di buon giudizio ti possano favellare alla libera, sicché nelle incertitudini e nelle sospensioni d'animo tu abbi chi ti aiuti a disaminare le cose» (trad. di G. Leopardi). Il riscontro mi pare piuttosto vago, ma l'invito a servirsi di savi consiglieri è, in ogni modo, diffuso nella trattatistica. – Si consideri anche l'episodio narrato da Erodiano, VI 1,1-2: Mesa e Mamea scelsero sedici senatori come consiglieri dell'imperatore Alessandro, senza l'approvazione dei quali nessuna deliberazione poteva essere promul-

다룬 후에 이 장에서는 군주 주변의 아첨꾼들과 관련해 군주가 어떻게 처신해야 하는지를 말하고 있다. 군주는 자신의 주변에 많은 아첨꾼들을 가지고 있을 수밖에 없다. 이는 두 가지 이유에서 기인한다. 첫째는 군주도 다른 인간과 마찬가지로 "자기 자신과 자신의 활동에 만족하고 자기기만에 쉽게 빠지기 때문에, 아첨이라는 질병으로부터 자신을 보호하기란 지극히 어렵"다는 것이다. 둘째는 군주 주변의 아첨꾼들은 군주가 듣기 싫어하는 직언보다는 아첨으로 자신의 권력과 이익을 지키기 위해 노력할 것이라는 점이다. 아첨꾼을 피하기 위해 조언을 안 들을 수도 없고, 조언을 적극적으로 듣자니 아첨꾼들에게 노출될 수밖에 없는 상황에 군주는 봉착해 있는 것이다. 이에 마키아벨리는 군주에게 다음과 같이 조언한다.

주변의 말을 들을 때 직언을 듣더라도 군주는 결코 화를 내지 않는다는 점을 보여주어야 아첨꾼들이 줄어들 수 있다. 이것은 군주가 직언과 아첨을 구분하고 있다는 점을 주변에 보여주는 것이다. 그러나 마키아벨리는 여기에 하나를 더 추가한다. 하지만 누구나 직언을 할 수 있다면 군주에 대한 존경은 사라질 수 있다는 것이다. 따라서 마키아벨리는 이 둘을 보완한 제안을 하는데, 그것은 사려 깊은 사람들을 선임하여 그들에게만 직언을 허용하되 그들이 하고 싶을 때가 아니라 군주가 조언을 청할 때만 허용되어야 한다는 것이다. 이렇게 조언을 구하고 나서 최종 결정은 군주 스스로가 내리고 그에 대한 책임을 져야 한다. 이러한 조언과 정반대로 행동한 사람이 바로 막시밀리안(Maximilian) 황제였다. 그는 조언을 청하지도 않고, 베일에 싸인 채 스스로 생각하고 결정했던 것이다. 하지만 그는 우유부단했기 때문에 자신의 계획이 드러나 주변 사람들이 그것에 반대를 하면 바로 자신의 결정을 바꾸었다. 자신의 생각을 주변 사람들과 나누지도 않고 스스로 결정한 후 주변의 간섭에 쉽게 자신의 생각을 바꿈으로써 그는 누구에게도 신뢰를 주지 못했던 것이다.

막시밀리안(Maximilian) 황제

주변의 사려 깊고 믿을 만한 인물의 직언에 귀를 기울이고, 자신의 결정에 책임을 지는 모습을 통해 군주는 아첨꾼을 피할 수 있으며 좋은 정치를 해나갈 수 있을 것이다. 그런데 이러한 것은 전적으로 군주에게 달린 것이다. 물론 좋은 신하의 조언을 통해 군주가 선정을 펼칠 수 있을 것이다. 하지만 그러한 신하를 옆에 두고 조언을 수용할 수 있는 것은 바로 군주가 현명하기 때문이다. 좋은 조언을 이해하고 그것을 실행에 옮길 수 있는 것은 바로 군주 자신이기 때문이다. 따라서 군주 스스로가 변해야 한다는 것이다. 자신의 귀에 좋은 소리만 듣는 군주는 주위에 직언을 하는 충신들보다는 아첨꾼만을 둘 것이기 때문이다. 이는 군주 자신뿐만 아니라 국가의 몰락을 불러올 것이기 때문에 군주가 지혜롭고 현명한 처신을 해야 한다는 것이다.

4. 『군주론』 24장에서 26장까지

15장에서 23장까지는 군주가 어떻게 행동해야 하는가에 대해 서술한 장들이었다. 기존의 도덕적 정치관 및 옳다고 여겨온 군주의 행동양식들에 대해 신랄한 비판을 가했던 것이다. 그 비판의 핵심은 군주는 홀로 존재하는 것이 아니라 정치의 한복판에 있다는 것이다. 그리고 그 정치는 인간들 간의 관계 속에서 이루어지는 것이다. 관계의 장(場) 속에서 이루어지기에 단순하지가 않은 것이다. 도덕주의적 정치관은 관계의 장을 무시한다. 내가 도덕적인 선을 가지고 행동하면 그 결과는 반드시 도덕적일 것이라거나 아니면 그 결과는 어떻든 상관없다는 것이 도덕주의적 정치관의 핵심이다. 하지만 관계적인, 혹은 그 관계의 장에 주목하는 현실주의적 정치관은 의도와 결과간의 불일치 가능성을 인정하는 것이다. '가'라는 의도를 가지고 행동을 했을 때, '가'가 아니라 '나'가 나타날 수 있는 것이 정치라는 것이다. 맥락에 따라 선덕(善德)이 악덕(惡德)으로 될 수도 있고, 악덕이 선덕으로 될 수도 있는 것이다. 16장에서 말하듯 인색함은 사적으로는 악덕일 수 있지만 공동체를 위해 공적으로는 덕목이 되는 것이다. 반면 관후함은 사적으로는 선덕이지만, 공적으로는 악덕이 될 수 있는 것이다. 이것을 그림으로 표현하면 다음과 같다.

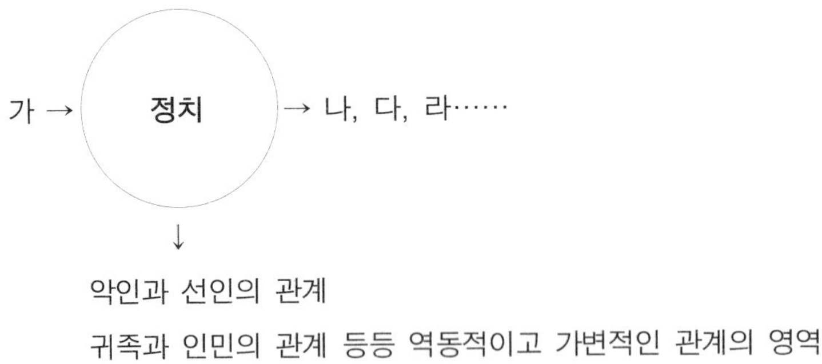

따라서 이러한 예측 불가능성을 기본 특징으로 하는 인간들 및 세력간의 관계 영역에서 어떻게 의도한 바에 근접한 결과를 가져올 수 있게 할 수 있을 것인가가 마키아벨리의 군주에 대한 조언의 핵심이라고 볼 수 있다. 이것을 위해 반인반수 및 사자와 여우의 비유를 들기도 하며, 중립은 해롭다는 조언도 하는 것이며, 나아가 다양한 귀결의 가능성을 예측하고 그것에 대응할 것을 요구하는 것이다.

그런데 마키아벨리는 유연함을 가진 뛰어난 능력을 요구하는 것 외에도 제도의 힘을 빌릴 것을 강조하고 있다. 이는 19장에 나타난 프랑스 고등법원을 강조하는 데서 읽을 수 있다. 군주의 '능력'은 갈등관계를 슬기롭게 해결할 수 있는 '제도'를 만들어낼 수 있는 것이다. 여기서 한 걸음 더 나아가 제도를 만들어내고 나서 필요한 것은 제도를 잘 운용할 수 있는 능력이 필요하다는 것이다. 다시 말해 제도를 만들어낼 수 있는 능력과 그것을 잘 운용할 수 있는 능력은 다른 것이라는 이야기이다. 19장 마지막에서 세베루스와 마르쿠스의 행동방식을 언급하는 것은 바로 이것을 말하는 것이다. 서로 다른 시기에는 서로 다른 능력과 행동방식이 필요하듯이 제도를 만들 때와 만들고 나서는 서로 다른 상황이며 다른 역량이 필요한 것이다. 그러나 우리는 흔히 만든 이가 운용도 잘할 것이라는 생각에 빠지기 쉽다. 따라서 그 차이를 파악할 줄 아는 이만이 몰락을 극복할 수 있는 것이다.

그런데 프랑스의 고등법원을 칭송하는 경우에도 마키아벨리는 인민을 보호하고 귀족을 제어할 것을 권고하고 있다. 하지만 귀족을 제거하라는 말은 하고 있지 않다. 귀족의 야망과 탐욕을 제어하고 그들의 미움을 받지 않으면서 인민을 보호하라는 것이다. 아울러 인민의 마음을 얻는 것이 최고의 요새임을 언급하면서 군주의 힘은 자국군뿐만 아니라 인민의 지지에서 나옴을 강조하고 있다. 이렇게 볼 때 마키아벨리가 군주에게 조언하는 것은 두 가지라고 볼 수 있다. 군주는 자신의 능력과 역량을 키워야 하지만 그것은 당신의 개인적 힘을 키우는 것이 아니라 국가의 힘을 키움으로써 얻어질 수 있다는 것이다. 이것은 『군주론』에 나타난 두 가지 힘 개념을 보여준다. 그 하나는 군주의 개인적인 능력이다. 이것은 군주 개인이 습득하는 것으로서 그의 군사적 능력, 지혜, 육체적·정신적 강인함 등을 포함하는 것이다. 다른 하나는 군주와 국가의 힘이다. 이것은 군주가 아닌 국가 구성원들을 통해 구성되는 것이다. 자국군과 인민의 지지가 그 대표적인 구성요소이다. 그런데 사실 군주의 개인적 능력 중 가장 중요한 것은 후자의 힘이 궁극적으로는 자신의 권력의 핵심적 기반임을 깨닫고 그것을 구성해낼 수 있는 능력이다. 그리고 그것을 이해하기 위해서는 군주는 관계의 한복판에 위치해 있다는 것을 파악할 줄 알아야 한다는 것이다. 군주 자신의 권력이 자신에게서가 아니라 타인들로부터 나온다는 것을 아는 것, 그리고 그것은 자신과 타인과의 관계 속에서 구성된다는 것을 아는 것은 군주에게는 굉장히 어려운 일이다. 전통적인 군주 귀감서 저서들이 강조하였던 도덕주의적인 정치관은 바로 이러한 관계를 파악하는 것이 얼마나 어려운지를 보여주는 것이다. 군주가 도덕을 행하면 그것이 도덕적인 결과를 반드시 가져올 것이라는 믿음은 관계를 파악하지 못하기에 그만큼 순진한 사고인 것이다.

이제 『군주론』의 마지막 부분을 장식하는 세 개의 장에서 마키아벨리는 다시 한 번 관계 속의 정치를 강조하고 있다.

제24장 어떻게 해서 이탈리아의 군주들은 나라를 잃게 되었는가

24장에서는 이탈리아 군주들이 나라를 잃게 된 이유에 대해 설명하고 있다. 그전에 마키아벨리는 먼저 신생 군주가 이중의 영광을 누릴 수 있는 두 가지 원인에 대해 설명하고 있다. 그것은 우선 그가 새로운 군주국을 창건했기 때문이다. 하지만 그것보다 더 중요한 것은 두 번째의 이유로 "훌륭한 법, 강력한 군대, 그리고 모범적인 행동을 통해 그 나라를 잘 정비하고 강화했기 때문"인 것이다. '훌륭한 법', '강력한 군대', 그리고 '모범적인 행동', 이 세 가지가 신군주에게 영광을 가져다주는 핵심적인 요소이다. 그리고 그것은 앞 장들에서 살펴보았듯이 자국군을 건설하고 군주의 뛰어난 역량과 제도의 도움을 통해 귀족을 제어하고 인민의 지지를 얻어 국가를 강화하는 것이다. 마키아벨리는 바로 이러한 것들이 이탈리아의 군주들에게 부족했던 것으로 이 때문에 그들은 자신들의

XXIV.

CUR ITALIAE PRINCIPES REGNUM AMISERUNT[1].

[1] Le cose soprascritte, osservate[1] prudentemente, fanno parere antico[2] uno principe nuovo, e lo rendono subito piú sicuro e piú fermo nello stato che s'e' vi fussi antiquato dentro. [2] Perché uno principe nuovo è molto piú[1] osservato nelle sua azioni che uno ereditario: e quando le sono conosciute virtuose, pigliono[2] molto piú gl'uomini e molto piú gli obligano[3] che el sangue antico[4]. [3] Perché gli uomini sono molto piú presi da le cose presenti che da le passate; e, quando nelle presenti truovono il bene, vi si godono[1] e non cercano altro: anzi, piglieranno ogni difesa per lui, quando el principe non manchi nelle altre cose a sé medesimo. [4] E

[2] *alla ... sua*: 'al suo interesse privato'. Cosí in Savonarola, *Ezechiele*, I, p. 82: «L'amore naturale ama piú il bene comune che la proprietà».
[3] *correggere*: 'governare, tenendoli a freno'.
[4] *si possono*: sogg. 'consiglieri'; *altrimenti*: 'diversamente, diversi da cosí'.
[5] *necessità ... buoni*: è un'altra celebre massima machiavelliana; in un contesto diverso, *Disc.* I 3: «gli uomini non operono mai nulla bene se non per necessità».

[XXIV] [1] Per qual cagione li principi di Italia hanno perso li stati loro.

[1] [1] *osservate*: 'applicate'.
[2] *antico*: dovrebbe valere il contrario di *nuovo*, e quindi 'di sangue antico, ereditario' (allo stesso modo intenderei *antiquato dentro* [lo stato], che subito segue).

[2] [1] *piú*: 'piú attentamente, con piú interesse'.
[2] *pigliono*: 'prendono, conquistano'.
[3] *obligano*: 'legano, avvincono'.
[4] *el sangue antico*: 'l'antichità della dinastia'.

[3] [1] *vi si godono*: 'si compiacciono di esse'. – *Disc.* III 5: «Perché gli uomini, quando sono governati bene, non cercono né vogliono altra libertà» (ma cfr., invece, V.9).

나라를 잃게 되었다고 적고 있다. "나폴리 왕, 밀라노 공작 등과 같이 근래에 권력/나라를 잃은 이탈리아의 군주들을 살펴보면, [……] 첫째, 그들이 모두 군사적으로 취약했다는 것을 발견하게 됩니다. 둘째, 이

필리포스 왕

나라들 중 일부에서는 인민들이 군주에게 적대적이었고, 다른 나라에서는 인민들은 호의적이었지만, 귀족들이 적대적이 됨으로써 군주는 자신의 지위를 유지할 수 없었습니다. 왜냐하면 이러한 결함이 없다면, 군사력을 유지할 능력이 있는 군주는 나라를 잃지 않기 때문입니다."

문제는 군주들에 있었던 것이다. 그들은 자국군을 만들고, 인민의 지지를 얻는 데 소홀했던 것이다. 그들은 자신들의 권력에 취해 '오만불손'했기에 그들에게 닥칠지도 모르는 위기의 상황에 대처하는 데 소홀했던 것이다. 평화의 시기에 자신들의 조그만 권력에 도취해서 국가를 소홀히 했던 이탈리아의 군주들은 상황이 변하여 폭풍의 시기가 도래하였을 때 아무런 준비도 되어 있지 않았기 때문에 속수무책으로 당했던 것이다. 이렇게 무능한 군주들이 있었기에 이탈리아의 국가들은 싸울 엄두도 못 내보고 외세에 굴복했다. 반면 앞에서 지적된 사항들을 잘 준비했던 나라는 비록 그 영토가 보잘것없더라도 대국(大國)에 맞서 자신을 보호할 수 있었다. 그 일례가 바로 마케도니아의 필리포스 왕으로서 그는 상대적으로 적은 힘과 작은 영토를 가지고 있었다. 하지만 인민의 지지와 그의 군무에 대한 능숙함을 통해 로마와 그리스라는 더 강한 나라에 대항해 자신의 조국을 지킬 수 있었던 것이다. 이처럼 한 나라의 힘은 수량적으로 평가할 수 있는 것이 아니라, 그 자원들을 어떻게 구성하는가에 따라 배가 될 수도 혹은 반감될 수도 있는 것이다. 마케도니아는 필리포스 왕의 역량을 통해 그 나라의 힘을 배가시켰기 때문에 로마나 그리스 같은 강대국의 침입도 막아낼 수 있었던 것이다. 하지만 이탈리아는 좋은 자원들을 가지고 있었으면서도 그 나라의 힘을 제대로 구성해내지 못하고 반감시킴으로써 몰락의 길을 걸었던 것이다.

第25장 운명은 인간사에 얼마나 많은 힘을 행사하는가, 그리고 인간은 어떻게 운명에 대처해야 하는가

25장의 주제는 제목에도 잘 나타나 있듯이 운명과 인간 간의 관계이다.

XXV.

QUANTUM FORTUNA IN REBUS HUMANIS POSSIT ET QUOMODO ILLI SIT OCCURRENDUM[1].

[1] E' non mi è incognito come molti[1] hanno avuto e hanno opinione che le cose del mondo sieno in modo governate, da la fortuna e da Dio[2], che li uomini con la prudenza loro

[9][1] *vorrebbe*: col solito senso di 'dovere'.
[2] *per credere*: 'perché si crede'.
[3] *ricolga*: 'rialzi'; *ricogliere*, da *ri* + *cogliere* ovvero dal lat. *recolligere*, è verbo distinto da *raccogliere* (da *ri* + *accogliere*), come si avverte già da Bembo, *Prose* III 10: il Fornaciari, pur conoscendoli «spesso sinonimi», vi apprezzava talora qualche differenza di significati, perché «*ricogliere* ... non esprime altro che ... *cogliere tirando indietro* [mentre] *raccogliere* ... implica, di piú che l'altro verbo, il concetto di aggiunta, unione».

[10][1] *non è ... da te*: 'non ti mette al sicuro, perché quella difesa non è stata onorevole e, non nascendo da te, non ti appartiene'.
[2] *proprio*: 'stesso'.

[XXV][1] Quanto possa la fortuna nelle cose umane e in che modo se li abbia a resistere.

[1][1] *molti*: il Burd allega varii classici (Teofrasto, cit. da Cicerone, *Tusculanae disputationes* V 9,25: «vitam regit fortuna, non sapientia»; ecc.) e Dante, *Inf.* VII 67-96 («una gente impera e l'altra langue, seguendo lo giudicio di costei ... Vostro saver non ha contasto a lei» ecc.); ma certo a Dante (per il quale, in ogni modo, la fortuna è ministra di Dio) non si potrebbe attribuire l'esortazione a «lasciarsi governare alla sorte». Questa specie di fatalismo sembra presentata da M. come una «opinione» volgare (ma non mancano obiettive coincidenze con la fisionomia della «nostra religione» secondo *Disc.* II 2,31-33: «La nostra religione ha glorificato piú gli uomini umili e contemplativi che gli attivi. Ha di poi posto il sommo bene nella umiltà, abiezione e nel dispregio delle cose umane ... E se ... richiede che tu abbi in te fortezza, vuole che tu sia atto a patire piú che a fare una cosa forte...»)
[2] *da Dio*: cfr. la nota al par. 4.

운명은 고대 이래로 인간이 세상을 이해하는 방식 중의 하나였다. 인간의 이성으로 설명할 수 없는 모든 인간사의 영역을 설명해줄 수 있는 것이 운명이었다. 인간사의 난해함을 운명에 떠맡긴 것이었다. 그만큼 운명은 인간들에게 막대한 힘을 가지고 있는 것으로 파악되었다. 특히 당시 이탈리아는 주변 강대국들의 전장(戰場)이 되어 전투와 정변 그리고 내란 등은 일상사가 되어가고 있었다. 이러한 혼란의 시기에 인간들은 자신들이 무엇을 할 수 있다고 느끼기보다는 거역할 수 없는 운명의 힘을 더욱 크게 느낄 수밖에 없었고, 인생은 운명에 지배받는다고 생각했던 것이다.

하지만 마키아벨리는 "운명이란 우리의 행동의 반만 주재할 뿐이며 대략 나머지 반은 우리의 통제에 맡겨져 있다"라고 말한다. 이를 설명하기 위해 험난한 강의 비유를 들고 있다. 험난한 강은 평상시에는 유유히 흐르다가 어느 때에는 범람하여 주변의 자연과 인간이 만든 인공물을 쓸어 가버린다. 언제, 어느 때, 얼마만큼 범람하여 인간에게 어느 정도의 피해를 주는지 예측할 수 없는 것이다. 하지만 마키아벨리는 그것에 대처하는 방도는 있다고 말한다. 비가 많이 와 강이 불어나는 것을 막을 수는 없다. 하지만 평상시에 제방이나 둑을 쌓아놓거나 수로를 만들어 그 물줄기를 관리한다면 그 범람을 막을 수 있거나 피해는 최소화할 수 있는 것이다. 이렇게 볼 때 운명도 상대적인 것이 된다. 방비(防備)가 없는 곳에서 운명의 힘은 배가 된다. 범람한 강은 아무 대비(對備)가 없는 곳에서는 그 힘을 최대한 발휘하는 것이다. 하지만 앞서 언급했듯이 둑과 제방이 있는 곳에서는 이야기가 달라진다. 불어난 강은 범람하지 못할 것이며, 둑이 넘치더라도 그 힘은 미미할 것이다. 운명은 그 힘을 발휘하지 못하는 것이다. 운명은 그것에 대처하는 인간의 역량과의 관계 속에서 파악할 수 있다는 것이다. 이렇게 볼 때, 이탈리아는 둑이나 제방을 쌓아놓지 않고 무방비로 있었던 것과 같다. 독일·스페인·프랑스 같은 나라처럼 군주가 탁월한 역량을 발휘해 방비를 쌓았더라면 운명의 장난에 놀아나는 일은 없었을 것이다.

운명을 절대적으로 파악했던 기존의 관점을 역량과의 관계 속에서 상대적으로 파악한 후 마키아벨리는 개인과 운명과의 관계를 언급하기 시작한다. 한 군주가 흥했다가 망하는 것을 흔히 볼 수 있는데 그것은 그가 운명에 의존하여 운과 함께 할 때는 성공했지만 운이 다했을 때는 실패를 할 수밖에 없다고 말한다. 다시 말해 "군주의 대처 방식이 시대와 상황에 적합할 때 성공하고, 그렇지 못할 때 실패하게 된다"는 것이다. 어떤 이는 신중하고, 어떤 이는 과감하며, 어떤 이는 난폭하며 또 어떤 이는 교활하기도 하며, 어떤 이는 참을성이 있듯이 사람들은 제각기 서로 다른 방식으로 행동한다는 것이다. 그런데 어떤 때는 신중한 사람이 목표를 달성하지만 어떤 때는 실패하기도 한다. 또 신중한 사람과 그와 달리 과감하게 행동하는 사람이 모두 성공하기도 한다. 이렇게 서로 다른 결과가 나타나는 것은 상황과 행동양식이 서로 맞아 떨어졌기에 가능하다는 것이다. 똑같은 방식으로 행동하는 두 사람이 모두 성공할 수도 있지만, 또한 한 사람만이 성공할 수도 있는 것이다. 성공은 상황과 행동양식의 관계에서 나온다는 것이다. 그렇다면 인간은 자신의 성공을 유지하기 위해서는 상황의 변화에 따라 행동양식을 변화시켜야만 할 것이다. 하지만 이것은 굉장히 어렵고 거의 불가능하다고 이야기한다. 왜냐하면 첫째 "우리의 타고난 기질이 그러한 변화를 용납하지 않"기 때문이다. 그리고 두 번째는 성공으로 이끈 행동양식을 바꾸기는 매우 어렵기 때문이다. 자수성가한 많은 사람들에서 흔히 보이는 완고함이 말해주고 있듯이, 성공을 통해 입증된 자신의 기질과 행동양식을 바꾸려고 하지 않는 것은 인간에게는 오히려 자연스러운 것이다. 따라서 신중함으로 성공한 사람은 과단성 있게 행동해야 할 때 그렇지 못하며, 성공한 과단성 있는 사람은 신중함이 필요할 때 그것을 보여주지 못하는 것이다. 이 때문에 인간 세상에는 성공과 실패라는 흥망성쇠의 거듭남이 일어나는 것이다.

일례로 마키아벨리는 교황 율리우스(Julius) 2세를 들고 있다. 그는 과감한 행동으로 교황국의 영토를 늘릴 수 있었다. 베네치아 · 스페인 등의 반대를 무릅쓰고 아직 준비도 되어 있지 않은 상태에서 그는 볼로냐를 급습하여 정복할 수 있었던 것이다. 이러한 과감성과 무모함이 없었다면 그는 여러 나라들의 복잡한 관계 속에서 영토를 확장할 수 없었을 것이다. 그리고 그는 비슷한 행동들을 통해 여러 가지 업적을 이룰 수 있었다. 하지만 마키아벨리는 율리우스 2세도 오래 살았더라면 실패를 맛보았을 것이라고 말한다. 다시 말해 신중한 행동이 요구되는 상황이 닥쳤을 때 그는 그것에 적응하지 못하고 실패했을 것이기 때문이다. 이에 마키아벨리는 인간의 유연하지 못한 행동과 상황의 가변성과의 관계 속에서 운명에 내던져진 인간의 상황에 대해 다음과 같이 말한다. "저는 운명은 가변적인데 인간은 유연성을 결여하고 자신의 방식을 고집하기 때문에, 인간의 처신 방법이 운명과 조화를 이루면 성공해서 행복하게 되고, 그렇지 못하면 실패해서 불행하게 된다고 결론짓겠습니다." 이제 비유연성을 특징으로 하는 인간과, 가변성과 예측 불가능성으로 대표되는 운명과의 사이에서 인간이 할 수 있는 것은 머뭇거리고 주저하는 것보다는 용기 있게 대적하는 것밖에는 없는 것이다. 운명을 여성으로 비유하고 그것에 대처하는 방식으로 신중하고 머뭇거리는 행동보다 용기 있고 과감하게 나설 것을 요구하는 25장의 마지막 구절은 비유연성이라는 한계를 지닌 인간이 세계에 나서 어떻게 행동해야 하는가를 은유적으로 표현한 것이라고 볼 수 있다. 사뭇 비장하게도 들리는 이 표현은 인간 개개인의 한계를 적나라하게 드러낸 것이기도 하다. 그렇다면 인간이 할 수 있는 일은 없는 것인가? 여기에는 25장의 전반부에서 말한 운명과 인간 간의 관계가 답이 될 수 있다. 마키아벨리는 운명을 제어할 수 있는 것으로 제방과 둑을 쌓아야 함을 이야기하고 있으며, 그것을 행한 나라들로서 스페인 · 독일 · 프랑스 등을 들고 있다. 군주들이 자국군과 인민의 호의를 통해 그 힘을 배가시켰던 나라들인 것이다. 개인의 힘은 미약하니 나라의 힘을 배가시켜야 함을 표현하고 있는 것이다. 운명에 맞서는 개인의 힘은 부족하지만, 인간들이 모여 그 나라의 힘을 강화시킬 때 운명에 맞서는 역량을 키울 수 있다는 것이 25장의 내용이며, 이것은 26장에서 이탈리아를 어떻게 강화시킬 것인지로 이어지게 된다.

제26장 야만족의 지배로부터 이탈리아의 해방을 위한 호소

『군주론』의 마지막 장은 외세의 전쟁터가 된 나약한 이탈리아를 구해낼 방법에 대한 마키아벨리의 제안을 다루고 있다. 그것은 세 부분으로 구성된다. 우선은 이탈리아의 현 상황에 대한 묘사이다. 그러고 나서 이탈리아에 잔존하는 힘에 대한 언급을 통해 이탈리아를 구해낼 메디치가의 과제에 대해 언급하고 있다. 그것은 이탈리아의 비르투를 재생시켜내는 것으로 이를 통해 현재의 문제를 해결할 수 있음을 말하고 있다. 이는 마지막 부분에서 인용되는 페트라르카의 시구의 핵심인 비르투의 언급을 통해 재차 확인되는 것이다.

처음 부분에서 마키아벨리는 이탈리아의 상황이 더 이상 낮아질 수 없는 나락의 상태임을 언급한다. 그런데 최저점에 도달했을 때만이 다시 상승할 수 있는 기회에 도달한 것이다. 모세, 키로스, 테세우스의 상황이 그것을 보여주는 것이다. 이집트에서 속박 받고 있던 유대인들의 상황이나 메데아인들에 억압받았던 페르시아인들의 상황, 그리고 아테네인들의 지리멸렬했던 상황은 모세, 키로스 그리고 테세우스의 탁월한 역량이 발휘될 수 있는 절호의 기회를 제공했다는 것이다. 그런데 이탈리아의 상황은 유대인, 페르시아인 그리고 아테네인들보다 훨씬 못하다는 것이다. 뛰어난 "지도자도 없고, 질서나 안정도 없으며, 짓밟히고, 약탈당하고,

XXVI.

EXHORTATIO[1] AD CAPESSENDAM ITALIAM[2] IN LIBERTATEMQUE A BARBARIS[3] VINDICANDAM.

[1] Considerato adunque tutte le cose di sopra discorse, e pensando meco medesimo se al presente in Italia correvano tempi da onorare uno nuovo principe, e se ci era materia che dessi occasione a uno prudente e virtuoso d'introdurvi[1] forma che facessi onore[2] a lui e bene alla università delli uomini[3] di quella, mi pare concorrino tante cose in benefizio di uno principe nuovo, che io non so qual mai tempo fussi piú atto a questo[4]. [2] E se, come io dissi[1], era necessario, volendo vedere[2] la virtú di Moisè, che il populo d'Isdrael fussi stiavo in Egitto; e a conoscere la grandezza dello animo di

nea tutta diversa da quella del *P.* – l'interpretazione guicciardiniana: «Accade che qualche volta e' pazzi fanno maggiore cose che e' savi ... perché el savio ... si rimette assai alla ragione e poco alla fortuna, el pazzo assai alla fortuna e poco alla ragione: e le cose portate dalla fortuna hanno talvolta fini incredibili ... e questo è che dice el proverbio: *audaces fortuna iuvat*» (*Ricordi* C 136).

[XXVI] [1] Esortazione a pigliar la difesa di Italia e liberarla dalle mani de' barbari.

[2] *ad capessendam Italiam*: cfr. Virgilio, *Aeneidon* IV 345-47: «Sed nunc Italiam magnam Gryneus Apollo, | *Italiam* Lyciae iussere *capessere* sortes. | Hic amor, hic patria est». – L'evocazione allusiva di Enea colma il vuoto lasciato da Romolo nella serie degli eroi redentori (cfr. par. 2). Presente nel cap. VI, Romolo non poteva essere richiamato nel XXVI, dove gli esempi sono congegnati a partire da uno stato d'oppressione dei popoli; piú compatibile con tale congegno è, invece, la vicenda di Enea, relativamente simile a quella di Mosè.

[3] *a barbaris*. Riprende quello che può ben essere considerato un *tòpos*, quando si pensi che già la compagnia di Alberico da Barbiano (cfr. XII.30) aveva per motto «Italia liberata dai barbari»; il desiderio di vedere «Italia liberata da tutti e' barbari» è espresso dal Guicciardini in *Ricordi* Q 17 (ca. 1512).

[1] [1] *introdurvi*: introdurre in Italia.

[2] *onore*: cfr. Petrarca, *RVF* LIII, 26-28: «che se 'l popol di Marte | devesse al proprio honore alzar mai gli occhi, | parmi pur ch'a' tuoi dí la gratia tocchi». (Questo e i successivi riscontri con *Spirto gentil* prendono senso dal costituire una serie: e nota l'espressione «uno *spirito* italiano», al par. 3).

[3] *alla università delli uomini*: 'a tutti gli abitanti'.

[4] *a questo*: 'a onorare un principe' ecc.

[2] [1] *dissi*: nel cap. VI.

[2] *volendo vedere*: è impersonale ('volendosi', 'se si voleva v.'); intendi: 'affinché si rendesse visibile la virtú di Mosè era necessario' ecc.

갈기갈기 찢기고, 유린당하여, 한마디로 완전히 황폐한 상황에" 도달한 것이다.

당시 이탈리아의 상황을 볼 때, 이런 호기의 상황을 주도할 만한 인물은 메디치 가문밖에 없음을 호소한다. 그들은 교황을 배출했기에 교회의 권력과 교황국을 가지고 있으며, 거기에 피렌체를 지배하고 있었다. 이러한 배경을 바탕으로 이제 메디치 가문이 나서야 한다. 적극적으로 이탈리아의 문제를 해결하는 역할을 떠맡아야 하는 것이다. 그렇다면 무엇을 해야 할 것인가? 이에 대해 마키아벨리는 이탈리아의 문제를 지적하면서 그 해결 방안을 제시한다. 문제는 이탈리아의 "제도가 부실한 데다가 어느 누구도 새로운 제도를 고안하는 법을 알지 못했"던 것이다. "새로운 법과 제도를 창안하는 것"이 바로 문제 해결의 열쇠인 것이다. 이것이 가능한 것은 다행히 이탈리아인들 사이에는 역량이 잠재되어 있었기 때문이다. 그들에게서마저 역량이 사라졌다면 백약(百藥)이 소용없었을 것이다. 그런데 이러한 역량들을 조직해내는 것이 바로 지도자의 역할이다. 하지만 아쉽게도 현재 이탈리아에는 역량을 가진 지도자가 없는 것이다. 이곳 이탈리아에서 "몸의 사지인 개개인들에게는 탁월한 역량이 잠재해 있는데, 머리인 지도자들은 이러한 역량을 가지고 있지 못합니다. 결투나 적은 수의 사람들이 싸울 때, 이탈리아인들의 힘, 능력 및 재주가 얼마나 탁월한가를 보십시오. 그러나 일단 군대라는 형태로 싸우는 일에서는 결코 두각을 나타내지 못합니다. 이 모든 것은 지도자의 유약함에서 비롯됩니다." 이 유약함의 극복을 마키아벨리는 메디치 가문의 지도자들에게 소원했던 것이다. 그리고 그것은 이전의 장들에서 강조되었다. 그것들을 마키아벨리는 다시 한 번 짧게 언급하고 있다. 우선 지도자들의 자세를 문제 삼는다. "유능한 사람에게는 추종자가 없고, 모든 사람들은 자신이 제일 잘났다고 생각합니다. 이제까지 어느 누구도 다른 지도자들로 하여금 우월성을 인정하게 할 정도로 자신을 부각시키는데 성공할 만한 충분한 역량이나 행운을 가지지 못했습니다." 대부분의 이탈리아 지도자들은 자신의 사리사욕과 사적인 권력의 증대만을 목표로 했기 때문에 역량을 보여줄 수도, 그리고 추종자를 모을 수도 없었다는 것이다. 앞 장들의 설명에서 명확히 드러났듯이 군주는 자신의 사리사욕이나 사적 권력이 아니라, 나라와 인민을 중심으로 사고하고 행동했을 때 비로소 그의 역량이 영예롭게 빛나고 존경을 받을 수 있었다. 자신이 아니라 타인을 중심에 놓고 행동했을 때 비로소 자신의 권력이 강해지고 안전해지게 되었던 것이다. 이것은 좋은 운을 가지고 태어나 뛰어난 가문에서 자란 사람에게는 더욱 적용되는 말이다. 메디치 가문의 구성원만큼 행운을 가진 사람들도 드물 것이다. 이들이 자신들이 아니라 타인을 중심으로 사고하고 행동한다면 그 역량과 그로 인한 추종자들의 수는 헤아릴 수 없게 될 것이다. 이를 위해 행동으로 보여주어야 할 것은 무기를 인민에게 제공하는 것이다. 자국군의 창설이 그것이다. "그보다도 더 충성스럽고, 더 믿을 만하며, 또 더 훌륭한 군대는 없"을 것이다. 왜냐하면 "각 병사들은 개별적으로도 용감하지만, 자신들의 군주에 의해서 직접 지휘되고 존중과 후대를 받으면, 한데 뭉쳐 훨씬 더 훌륭한 전투력을 발휘하게 될 것"이기 때문이다. "따라서 이탈리아인들의 용맹(*virtù*)으로 우리를 외적으로부터 보호하기 위해서는" 자국군을 양성하는 것이 필수적인 것이다. 이렇게 새롭게 구성되어 용맹성을 배가시킨 자국군에게 적군의 약점을 고려한 훈련을 시킨다면 이탈리아는 외세로부터 안전해질 수 있는 것이다. 문제는 이미 존재하는 역량과 용맹도 무용지물로 만드는 낡은 제도를 새로운 제도로 고치는 것이다. 낡은 제도가 있는 비르투마저 반감(半減)시키고 고사(枯死)시켰다면, 새로운 제도를 도입하여 잠재해 있는 비르투를 활성화시키고 배가시키는 것이다. 이것이 바로 새로운 지도자의 과제인 것이다. 그런데 이것은 자신에만 매몰된 사람은 할 수 없다. 사(私)에 매몰된 사람은 자신의 조그만 부와 권력에 집착하여 결국은 공(公)적인 것으로서 나라를 무너트리게 되는 것이다. 17장에서 19장까지 윤리를 공과 사의 관점에서 바라본 것은 바로 군주의 지위는 사적인 것이 아니며 공적인 관점에서 볼 때만이 유지가 가능한 것임을 지적한 것이다. 사(私)에 매몰되면 국가의 비르투는 반감되는 반면, 공(公)의 관점에서 바라보면 국가의 비르투는 배가 된다. 이것을 이해하고 인민들에게 무기를 주고, 인민의 지지를 획득하는 것! 이것이야 말로 군주가 국가의 비르투를 활성화하는 핵심 기제인 것이다.

제4장

민주화 이후의 대한민국과 『군주론』

2011년 7월 22일, 스칸디나비아의 평화로운 국가 노르웨이에서 일어난 연쇄 테러는 세계를 경악하게 만들었다. 이슬람 테러리스트들의 소행이라는 추측이 바로 나왔다. 노르웨이가 아프가니스탄에 병력을 파병했다는 것이 그 근거였다. 하지만 현장에서 잡힌 테러리스트 용의자를 조사해 보니 그는 노르웨이인으로서 국제주의에 반대하는 극우민족주의자였다. 그런데 한 신문을 보니 안데르스 베링 브레이빅(Anders Behring Breivik)으로 알려진 이 청년이 탐독했던 책 중의 하나가 마키아벨리의 『군주론』이라고 한다(「조선일보」, 2011. 7. 23). 아마도 극악무도한 테러를 저지른 인물과 "목적을 위해서는 수단과 방법을 가리지 말아야 한다"는 가르침의 대명사로 여겨져온 『군주론』이 잘 부합한다고 보는 것 같다. 이렇듯 신문지상에서 흔히 접할 수 있는 마키아벨리라는 단어는 그의 주저인 『군주론』과 같이 등장하며, 주로 정치인이나 경영인을 다룰 때 사용된다. 권모술수의 정치인, 자신의 이익을 위해 신의를 저버린 정치인, 강한 카리스마를 가진 정치인 등을 설명하거나 비판할 때, 마키아벨리의 이름이 사용된다. 또한 약육강식의 기업세계에서 난관을 뚫고 나가야 하는 경영인의 리더십을 이야기할 때도 냉혹한 현실주의자로서 마키아벨리라는 이름이 자주 등장한다.

민주화가 진행되어 어느 정도 민주주의를 이룩하였고, 그것을 세계가 인정해 주는 대한민국에서 다시 싹트고 있는 예전의 독재자에 대한 향수! 이것을 어떻게 설명할 수 있을까? 그것은 현재의 정치질서에 대한 문제제기이며, 지금의 문제를 해결해야 하는 새로운 리더십에 대한 문제제기인 것이다. 독재 정치에 문제를 제기하고 수많은 사람들의 희생 속에 민주화를 이룩하고 나서 다시 예전의 독재적인 리더십을 이야기하고 있다. 그러나 그것은 다시 예전으로 돌아가자는 이야기는 아닐 것이다. 서로 다른 이익과 의견의 폭발적인 분출 속에서 그것이 질서 잡힌 합의로 귀결되지 못하자 제대로 된 조율의 리더십을 요구하는 것이다.

바야흐로 리더십이 인구(人口)에 회자(膾炙)되는 시기이다. 신자유주의의 확산과 경쟁제일주의, 그리고 국제 금융위기 등으로 정치 · 경제 · 사회의 리더들이 갖추어야 하는 리더십에 대한 담론이 봇물 터지듯 넘쳐나고 있다. 우리나라의 경우에는 더구나 정치의 시기가 다가오고 있다. 2012년은 총선과 대통령 선거가 동시에 있는 해이다. 정치의 시기가 다가오자 유권자가 뽑아야 할 정치인의 리더십에 대한 이야기도 활발해지고 있다.

위기의 시대에는 강한 리더십이 요구된다. 당면 문제를 해결할 수만 있다면 다른 것은 감내할 수 있다는 것이다. 이 다른 것에는 어느 정도의 도덕적 결함도 포함된다. 하지만 위기의 극복은 지도자의 능력으로만은 해결되지 않는다. 지도자와 공동체 구성원들인 시민들이 같이 해나가야 하는 것이다. 리더는 독주자가 아니라 이끄는 사람이기 때문이다. 하지만 위기 상황에 일반 시민들은 우왕좌왕하기 쉽다. 그래서 본인들이 무엇을 할 수 있다기보다는 누구에게 맡기고 기대려고 한다. 거기서 리더십에 대한 과도한 강조가 나타나게 된다. 이러한 상황에서 지도자는 자신의 리더십을 발휘해야 한다. 그런데 위기도 상황에 따라 다르게 나타난다. 시대가 달라지면 다른 리더십이 요구되는 것이다. 마키아벨리가 『군주론』에서 주장했던 것도 궁극적으로는 시대의 변화에 맞게 변화할 수 있는 유연성을 요구하였다. 이하에서는 마키아벨리의 『군주론』에 대한 새로운 독해 속에서 민주화 이후의 대한민국에 필요한 리더십이 무엇인지에 대해 함께 생각해보고자 한다.

1. 민주화 이후의 대한민국과 재봉건화 현상

대한민국은 이제 민주주의 국가이다. 국민의 투표에 따른 평화적인 정권 교체를 이루어나가고 있으며, 헌법에 보장되어 있는 기본권 및 자유가 어느 정도 보장되고 있다. 그런데 아직 많은 국민들은 우리가 누리고 있는 민주주의에 만족을 못하고 있는 실정이다. 더 많은 민주주의를 요구하는 이들이 있는가 하면 과도한 민주주의의 폐해를 지적하고 있는 이들도 있다. 하지만 민주화 이후 우리나라에 나타난 여러 가지 문제점들에 대해서는 대체로 동의를 하고 있다. 그것은 신자유주의의 도래 및 그로 인해 발생한 문제에 우리의 민주주의가 제대로 대처하지 못하고 있다는 것이다. 따라서 우리가 이룩한 민주주의에 만족을 못하는 것이 아니라, 현재 우리에게 닥친 문제에 제대로 대처하지 못하고 있는 우리의 민주주의에 대한 불만이다.

대한민국은 지금 여러 가지 갈등의 포화상태라고 말할 수 있다. 지역 갈등과 세대 갈등은 물론 빈부 격차는 이제 중요한 사회 이슈가 되어버렸다. 반값 등록금 문제, 월급을 몇 십 년 모아도 감당이 되지 않는 집값 문제, 아버지 월급의 3분의 1이 나간다는 자녀들의 사교육비 등등. 이러한 문제들은 이제 중산층도 버거워하는 한국 사회의 평균적인 삶의 무게를 반증하는 것이다. 교육특구라는 강남구 · 서초구 · 송파구는 사교육의 중심지이고, 여기서 자란 아이들은 등록금 걱정 없이 학점 등의 스펙관리를 통해 수입이 좋은 직장에 가게 된다. 그리고 그들은 부모의 도움으로 결혼과 동시에 다시 그들이 자랐던 소위 '강의 남쪽'에 새둥지를 틀게 된다. 신자유주의는 시장의 조정 능력을 굳게 믿는다. 따라서 경쟁과 그곳에서의 생존, 즉 약육강식의 논리를 인정한다. 이 경쟁이라는 시장논리는 강한 자, 즉 능력 있는 자가 승리를 한다는 것이다. 그런데 앞에서 살펴보았듯이 이제는 능력이 가문이 되어버렸다. 능력은 혼자의 노력으로 되는 것이 아니라 엘리트 부모의 체계적인 관리로 인해 갖추어지는 것이 되어버린 것이다. 이런 의미에서 "개천에서 용 난다"라는 말은 이제 옛말이 되어버렸다. 세계가 부러워하는 대한민국의 교육열은 바로 개천에서 용이 났기에 가능했던 것이다. 교육을 통해 신분의 수직 상승이 가능했던 것이다. 계층 간의 순환이 교육이라는 자신만의 능력을 통해 가능했던 것이다. 이것은 교육자원과 경제자본 간의 분리가 있었기에 가능했다. 다시 말해 가난한 집안에서 태어나도 공부는 잘할 수 있었고, 그 공부를 통해 계층의 이동을 이룰 수 있었던 것이다. 하지만 신자유주의에 이은 경쟁의 강화와 이로 인한 빈부 격차의 심화는 경제자본을 가진 자들로 하여금 교육자본까지 갖도록 하였다. 결혼시장에 나온 눈치 빠른 여성들은 이제 남자의 직업을 보는 것이 아니라 그 부모의 재산 정도를 보게 되는 것이다. 그리고 남자의 학벌과 직업 그리고 부모의 재산 정도는 예전과 같이 서로 분리되었던 것이 아니라, 이제는 같이 가게 되어 있는 것이다. 개인의 능력이 아니라 집안이나 가문의 능력이 우선시되는 사회가 도래했다. 이는 가히 사회의 '재봉건화'(refeudalization)라고 일컬을 수 있다. 개인의 자유 및 가치가 강조되고 나아가 개인의 능력이 중시되는 사회가 근대사회의 특징이다. 반면 봉건사회는 혈연 및 친족 등 가문 중심의 사회이다. 개인의 가치가 나타나기 이전의 시기로서 개인의 정체성은 오직 가문의 일원으로서만 나타났던 것이다. 개인의 능력과 노력은 중요하지 않고 어디 출신인지가 중요해진다. 자원의 소유와 그 분배구조가 독점되어 있기 때문이다.

그런데 신자유주의는 시장의 질서를 강조하고 경쟁을 강조한다. 이것은 개인과 개성을 강조하는 것이다. 남의 눈, 곧 사회의 눈을 의식하지 않고 자신의 개성을 마음껏 표출하는 젊은이들을 우리는 길거리에서 흔히 접할 수 있다. 그런데 이러한 개성은 그 물적 기반을 필요로 한다. 개인의 삶을 재생산할 수 있는 경제적 기반이 필요한 것이다. 나아가 그러한 조건 아래에서 그들은 사회적 인정을 받게 된다. 하루하루를 구걸하며 노숙하는 이가 개성을 자유롭게 드러낼 수는 없기 때문이다. 그런데 그러한 사회적·경제적 물적 기반이 순전히 개인의 능력에 의해 갖추어질 수 없는 상황에 도달했다. 개인이 자신의 개성을 발휘하기 위해서는 가문의 힘이 필요한 역설적인 상황에 도달한 것이다. 이러한 현상은 경제계에서 단적으로 드러난다. 재벌 위주의 경제구조에서 소규모 중소기업들은 그들의 경쟁력을 제대로 갖추기가 힘들다. 더구나 재벌 3세나 4세에게 조그만 방계 기업을 만들어준 후 내부 거래를 통해 물량을 몰아주어 단기간에 대기업으로 키우는 최근의 사례를 보자. 개인과 가문 간의 관계는 중소기업과 재벌 간의 관계의 복사판인 것이다. 이러한 상황 속에서 가문을 직접 들먹이는 순진한 사람들을 비난하는 수많은 사람들의 목소리를 우리는 인터넷에서 쉽게 접할 수 있다. 하지만 그 이면에는 그것을 부러워하며, 자신이 유복한 집안에 태어나지 못한 것을 아쉬워하는 마음이 숨어 있다.

작금의 신자유주의 사조 아래에서 개인과 경쟁의 가치가 강조되지만 실제로는 가문과 야합이 주류를 이루는 것이다. 가문과 그들의 야합은 독점을 낳는다. 경제자본과 교육자본의 결합은 독점적이며 배타적 지위를 낳게 되는 것이다. 그런데 독점은 배제를 낳고, 배제는 소외를 낳으며 소외는 숭배나 미움을 낳게 된다. 부잣집에서 태어난 아이가 공부도 잘해 좋은 학벌을 가지게 되면, 중산층 집안의 아이는 그것을 따라하려다 실패를 하게 된다. 후자는 전자를 부러워하고 동경하게 되거나 증오하게 된다. 또한 가난한 집안의 아이는 좋은 대학에 갈 수도 없어서 빈곤의 대물림을 경험하게 된다. 이 경우에도 가문의 영광을 경험한 이들을 동경하거나 미워하게 된다. 숭배와 미움은 소통이 아니라 갈등의 증폭만을 낳는 것이다.

재봉건화 현상은 권력의 독점 현상과 같이 일어난다. 정치 · 경제, 그리고 사회 권력의 통합과 독과점 현상이 일어나는 것이다. 그런데 이러한 재봉건화 현상은 오늘날의 일만은 아니었다. 이탈리아 르네상스 시기에도 일어났던 일이다. 중세의 장막을 거두어내고 근대의 문을 열기 시작했던 이들은 도시의 상공업에 종사했던 시민층이었다. 이들은 중세의 농촌-장원경제 대신 상공업 중심의 화폐경제를 만들어내었다. 중세의 신분제 대신 능력 위주의 개인주의를 내세웠던 것이다. 하지만 상공업으로 경제적 부를 얻게 되자 이들은 더 이상 위험을 감수하며 경제활동을 하려고 하지 않았다. 대신 토지 등에 투자하여 좀 더 안전한 수입을 얻고자 하였다. 부유한 상공업자나 금융업자들이 예전의 귀족적인 삶의 방식을 택하려고 한 것이다. 이를 재봉건화라고 부른다.[1] 체자레 보르지아

1 르네상스 시기 재봉건화 경향에 대해서는 v. Martin(1949)과 Burke(1996) 참조.

가 평정했던 로마냐 지역도 사실은 재봉건화가 심한 곳이었다. 영주들이 시민들을 억압할 수 있었던 것은 권력의 독점 현상이 있었기에 가능한 것이었다. 이에 대한 설명은 『로마사 논고』에 자세히 나와 있다.

> 귀족이라는 호칭이 무엇을 의미하는지 설명하기 위해 나는 토지 소유에서 나오는 수입으로 인해 일하지 않고도 사치스럽게 사는 자를 귀족이라고 부르겠다. 이들은 농업이나 생계를 영위하는 데 필요한 다른 직업에 대해 아무런 주의를 기울이지 않는다. 이 같은 부류의 사람들은 모든 공화국은 물론 모든 나라에 위험한 인물이다. 그러나 더더욱 위험한 인물들은 그러한 재산 이외에도 성곽을 가지고 있고 그들에게 복종하는 신민을 보유하고 있는 자들이다.
>
> 이들 두 부류의 인간들이 나폴리 왕국, 로마시, 로마냐 및 롬바르디아에 들끓고 있다. 이로 인해 이들 나라에 어떤 공화국이나 잘 정비된 정부가 들어서지 못하는 것은 지극히 당연하다. 왜냐하면 이런 유형의 사람들은 전적으로 모든 종류의 자유로운 정부에 적대적이기 때문이다 (Machiavelli, 2003, 241)

성곽을 가지고 지대 수입으로 우월적 지위를 유지하는 귀족들은 시민들과 평등한 관계에 있는 것이 아니라 지배와 복종관계에 있었던 것이다. 권력의 독점에서 나오는 주종관계는 자의적 지배를 가능하게 한다. 법과 질서가 무너지며 적나라한 권력관계의 자의적 행사가 가능해지는 것이다. 얼마 전 우리나라에서 재벌 가문의 사장이 매 값을 주고 사적인 폭력을 행사한 것은 법질서를 무시한 자의적 폭력행사의 대표적인 예라고 볼 수 있다.

이러한 권력의 불평등 현상은 현대사회에서는 매스미디어를 점령하여 시민들을 수동화시키는 역할을 수행한다. 하버마스(Habermas)가 말한 공론장의 재봉건화가 바로 그것이다.[2] 매스미디어는 시민들에게 부와 권력의 환상을 심어주어 비판적 사고와 소통의 문화보다는 일방적으로 소비하고 모방하며 숭배하는 문화를 만들어낸다. 가치와 문화의 다양성을 중시한다고 하지만 자본과 권력이라는 단일 가치가 지배하게 되는 것이다. 형식적 평등과 자유 속에 실질적으로는 자본과 권력에의 지배와 종속관계가 형성되는 것이다. "유전무죄 무전유죄"라는 말은 법질서의 동요를 표현하고 있다. 공적인 영역에서 능력 대신 학연·지연 및 여러 가지 연줄과 사적인 관계를 강조하는 것은 권력의 독점과 재봉건화에서 나타나는 사사화의 경향을 단적으로 보여주는 것이다. 이런 의미에서 최근 '공정사회'에 대한 논의는 재봉건화의 길을 걷고 있는 사회에 대한 문제제기라고 볼 수 있다.

부와 권력의 결합, 그리고 그것의 독점화 현상 속에서 그 사회는 재봉건화 현상을 경험하게 된다. 재봉건화가 진행되면 공정한 경쟁의 문화와 개인의 능력이 발휘되고 계발되는 분위기는 고사된다. "천재는 노력하는 자를 이길 수 없고, 노력하는 자는 즐기는 자를 이길 수 없다"라는 말이 있다고 한다. 하지만 재봉건화된 사회에서는 그 누구도 운 좋은 자를 이길 수 없다. 즐기는 자도 입에 은수저를 물고 태어난 사람을 이길 수는 없는 것이다. 능력이나 재능보다는 운이 성공의 관건이기 때문이다. 비르투(virtù)가 아니라 포르투나(fortuna)가 더 중요하다는 것이다. 이런 상황에서는 타인의 성공을 인정하지 않게 된다. 성공은 능력을 가지고 노력해서 되는 것이 아니라, 운이 좋았거나 다른 불공정한 루트를 통해서 되었다고 믿게 된다. 공정한 룰과 경쟁에 대한 믿음이 없어진 사회에서는 불신과 편법이 판치게 된다. 성공에 대한 존중도 사라지게 된다. 공정한 경쟁 속에서 능력에 의해 성공한 이가 가지는 권위와 그에 대한 존중이

2 Habermas(2001) 참조.

부재하는 사회는 천박한 민주성을 양산한다. '너나 나나 다 똑같다'는 것이다. 사회적 지위와 부를 얻은 이들은 비록 성공은 했을지라도 불법과 편법을 동원해서 그렇게 되었다고 믿기에 그렇게 되지 못한 이들과 다를 바가 없다는 것이다. 최근 우리 사회에 나타나는 갈등과 의견 대립의 폭발적 분출은 이러한 배경을 가지고 있다. 사회는 이제 이기면 뺏고, 지면 빼앗기는 약육강식의 장이 된다. 독점을 인정하게 되는 것이다. 공존이 아니라 독존을 인정하게 되는 것이며, 관심이 아니라 외면만이 늘어나게 된다. 건설적이고 비판적인 토론과 대화는 없고 폭력과 욕설만이 난무하게 된다. 소통이 없기 때문에 상호 인정이 아니라 일방적인 지배나 복종만이 나타나게 되는 것이다. 이렇게 되면 개개인들의 능력과 자질을 고사시키는 분위기를 낳게 된다. 개개인들의 재능 계발을 억압하는 사회는 그 사회 전체의 활력 또한 고사시키게 된다.

권력의 독점은 재봉건화를 낳으며 그것은 재귀족화를 특징으로 한다. 권력을 독점한 이들의 귀족화는 공론장의 재봉건화와 함께 자신들의 권력 기반을 재생산하게 된다. 신자유주의 물결과 경제 위기 속에서 가진 자들은 더 가지게 되고, 중산층은 붕괴되어 사회계층의 분포 모형은 다이아몬드형이 아니라 피라미드형으로 바뀌고 있다. 권력의 독점은 권력자들에게는 자의적 지배의 유혹을 낳게 하고, 권력을 가지지 못한 이들에게는 굴종의 기회를 제공한다. 능력과 재능이 아니라 좋은 집안에 운 좋게 태어나는 것이 그 사람의 인생을 좌우하게 될 때 그 사회는 활력을 잃게 된다. 이러한 상황에서 최근 성과주의만을 강조하는 강한 리더십에 대한 요구가 다시 나타나고 있다. 답답하고 암울한 현상을 단번에 해결해줄 해결사를 원하는 것이다. 폭력적 상황에 맞설 폭력적 리더십을 원하는 것이다. 무력감 속에서 자신의 문제 해결을 타인에게 전적으로 위임하는 것이다. 그러나 민주주의 사회에서 폭력적 리더십이 행사되려면 그 민주주의의 형식을 깨트려야 한다. 그나마 이루었던 민주화가 물거품이 되는 것이다. 공정한 질서와 절차를 경험해보지 못했기에, 그리고 진정한 소통의 문화를 접해보지 못했기에 과정과 절차에 대한 사고는 사상된 성과주의에의 갈망이 나타나는 것이다. 하지만 성과주의는 도구적 권력관을 특징으로 한다. 관계를 무시하는 것이다. 하지만 이러한 성과주의는 비록 목표를 달성한다고 하더라도 그 효과는 한시적일 수밖에 없다. 그것은 사회를 구성하는 구성원들 간의 관계 속에 필연적으로 내재하는 긴장관계를 조율할 수 있는 능력이 없기 때문이다. 문제는 관계에 대한 이해이다. 마키아벨리는 이탈리아의 국가들이 도탄에 빠진 이유를 지도자들이 관계의 정치를 파악하지 못한 데 있음을 지적하고 있다. 관계의 조율 속에서 공정성, 재능, 그리고 활력 등이 관계됨을 이해할 수 있는 리더십이 필요한 것이다.

2. 민주화 이후의 대한민국과 『군주론』의 리더십

지금까지 『군주론』의 정치는 군주 중심의 독단과 독존적인 것으로 이해되어왔다.[3] 자신의 권력을 획득하고 유지하기 위해서는 수단과 방법을 가리지 않는 냉혹한 권력의 화신을 옹호하는 것으로 그려진 것이다. 따라서 『군주론』의 저자로서 알려진 마키아벨리라는 이름은 주로 비도덕적인 정치인이나 자신의 권력과 이익만을 위해 현실의 냉혹함이라는 불에 몸을 던지는 불나비 같은 인물들을 비판하는 데 사용되어왔다.

3 정성호(2002)는 마키아벨리의 정치관을 'ego 중심적 통치'라고 언급하고 있다.

하지만 성공을 가져온 그들의 능력은 인정을 받았다. 비록 그들의 비도덕적이고 자신만을 위한 이기적인 행위는 비난을 받았지만 그들이 목표를 성취한 능력이 탁월함은 부정할 수 없었던 것이다. 마키아벨리도 『군주론』에서 국가의 보존이라는 목표를 위해서는 때에 따라 타국과의 신의를 저버릴 필요가 있음을 언급한다. 이는 상황에 따라서는 목표를 위해 수단과 방법을 가리지 말아야 함을 역설하고 있는 것이다. 이런 점에서 마키아벨리스트라는 이름은 실패한 사람에게는 사용되지 않고 있다. 어떻게 해서라도 성공을 거둔 인물을 비도덕적인, 그리고 현실주의적 인물로 낙인찍을 때 사용되는 말이 바로 마키아벨리스트인 것이다.[4] 그렇다면 성공의 방법이 문제인데, 기존의 마키아벨리 해석은 그 방법을 강권적이며, 독단적인 것으로 파악하고 있다. 불리할 때는 여우의 간계로 정적을 함정에 빠뜨리고, 상황이 바뀌면 무력으로 과감히 적을 제거하는 냉혹한 방법을 사용하는 것이다. 수동적이고 무지한 시민들을 당근과 채찍을 써 동원하여 자신의 목적을 이루는 것이다. 오로지 자신만의 이익과 그 목적이 있는 것이며, 타인에 대한 생각은 없이 자신의 생각대로 밀어붙이는 것이다. 이렇게 독단적이고 독존적인 리더십은 대개 영웅들이 가진 능력이나 카리스마와 동일시된다. 그것은 무에서 유를 창조하는 초인적인 리더십으로 숭앙을 받게 된다. 그들은 일반 시민들과는 다른 유(類)의 존재로 파악되는 것이다. 따라서 시민들은 그 지도자를 이해하려고 하기보다는 숭배하려고 한다. 수평적인 관계가 아니라, 수직적인 관계가 성립된다. 수직적인 권력관계 속에서 숭배 받는 지도자는 독단적이고 독존적인 리더십의 관계를 유지하기 위해 성과물을 보여주어야 한다.[5] 수평적인 관계가 부재하기 때문에 소통과 설득의 방법은 소용이

4 마키아벨리즘에 대해서는 곽차섭(1993) 참조.

없다. 그보다는 과제나 비전의 제시와 그것의 달성을 통한 초인적인 능력의 입증만이 독존적인 리더십 구조를 재생산할 수 있는 것이다.

하지만 "병졸이 없는 장군은 리더가 아니다."[6] 이것은 리더십의 관계론적 의미를 지시하는 말이다. 리더십은 근본적으로 관계적이어야 한다는 것이다. 특히 마키아벨리의 『군주론』은 관계론적 리더십을 잘 보여주고 있다. 우선 당시 이탈리아 세계는 중세 농촌 중심의 사회와는 달리 상업이 발달한 도시국가 체제를 이루고 있었다. 이러한 도시에서는 새로운 시민계층이 성장하고 있었다. 도시에서 상업이나 은행업 등을 통해 부를 쌓은 이들이 옛 귀족을 대체하였고, 이들 중 일부가 권력을 장악하면서 군주의 지위에 오르게 된 것이다. 이것을 잘 보여주는 것이 『군주론』 9장의 시민형 군주국에 대한 마키아벨리의 설명이다. 그는 여기서 군주는 귀족과 인민들 간의 관계 속에서 나타남을 언급한다. 군주는 그들 중 어느 한쪽의 지지를 통해 권좌에 오를 수 있다는 것이다. 이러한 상황에서 군주는 독단적이고, 독존적일 수가 없게 된다. 이런 이유로 마키아벨리는 귀족과 인민에 대한 상세한 설명에 들어간다. 귀족은 자신의 배경 등으로 인해 야망이 많고 지배하고자 하는 성향을 지니게 된다. 반면 인민은 정치적 · 경제적 · 사회적으로 자유롭게 살기를 원한다. 야망이 있고, 경제적 · 사회적 배경이 강한 귀족들보다는 수적으로도 우세하고, 자유롭게 살기만을 바라는 인민에 기대는 것이 군주에게는 더 유리하다는 것이 마키아벨리의 생각이다. 인민에 기대어 귀족을 제어해야 군주는 자신이 안전할 뿐만 아니라 리더십을 발휘할 수 있는 것이다. 따라서

---

5 북한 정권의 리더십도 비슷한 구조를 가지고 있다고 볼 수 있다. 김일성 · 김정일 부자의 우상화는 그들의 카리스마 리더십을 강화시켰으며, 선군정치라든지 그들이 비전으로 제시한 것의 달성을 통해 자신들의 독존적 리더십을 재생산하고 있다.

6 정윤재(1992), 207쪽 재인용.

군주는 다른 시민들과 동등한 시민이지만 그들보다 뛰어나 군주의 지위에 오른 사람이다. 동일한 종류의 사람이라고 파악하기에 시민들은 경멸하거나 미워할 수 있다. 마키아벨리가 군주는 경멸과 미움을 피해야 함을 강조한 이유가 바로 여기에 있는 것이다. 하지만 앞서 언급한 영웅의 독존적 리더십 아래에서는 미움과 경멸이 나올 수가 없다. 왜냐하면 다른 유(類)의 존재이기 때문이다.

또한 독존적 리더십은 지도자의 독단적인 과제를 부과하고 그것을 위해 시민들을 동원한다. 따라서 "하면 된다", 혹은 "안 되면 되게 하라"라는 박정희 시대의 구호는 과업 중심의 관점을 드러낸다. 과제의 완수를 위해 폭력적인 강제의 상황을 만드는 데 사용되었던 것이다. 그것은 과제를 완수해야 하는 인적 자원들과 상황들에 대한 고려가 전혀 없었던 것이다. 하지만 관계론적 리더십은 인적 자원과 상황에 대한 고려를 우선시한다. 물론 이것은 과업의 정도를 낮추는 것과는 거리가 멀다. 오히려 관계의 구성에서 나오는 힘의 분출을 보는 것이다. 독단과 독존의 리더십은 정답풀이식 해결 방법을 지향한다. 앞에서 주어진 과제가 정해지면 그것의 달성을 위해 아래, 즉 시민들을 쥐어짜는 것이다. 이것은 우리가 지금까지도 학교에서 배우는 4지나 5지 선다형의 문제풀이와 같은 것이다. 답이 하나라는 전제를 미리 가지고, 문제가 제시하는 다른 여러 가지 가능성을 배제한 채 정답 하나만을 맞추기 위해 오로지 정답풀이 과정만을 외우는 것과 동일한 것이다. 독존의 리더십은 부과한 과업을 위해 시민을 동원하고, 동원된 시민은 부과된 과업에만 매진한다.

하지만 마키아벨리는 『군주론』에서 발견과 구성 그리고 활성화의 리더십을 강조한다. 그것은 시민들이 가지고 있지만 숨겨져 있는 것을, 잠재해 있지만 비활성화되어 있는 것을 발견하여 활성화시키는 것이다. 그는 『군주론』 26장에서 이탈리아인들이 가지고 있는 비르투에 주목한다.

독단과 독존의 리더십을 가지고 있는 지도자는 이탈리아인들에게 비르투가 남아 있었다는 것을 상상조차 못했을 것이다. 하지만 마키아벨리는 이탈리아 국가의 지절들에 잔존해 있는 비르투를 발견한다. 능력 있는 지도자가 부재했기 때문에 아직 빛을 보지 못하고 있던 비르투였던 것이다. 그것들을 활성화시킨다면 이탈리아는 다시 예전의 힘을 되찾을 수 있을 것이라고 말한다. 마키아벨리는 숨겨진 것을 아니 비활성화되어 있는 것을 찾아낼 수 있는 혜안을 가진 지도자를 바랐던 것이다. 그리고 거기에 덧붙여 그것을 활성화시킬 수 있는 능력을 가진 지도자를 원했던 것이다. 그런데 그것은 관계론적 리더십을 가진 지도자만이 가능한 것이었다. 독단과 독존의 리더십을 가진 사람은 그것을 볼 수 없다. 왜냐하면 관계에 대한 사고가 부재하기에 시민들은 과업의 부과와 그 수행을 위한 동원의 대상이기 때문이다. 이것은 또한 힘과 권력에 대한 사고의 차이에서도 기인한다. 독단과 독존의 리더십은 리더에게 힘을 집중시킨다. 권력은 리더에게만 있는 것이고 그가 가진 것이 힘의 전부가 된다. 때문에 그러한 지도자들은 경호실・비서실 그리고 정보부 같은 부서를 강화시킨다. 이들은 지도자의 안위를 보호하는 곳이자 정보의 독점을 통해 지도자의 권력을 강화하는 기관인 것이다. 지도자 자신에게 권력을 집중시키고 그 친위 기관에 그것을 나누어줌으로써 권력의 독점과 독재를 꾀하는 것이다. 이들에게는 한줌도 안 되는 그 기관들의 권력 강화가 지도자의 권력 강화와 동일한 것이며, 나아가 전체 국가의 권력 강화로 사고되는 것이다. 다시 말해 손에 얼마나 쥐고 있을 수 있는가가 바로 그들이 권력을 사고하는 방법이었다. 이러한 '장악'(掌握)의 권력관에 비해 마키아벨리는 다른 권력관을 피력한다. 권력은 장악할 수 없는 것이다. 그것은 관계 속에서 배가(倍加)되기도 하고 반감(半減)되기도 하는, 살아 있는 생명체와도 같은 것으로 파악한다.[7] 장악할 수 있는 강권을 사용해야 할 때도 있다. 하지만 그렇게 해서는 안 될 때, 장악하려고 하면 그것은 권력의 자원들을 고사시켜 힘을 반감시키게 된다. 독존의 리더십은 반감의 리더십이며, 공존의 리더십은 배가의 리더십인 것이다.

이런 점에서 독존의 리더십과 공존의 리더십은 일반 시민을 바라보는 데서 분명한 차이를 노정시킨다. 독존의 리더십은 시민들을 계도와 지도의 대상으로 바라본다. 그들은 무능력하고 비이성적이며, 눈앞의 이익에 우왕좌왕하기에 지도자의 인도가 필수적이라는 것이다. 영웅의 지시를 따라야 하는 순하지만 때로는 말을 알아듣지 못하는 양과도 같은 존재인 것이다. 초인적인 능력과 혜안을 가지고 있는 지도자와 무능력하고 우둔한 시민들 사이에는 건널 수 없는 깊은 심연이 놓이게 되는 것이다. 소통은 근본적으로 불가능한 것이다. 지배와 복종만이 있는 것이며, 그 구조의 재생산은 제시된 과업의 달성을 통해 이루어지는 것이다. 반면 공존의 리더십은 일반 시민의 역량을 눈여겨본다. 시민들은 그들 각각의 역량을 가지고 있다. 아울러 그들은 자신의 이익과 소망을 잘 인식하고 있다. 단지 경우에 따라 공동체 전체나 정치에 대한 안목이 부족할 뿐이다. 하지만 그들은 지도자와 근본적으로 동등하며 소통 가능하기 때문에 지도자의 말을 이해할 수 있다. 소통을 통한 공존의 리더십은 시민들이 가진 능력을 활성화시키고, 그것들이 잘 구성되어 조화를 이룰 때 배가됨을 이해하는 능력이다. 관계의 활력을 아는 것이다. 신이 나서

---

7 도구적 권력관과 관계론적 권력관의 구분은 한나 아렌트(1999)의 글을 참조. 반면 이러한 도구적 권력관과 관계론적 권력관의 두 모습을 보여준 것으로 마키아벨리를 지적하는 뮌클러(1993)의 논문이 있다. 하지만 그는 앞 장에서도 말했듯이 『군주론』과 『로마사 논고』로 대별하여 전자가 도구적 권력관을, 후자는 관계론적 권력관을 대표하는 것으로 주장한다. 반면 필자는 『군주론』에서 이 두 가지 권력관이 모두 피력된다고 본다. 이에 대해서는 이 책의 2장 2절의 '『군주론』의 권력론' 부분 참조.

일할 때는 한 시간도 짧지만, 풀이 죽어 노동을 강제하는 경우는 1분도 긴 것이다. 독존의 리더십은 1 더하기 1은 2이거나 오히려 1을 산출하는 반면, 공존의 리더십은 1 더하기 1은 3 혹은 그 이상의 숫자가 나오게 만드는 것이다. 그리고 그것이 바로 활력이라는 것이다. 활력의 관점에서 보면 외형이나 규모보다는 그 내부 구성원의 관계를 중요시 여긴다. 이것은 흡사 성인과 아이의 활력 차이와도 비슷하다. 90킬로그램의 30대 아버지가 열 살 먹은 17킬로그램의 아이와 놀이터에서 놀아준다고 생각해 보자. 완력으로는 아버지가 아이를 언제든지 제압할 수 있다. 하지만 놀이터에서 한 시간이나 되는 긴 시간을 쉬지 않고 놀 수 있는 것은 아이이다. 아버지는 10분을 못 견딜 것이다. 아이의 활력이 아버지보다 월등하기 때문이다. 90킬로그램의 몸으로 10분을 버틸지 아니면 17킬로그램의 활력 있는 신체로 한 시간을 즐길지는 선택의 문제이다. 규모와 외형에 초점을 맞출지 아니면 관계의 활성화에 중점을 맞출지의 문제이다. 산업화와 성장제일주의 시기에는 규모에 더 초점을 맞추었었다. 규모의 경제가 어느 정도 이루어진 이후 규모로는 도약에 어려움을 겪을 수밖에 없다. 문제는 양이 아니라, 질이기 때문이다. 질의 도약을 위해서 규모와 외형보다는 관계의 활성화로 인한 활력의 논리에 초점을 맞추어야 할 것이다.

독재에 대한 시민들의 저항을 통해 민주화를 이룩한 대한민국은 IMF 구제 금융과 더불어 세계화와 신자유주의라는 강한 파도를 접하였다. 억눌렸던 의사 표현과 이익 표출의 자유는 민주화를 통해 분출되었다. 하지만 그것들을 조율하는 제도가 정착되기에는 시행착오와 시간이 필요하다. 따라서 대한민국은 현재 지역 갈등, 세대 갈등, 계층 갈등 등 여러 가지 갈등의 표출로 점철되어 있다. 갈등의 합리적 분출과 해결의 과정이 제도로 정착되어 있지 못하다보니 갈등의 분출은 혼란으로 보이게 된다. 제도가 제 역할을 못하기에 지도자가 나타나기를 바라게 된다. 특히 대한민국처럼 독재적 리더십을 통해 평온과 발전의 과실(果實)을 경험한 곳에서는 강한 카리스마를 가진 리더에 대한 향수가 나타나게 된다. 하지만 그 예전의 리더십은 지금의 시대에는 맞지 않는 리더십이다. 과거 독재의 리더십은 혼란을 해결한 것이 아니라 갈등의 분출 자체를 관리하고 막았던 리더십이다. 해결의 리더십이 아니라, 강압과 은폐의 리더십이었던 것이다. 분출된 갈등을 조율하는 리더십이 아니라 갈등의 분출을 억압했던 리더십인 것이다. 여기에 덧붙여 경계해야 할 점은 이러한 강한 카리스마를 바라는 시민들이 예전 독재 시대의 시민은 더 이상 아니라는 것이다. 그들은 강권과 동원이 중심이 되는 독존의 리더십을 더 이상 바라지는 않는다. 혼란의 극복과 국론의 통일을 위해, 예컨대 군사 쿠데타를 일으켜야 한다고 생각하는 시민들은 없을 것이다.[8] 민주화 이후의 시민들은 민주화를 이루었다는 자부심을 가지고 있다. 자신들이 국가와 사회의 주인이라는 '민주'의식이 투철한 사람들인 것이다. 갈등의 폭발은 사실 민주의 과도화에서 나올 수도 있다. 서로 주인됨을 주장할 때, 그것을 조율할 수 있는 것은 제도와 서로 양보하는 시민의식이나 시민적 덕성 외에는 없는 것이다. 하지만 시민적 덕성이나 제도는 단기간에 함양되거나 정착될 수 없다. 따라서 시행착오와 시간이 필요한데 그것을 기다리지 못하기에 과거 지향적 리더십을 요구하는 것이다.

지금 대한민국은 새로운 리더십을 필요로 하고 있다. 이 시대에 마키아벨리의 『군주론』이 제시할 수 있는 리더십은 무엇일까? 마키아벨리가

8 반면, 박정희 시대는 그러지 않았던 것 같다. 함규진은 박정희의 5·16 군사쿠데타를 근대국가 건설을 위한 필요악으로 언급하고 있다. 함규진(2006)의 책 6장 참조.

신군주에 요구하는 것을 통해 우리는 그것을 사고해볼 수 있다. 마키아벨리가 요구하는 리더십은 유연성을 특징으로 한다. 세계는 급변하고 있으며 갈수록 예측 불가능해지고 있다. 그 예측 불가능한 세계의 문제를 해결하기 위해서는 상황에 맞게 유연해져야 한다. 그러나 개인의 유연성과 역량은 한계가 명확하다. 유연함이란 복수(複數)의 재주를 가지고 있는 것에 다름 아니다. 여러 가지 상황에 대처 가능한 유연함이란 여러 가지 상황에 맞는 능력과 재주를 가지고 있음을 의미하기 때문이다. 한 사람의 역량이 유연함을 가지기에 한계가 있다면 능력 있는 여러 사람을 모으면 된다. 따라서 리더는 여러 재주 있는 사람을 알아보고 그들을 모아서 능력을 계발해줄 수 있어야 한다. 아울러 적재적소에 필요한 능력을 가진 사람들을 배치할 수 있는 능력 또한 가지고 있어야 한다. 그런데 이것이 말처럼 쉬운 것이 아니다. 능력 있는 자를 골라낼 수 있으며, 아울러 그들을 모아 재주를 계발할 수 있는 환경을 만들어주는 것은 그 공동체를 어떻게 구성해낼 것인가와 관련되기 때문이다.

구성의 리더십은 공존과 공감의 리더십을 강조하고 있다. 인간이 힘의 자원이라는 것이다. 최첨단 무기나 휘황찬란한 건물 혹은 엄청난 금액의 사내 적립금 등이 아니라 사람이 힘이다. 그런데 그들을 움직여 최대한의 효과를 내기 위해서는 그들의 마음을 사야 한다. 마음을 사는 것은 그들을 인정하고 그들의 재주를 알아보고 그것을 계발할 수 있는 환경을 만들어주는 것이다. 이는 권력은 손에 쥘수록 작아지고, 나눌수록 커진다는 것을 이해할 때만이 가능하다. 손에 쥔 권력은 호시탐탐 노리는 자들이 있기 마련이다. 하지만 나누어서 커진 권력은 노릴 수가 없다. 왜냐하면 주변의 모든 사람들이 그 권력을 구성하기 때문이다. 권력을 손에 쥐려는 사람은 시민들을 동원하고 억압하여 그 결과물을 자신의 것으로 하려고 한다. 그들에게 권력은 도구적인 것이기에 자신의 손에 자꾸 쌓아두려고 하는 것이다. 하지만 그것은 지도자 자신을 지킬 수 없을 뿐만 아니라 공동체를 위기에 몰아넣는다. 시민들이 가지고 있는 재주와 능력을 고사시키기 때문이다. 관계적인 권력이 중요하다. 그것은 시민들의 재주와 능력을 최대로 발산시키는 것이다. 따라서 그 한계가 어느 정도인지 알 수가 없다. 생기와 활력의 관점에서 권력을 바라볼 때만이 이해할 수 있는 것이다. 강권으로 육체를 지배한 것이 예전의 리더십이라면 이제는 마음을 움직이는 것이다. 그것을 통해 공동체 구성원의 힘을 활성화시키는 것이다.

그런데 앞에서 언급한 공존과 공감, 그리고 소통이 가능하게 하기 위해서는 공정한 절차와 질서가 존재해야 한다. 권력의 독점 속에서 재봉건화가 일어나 자의적 지배 현상과 권력과 사회의 사사화(私事化)가 진행된 곳에서는 공정한 법질서가 무너지고, 독단과 독존 그리고 배제만이 판치기 때문이다. 이러한 사회에서는 당연히 재능과 능력보다는 출신과 연줄이 우선하게 된다. 한 사회의 활력이 고사되는 것을 막기 위해서는 재능과 재주가 인정받고 쓰임을 받아야 한다. 그래야 개개인의 능력이 계발되고 사회가 활력을 띠게 된다. 이것은 공정한 법질서가 확립되고 차별이 존재하지 않는 곳에서만 가능하다. 따라서 관계의 리더십이 가장 먼저 눈을 돌려야 하는 곳은 관계의 소통을 가로막고 일방적 지배와 복종의 관계를 생산하는 곳이다.

마키아벨리의 『군주론』에는 강권의 리더십과 활력의 리더십이 공존한다.[9] 그 강권은 강권에 대항하거나 혹은 꼭 필요한 시기에 짧게 사용되어야

---

9 이것은 이 책의 2장 3절에서 언급한 건국과 치국의 분리와 연계된다. 건국의 리더십은 강권의 리더십이며 치국의 리더십은 활력의 리더십이다. 앞서 1장의 마지막에서 언급된 임혁백 교수의 박정희 대통령 평가와 관련해 말하자면 박정희 대통령은 굉장한 건국의 리더십을 갖추었다고 말할 수 있다. 하지만 치국의 리더십이 필요할 때 그것을 발휘하지

한다고 말한다. 불이 난 공간에서 우왕좌왕하고 있는 사람들에게 대피 방법을 차분하고 젊잖게 설명하고 있을 수는 없기 때문이다. 하지만 마키아벨리는 활력의 리더십을 더 중요하게 보았다. "최선의 요새는 인민"이라고 표현한 데서도 잘 드러나듯이, 인민의 마음을 얻는 것을 가장 튼튼한 요새로 보았던 것이다. 활력은 공동체 구성원들을 인정하고 그들의 재능을 파악하여 그것을 자유롭게 발휘하도록 하는 데서 나타난다. 리더는 군림하는 것이 아니라 섬기는 사람이라는 말이 최근 많이 들리고 있다. 섬김의 궁극적 결과는 지배와 복종이 아니다. 섬기는 자와 섬김을 받는 자, 너와 나, 나아가 우리 모두가 같이 더불어 사는 삶인 것이다. 바로 구성원과 공동체 전체의 활기를 북돋는 것이다.

바야흐로 대한민국은 21세기를 맞이하여 소득 2만 달러를 넘어 선진국의 대열에 합류하느냐 못하느냐의 기로에 서 있다. 최근 애플(Apple)사의 비약적 성장이나 구글(Google)의 모토롤라(Motorola) 인수 등에서 보듯이 미래의 성장 동력은 하드웨어보다는 소프트웨어에 있음이 드러나고 있다. 그러나 이러한 지적은 비단 어제오늘의 일이 아니다. 특히 하드웨어 기반 사업을 통해 단기간에 비약적으로 발전해온 우리나라가 중국 등 뒤쫓아 오는 신흥공업국을 따돌리고 선진국이 되기 위해서는 소프트웨어 기반 사업에 집중해야 함은 누차 강조되어왔다. 그런데 소프트웨어 산업은 창조적 정신을 필요로 한다. 근래 통섭(consilience, 統攝)과 창조 등의 가치를 강조하는 것도 이런 맥락에서이다. 하지만 말로만은 이룰 수

못했으며 치국의 과정으로 이양을 하지 못했다. 그의 비극은 한 국가의 통치 과정은 건국과 치국으로 이루어져 있다는 것을 보지 못한 것이다. 임혁백 교수의 언급대로 '홉스적 인간'이었기 때문일 수도 있다. 박정희 대통령은 건국과 치국의 과정이 다르고, 서로 다른 리더십이 요구됨을 파악할 수 있는 '마키아벨리적 인간'은 아니었던 것이다.

없는 것이 창조이다. '건강한 몸'에서 '건강한 정신'이 나온다고 했다. 창조적 정신을 위해서는 우리 몸의 태도가 바뀌어야 한다. 수직적 사회구조와 승자독식(勝者獨食)의 구조에서는 자유로운 창조성이 나타날 수 없다. 문제가 닥쳤을 때 항상 윗사람을 쳐다보는 몸의 태도로는 창조성이 불가능한 것이다. 그런데 앞에서 살펴보았듯이 우리나라는 지금 사회의 재봉건화 현상을 통해 복종과 지배 그리고 승자독식, 나아가 능력의 계발보다는 요행(僥倖)을 바라는 현상 등이 나타나고 있다. 지배와 굴종, 허무 그리고 패배감의 태도가 양산되고 있는 것이다. 이러한 상황에서 창조성이라는 능력은 고사될 수밖에 없는 것이다. 창조는 기존의 것을 달리 보고 현존하는 것들의 관계를 재구성하는 데서 나타난다. 현 시기 가장 뛰어난 창조성을 보여준 애플사의 스티브 잡스(Steve Jobs)의 뛰어난 업적 중의 하나는 앱스토어(App Store)를 만든 것이다.[10] 전세계에 흩어져 있는 재능 있는 사람들의 작품들이 서로 교환·소통될 수 있는 장을 만들어준 것이다. 앱스토어가 만들어진 후 나타난 폭발적인 반응과 그 활력은 현재 애플사의 한 해 매출액으로 나타나고 있다. 창조성은 소통과 공감이 가능한 공존의 문화 그리고 자유롭게 재능을 계발하고 그것이 쓰임을 받는 활력의 문화에서 나타날 수 있다. 그것을 위해서는 앞에서 언급했던 관계와 활력을 이해할 줄 아는 리더가 필요하다. 관계와 활력의 리더십이 필요한 것이다.

---

10 '애플리케이션 스토어'(Application Store)의 줄임말로 원래는 '애플 애플리케이션 소프트웨어 스토어'(Apple Application software store)이다. 스마트폰에서 사용할 수 있는 다양한 응용 프로그램들이 유통되는 가상의 장터이다. 그런데 여기서 유통되는 프로그램들은 대형 업체가 개발하여 이동통신사가 판매하는 형태가 아니라 개인들이 자신들의 재능과 아이디어를 발휘하여 만든 것을 사고파는 곳이다. 개인들의 재능이 소통될 수 있는 장소를 제공한다는 어떻게 보면 간단한 아이디어를 통해 애플은 막대한 수익을 거두었으며 다른 스마트폰 회사와의 경쟁에서 압도적인 우위를 차지할 수 있게 되었다.

관계와 활력의 리더십은 유연성을 특징으로 한다. 동원과 강제를 특징으로 하는 강권의 리더십이 아니기에 관계 속에서 도출되는 다양한 재능들을 충원할 수 있기 때문이다. 따라서 관계와 활력의 리더십은 독존의 리더십과 달리 정치를 사사화하지 않는다. 공공성과 질서를 중요시한다. 그 속에서 시민들은 재능을 계발하여 사회에 활력을 불어넣기 때문이다. 이러한 마키아벨리의 관계와 활력의 리더십은 공존과 배려를 강조하지만 그것은 도덕주의적인 것이 아니다. 왜냐하면 공존과 배려를 통해 구성원들 간의 관계를 조절하여 생산 가능한 최대한의 힘을 산출하고자 하기 때문이다. 이것은 '그래야만 한다'라는 도덕적 사고가 아니라 권력의, 역량의, 그리고 활력의 생산을 염두에 두는 현실주의적인 사고이다. 도덕주의적 리더십은 관계를 파악 못함으로써 활력을 절감시키는 리더십이 되지만, 관계와 활력의 리더십은 그 역량을 배가시키는 것이다.

마키아벨리의 『군주론』은 군주에게 헌정되었지만, 정작 동료 시민들에 의해 읽혀졌다. 『군주론』이 제시하는 리더의 상(image)과 리더십은 오늘날 올바른 지도자가 되기 위해서는 어떤 역량을 함양해야 하는지 뿐만 아니라 어떤 지도자가 올바른 지도자인지를 우리에게 알려주고 있는 것이다.

참고문헌

강정인, 1993, 「서론: 마키아벨리의 사상」, 퀜틴 스키너 외 지음, 강정인 편역, 『마키아벨리의 이해』 서울: 문학과지성사.

강정인 · 엄관용, 2005, 『군주론: 강한 국가를 위한 냉혹한 통치론』, 서울: 살림출판사.

곽준혁, 2003, 「갈등, 혼합정체, 그리고 리더십: 마키아벨리의 『로마사 논고』를 중심으로」, 『정치사상연구』 제9집 제2호.

———, 2004, 「『로마사 논고』에 기술된 정치변동의 수사적 의미」, 『한국정치학회보』 제38집 제3호.

곽차섭, 1993, 「마키아벨리즘」, 김영한 · 임지현 편, 『서양의 지적운동』, 서울: 지식산업사.

———, 1996, 『마키아벨리즘과 근대 국가의 이념』, 서울: 현상과 인식.

김경희, 2005, 「비르투 로마나(virtù romana)를 중심으로 본 마키아벨리의 공화주의」, 『한국정치학회보』 제39집 제1호.

———, 2005, 「마키아벨리의 국가전략: '저변이 넓은 정체'(governo largo)에 기반한 힘과 유연성의 전략」, 『정치사상연구』 제11집 제1호.

김성호, 2003, 「주객(主客)의 저편: 막스 베버에게 있어서 신념과 책임의 문제」, 『한국정치학회보』 제37집 제2호.

김영국, 1995, 『마키아벨리와 군주론』, 서울: 서울대학교 출판부.

김학준, 2003, 『한말의 서양정치학 수용 연구』, 서울: 서울대학교 출판부.

대한성서공회 발행, 1988, 『성경전서』, 한글개역판, 서울: 대한기독교서회.

박상섭, 1998, 「Virtu의 개념을 중심으로 본 마키아벨리의 정치사상 연구」, 『국제문제

연구』 제22호.

———, 2002, 『국가와 폭력: 마키아벨리의 정치사상연구』, 서울: 서울대학교 출판부.

신철희, 2011, 『마키아벨리와 스피노자의 '민(民)' 개념 비교 연구: '인민 형성(people-building)'을 중심으로』, 서울대학교 박사학위논문.

임혁백, 2004, 「유신의 역사적 기원: 박정희의 마키아벨리적인 시간(上)」, 『한국정치연구』 제13권 2호.

———, 2005, 「유신의 역사적 기원: 박정희의 마키아벨리적인 시간(下)」, 『한국정치연구』 제14권 1호.

———, 2009, 「박정희에 대한 정치학적 평가: 인간, 근대화, 유신, 그리고 몰락」, 국제한국학연구소 연례학술회의, 2009년 12월 18일 명지대학교.

장명학, 2002, 「한나 아렌트의 공동권력과 정치」, 『한국정치연구』 제11권 제2호.

정성호, 2002, 「Machiavelli의 「군주론」과 ego중심적 통치: Ego 중심적 "나"와 한국행정의 반성」, 『한국행정학보』 제36권 제3호.

정윤재, 1992, 「제 3세계 발전에 대한 정치 리더쉽 접근 시론: 한국의 발전경험에 대한 새로운 이해를 위하여」, 『한국정치학회보』 제25집 제2호.

함규진, 2006, 『역사법정』 서울: 도서출판 포럼.

Archambault, Paul, 1967, "The Analogy of the 'Body' in Renaissance Political Literature", *Bibliotheque d'humanisme et Renaissance*, Vol. 29, pp. 21~53.

Arendt, Hannah, 1999, 김정한 옮김, 『폭력의 세기』, 서울: 이후.

Aristoteles, 2009, 천병희 역, 『정치학』, 서울: 도서출판 숲.

Ball, Terence, 1984, "The Picaresque Prince: Reflections on Machiavelli and Moral Change", *Political Theory*, Vol. 12, No. 4, pp. 521~536.

Basu, Sammy, 1990, "In A Crazy Time The Crazy Come Out Well: Machiavelli and the Cosmology of His Day", *History of Political Thought*, Vol. XI, No. 2, pp. 213~239.

Berges, Wilhelm, 1952, *Die Fürstenspiegel des hohen und späten Mittelalters*, Stuttgart: Hiersemann Verlag.

Bonadeo, Alfredo, 1969, "The Role of the 'Grandi' in the Political World of Machiavelli", *Studies in the Renaissance*, Vol. 16.

———, 1970, "The Role of the People in the Works and Times of Machiavelli", *Bibliothque d'humanisme et renaissance*, Vol. 32.

Breiner, Peter, 2008, "Machiavelli's 'new prince' and the Primordial Moment of Acquisition", *Political Theory,* Vol. 36. No. 1, pp. 66～92.

Briguglia, Gianluca, 2006, *Il Corpo Vivente dello Stato: Una Metafora Politica*, Milano: Bruno Mondadori.

Buck, August, 1985, *Machiavelli,* Darmstadt: Wissenschaftliche Buchgesellschaft.

Burckhardt, Jacob, 1988, 정운용 옮김, 『이탈리아의 르네상스 문화』, 서울: 을유문화사.

Burke, Peter, 1996, *Die Renaissancen in Italien: Sozialgeschichte einer Kultur zwischen Tradition und Erfindung*, übersetzt, Reinhard Kaiser, Berlin: Verlag Klaus Wagenbach.

Cassirer, Ernst, 1988, 최명관 옮김, 『국가의 신화』, 서울: 서광사.

Chabod, Federico, 1958, *Machiavelli and The Renaissance*, trans. D. Moore and Intro. A. P. D Entreves. London: Bowes & Bowes.

Cicero, Marcus Tulius, 2007, 김창성 옮김, 『국가론』, 파주: 한길사.

Coby, J. Patrick, 1999, *Machiavelli's Romans: Liberty and Greatness in the Discourses on Livy*, Lanham: Lexington Books.

Cochrane, Eric W., 1961, "Machiavelli: 1940～1960", *The Journal of Modern History*, Vol. 33.

Croce, Benedetto, 1945, *Politics and Morals*, trans. Salvatore J. Castiglione, N. Y: Philosophical Library.

Dietz, Mary G., 1986, "Trapping the Prince: Machiavelli and the Politics of Deception", *The American Political Science Review,* Vol. 80, No. 3, pp. 777～799.

Donaldson, P. S., 1988, *Machiavelli and Mystery of State*, Cambridge: Cambridge Uni. Press.

Doren, Alfred, 1924, "Fortuna im Mittelalter und in der Renaissance", *Vorträge der Bibliothek Warburg 1922～1923*, 1, Teil, pp. 71～144.

Einsenhut, Werner, 1973, *Virtus Romana: Ihre Stellung im Römischen Wertsystem*, München: W. Fink.

Faul, Erwin, 1961, *Der Moderne Machiavellismus*, Berlin: Kiepenheuer & Witsch.

Fichte, J. G., 1962, *J. G. Fichte-Gesamtausgabe* (Bd. 9, hrsg) Reinhard Lauth und Hans Jacob, Stuttgart-Bad Cannstatt: Friedrich Frommann Verlag.

Geerken, John H., 1970, "Homer's Image of the Hero in Machiavelli: A Comparison of Areté and virtù", *Italian Quarterly* 14, pp. 45~90.

Geerken, John H., 1976, "Machiavelli Studies since 1969", *Journal of the History of Ideas*, Vol. 37, pp. 351~368.

Gilbert, Allan H., 1938, *Machiavelli's Prince and Its Forerunners: The Prince as a Typical Book de Regimine Prinicipum*, Durham, N. C.: Duke University Press.

Gilbert, Felix, 1973, "Machiavellism", *The Dictionary of the History of Ideas: Studies of Selected Pivotal Ideas*, Vol. 3, ed., Philip P. Wiener, N. Y: Charles Scribner's Sons, pp. 116~126.

Gramsci, Antonio, 1986, 이상훈 역, 「현대의 군주」, 『옥중수고』 1, 서울: 기획출판 거름.

Habermas, Jürgen, 2001, 한승완 역, 『공론장의 구조변동: 부르주아 사회의 한 범주에 관한 연구』, 파주: 나남.

Hale, David G., 1973, "Analogy of the Body Politic", in *The Dictionary of the History of Ideas: Studies of Selected Pivotal Ideas*, Vol. 1, Philip P. Wiener ed., New York: Charles Scribner's Sons.

Hale, J. R., 1977, *Florence and the Medici: The Pattern of Control*, N. Y: Thames and Hudson.

Hannaford, I., 1972, "Machiavelli's Concept of virtù in The Prince and The Discourses Reconsidered", *Political Studies*, Vol. 20, No. 2, pp. 185~189.

Hegel, G. W. F., 1986, "Die Verfassung Deutschlands", Eva Moldenhauer, hrsg. *Frühe Schriften,* Frankfurt a. m.: Suhrkamp Verlag.

Hibert, Christopher, 1999, 한은경 역, 『부 · 패션 · 권력의 제국 메디치가 이야기』, 서울: 생각의 나무.

Kahn, Victoria, 1986, "virtù and the Example of Agathocles in Machiavelli's Prince", *Representation* 13, pp. 63～83.

Knauer, Claudia, 1997, *Das "magische Viereck" Bei Machiavelli: Fortuna, Virtu, Occasione, Necessita*, Würzburg: Königshausen & Neumann.

Langton, John and Dietz, Mary G., 1987, "Machiavelli's Paradox: Trapping or Teaching the Prince?", *The American Political Science Review,* Vol. 81, No. 4, pp. 1277～1288.

Machiavelli, Niccolò, 1965, *The Art of War(Arte della guerra)*, trans. by E. Farneworth, Revised and with an introduction by N. Wood. New York: Da Capo Press.

———, 1985, *The Prince*, with an introduction by Harvey C. Mansfield, Jr. Chicago: University of Chicago Press.

———, 1993, *Tutte le opere*, a cura de Mario Martelli, Milano: Sansoni Editore.

———, 1995, *Il Principe*, Nuova edizione a cura di Giorgio Inglese, Torino: Einaudi.

———, 강정인 · 안선재 역, 2003, 『로마사 논고』, 서울: 한길사.

———, 강정인 · 김경희 역, 2008, 『군주론』, 서울: 까치글방.

———, 이광주 역, 1990, 『국가권력의 이념사』, 서울: 민음사.

Münkler, Herfried, 1993, "Konzeptionen der Macht im italienischen Bürgerhumanismus von Salutatio bis Machiavelli", in *Bürgerschaft und Herrschaft: Zum Verhältnis von Macht und Demokratie im antiken und neuzeitlichen politischen Denken*, Hrsg. J. Gebhardt/ H. Münkler, Baden-Baden: Nomos Verlag.

———, 1994, "Republikanische Tugend und Politische Energie: Die Idee der virtùimpolitischenDenken Machiavellis", *Politikwissenschaft als kritische Theorie; Festschrift für Kurt Lenk*, Hrsg. Michael Th. Greven, Baden-Baden: Nomos Verlag, pp. 97～107.

Najemy, John M., 2006, *A History of Florence 1200 ～1575*, Malden, MA: Blackwell Publishing.

Nederman, Cary J., 2004, "Body Politics: The Diversification of Organic Metaphors in the Later Middle Ages", *Pensiero Politico Medievale*, II.

Olschki, Leonardo, 1945, *Machiavelli, the Scientist*, Berkley: The Gillick Press.

Parel, Anthony J., 1992, *The Machiavellian Cosmos*, New Haven and London: Yale University Press.

Plamenatz, John, 1972, "In Search of Machiavellian virtù", *The Political Calculus: Essays on Machiavelli's Philosophy*, ed., Anthony Parel, Toronto: University of Toronto Press.

Pocock, J. G. A., 1975, *The Machiavellian Moment*, Princeton: Princeton University Press.

———, 2011, 곽차섭 옮김, 『마키아벨리언 모멘트』 전 2권, 파주: 나남.

Polybios, 1983, *Historien*, Übers, Anm, und Nachwort von Karl Friedrich Eisen, Stuttgart: Reclam.

———, 1991, 「세계사」, Finley, M. I. 엮음, 이용찬 · 김쾌상 역, 『그리스의 역사가들』, 서울: 대원사, pp. 440~499.

Price, Russell, 1973, "The Senses of virtù in Machiavelli", *European Studies Review* 3, 4, pp. 315~345.

Ridofi, Roberto, 2000, 곽차섭 옮김, 『마키아벨리 평전』, 서울: 아카넷.

Rousseau, J. J., 이환 역, 1999, 『사회계약론』, 서울: 서울대학교 출판부.

Rubinstein, Nicolai, 1958, "Political Ideas in Sienese Art: The Frescoes by Ambrogio Lorenzetti and Taddeo di Bartolo in the Palazzo Pubblico", *Journal of the Warburg and Courtauld Institutes*, Vol. 21, No. 3/4, pp. 179~207.

———, 1982, "Political Theories in the Renaissance", Andre Chastel (et al), *The Renaissance: Essays in Interpretation*, London; New York: Methuen & Co.

Sasso, Gennaro, 1965, *Niccolo Machiavelli: Geschichte seines Politischen Denkens*, Stuttgart: W. Kohlhammer Verlag.

Savonarola, Girolamo, 1978, "Treatise on the Constitution and Government of the City of Florence", R. N. Watkins, trans and ed., *Humanism and Liberty: Writings on Freedom from Fifteenth Century Florence*, Columbia: University of South Carolina Press.

———, 1999, *Trattato sul Governo di Firenze*, A cura di Elisabetta Schisto, Roma: Editori Riuniti.

Scott, John T., Sullivan, Vickie B., 1994, "Patricide and the Plot of *The Prince*: Cesare Borgia and Machiavelli's Italy", *The American Political Science Review,* Vol. 88, No. 4, pp. 887~900.

Seigel, J. E., 1974, "virtu in and since the Renaissance", *Dictionary of the History of Ideas; Studies of Selected Pivotal Ideas*, ed., Wiener, Philip, Vol. 4, N. Y: Charles Scribners's Sons, pp. 476~486.

Skinner, Quentin, 1986, "Ambrogio Lorenzetti: The Artist as Political Philosopher", *Proceedings of the British Academy*, Vol. LXXII, 1986, pp. 1~56.

———, 1993, 강정인 편역, 『마키아벨리의 이해』, 서울: 문학과지성사.

———, 1999, "Ambrogio Lorenzetti's Buon Governo Frescoes: Two Old Questions, Two New Answers", *Journal of the Warburg and Courtauld Institutes*, Vol. 62, pp. 1~28.

———, 2004, 박동천 역, 『근대 정치사상의 토대 1』, 파주: 한길사.

———, 2011, 강정인 · 김현아 옮김, 『마키아벨리의 네 얼굴』, 서울: 한겨레출판.

Starn, Randolph, 1994, *Ambrogio Lorenzetti: The Palazzo Pubblico, Siena*, New York: George Braziller.

Strauss, Leo, 함규진 역, 2006, 『마키아벨리』, 서울: 구운몽.

Struve, Tilman, 1978, *Die Entwicklung der Organologischen Staatsauffassung im Mittelalter*, Stuttgart: Anton Hiersemann.

Tarcov, Nathan, 2007, "The Absence of Sovereignty in Machiavelli", Presented in Duke University Political Theory Symposium May 4, 2007.

———, 2007, "Freedom, Republics, and Peoples in Machiavelli's *Prince*", Richard Velkley, ed., *Freedom and the Human Person,* Washington, D. C: The Catholic University of America Press.

Viroli, Maurizio, 1998, *Machiavelli,* Oxford: Oxford University Press.

Von Martin, Alfred, 1949, *Soziologie der Renaissance: Physiognomik und Rhythmik einer Kultur des Bürgertums*, Frankfurt am Main: Verlag Josef Knecht.

Weber, Max, 2007, 전성우 옮김, 『직업으로서의 정치』, 파주: 나남출판.

Weinstein, Donald, 1970, *Savonarola and Florence: Prophecy and Patriotism in the Renaissance*, Princeton: Princeton University Press.

Whitfield, J. H., 1969, "On Machiavelli's Use of Ordini", *Discourses on Machiavelli* by J. H. Whitfield, Cambridge: W. Heffers & Sons Limited.

Wolin, Sheldon, 1993, 퀜틴 스키너 외 지음, 강정인 편역, 『마키아벨리의 이해』, 서울: 문학과지성사.

———, 2009, 강정인 · 이지윤 옮김, 『정치와 비전』 2권, 서울: 후마니타스.

Wood, Neal, 1967, "Machiavelli's Concept of virtù Reconsidered", *Political Studies* 15, 2, pp. 159～172.

출전

「마키아벨리의 선정론(buon governo): 『군주론』에 나타난 건국(建國)과 치국(治國)의 정치학」, 『한국정치학회보』 제42집 3호, 2008년.

「마키아벨리의 정치론: 레오 스트라우스의 마키아벨리론 재고찰」, 『仁山 金榮國 선생의 정치학』, 인산 김영국 선생 10주기 추모학술대회추진위원회 편, 고양시: 인간사랑, 2010년.

「公共性と善き生: マキャベリの 政治体論(body politic theory)」, 『政治思想研究』 제11호, 일본정치사상학회, 2011년.

「'독존'에서 '공존'으로: 마키아벨리 『군주론』 해석에 대한 일고찰」, 『한국정치연구』 제20집 제1호, 서울대학교 한국정치연구소, 2011년.

「마키아벨리 『군주론』의 두 가지 권력론: 군주의 역량과 군주국의 활력」, 『한국정치학회보』 제45집 4호, 한국정치학회, 2011년.

찾아보기

ㄱ

귀차르디니 26n,

ㄴ

다리우스 왕 145, 147

데 오르코 77, 88, 90, 103, 112, 163~167, 172

ㄹ

레오 10세 129, 160

로렌체티 96~99, 101, 116

로물루스 69, 104, 153~154

루소 22, 31n

루이 12세 164

ㅁ

막시밀리안 227~228

메디치(로렌초) 21n, 125, 127, 129, 161

메디치(줄리아노) 129

메디치(카테리나) 128~129

모세 69, 104, 109, 153~154, 157~158, 177, 240

ㅂ

베토리 129, 131~132

보르지아(체자레) 60, 73, 75~78, 88~90, 93, 96, 101~103, 105~107, 112, 115, 159, 161, 163~168, 182, 189~190, 202~203, 252

부르크하르트 18, 24~25

ㅅ

사보나롤라 72, 75, 96, 99~101, 109, 154~155, 157~158, 177

샤를 8세 156~157, 182

세베루스 50, 118, 214, 216~217, 231

스키피오 71, 192, 205~207

스트라우스 21n, 35~36

스포르차(루도비코) 140, 142

스포르차(프란체스코) 25, 108n

ㅇ

아가토클레스 170~171

아리스토텔레스 45, 47, 98n, 133n~135

아우렐리우스 213
알렉산더 6세 75, 77, 101, 182
알렉산드로스 왕 145, 147~148, 192
올리베로토 170~171
율리우스 2세 72, 182~183, 239

ㅋ

카이사르 192, 199
케이론 207
키로스 69, 153~154, 192, 240

ㅌ

테세우스 69, 104, 153~154, 240

ㅍ

페트라르카 240
피히테 22, 24,
필리포스 왕 81, 234~235

ㅎ

한니발 70~71, 205, 207
헤겔 7, 23, 34
히에론 159